能源与社会

思辨性透视　A Critical Perspective

ENERGY AND SOCIETY

〔英〕加文·布里吉 Gavin Bridge

〔英〕斯图尔特·巴尔 Stewart Barr

〔英〕斯特凡·布扎洛夫斯基 Stefan Bouzarovski

〔英〕迈克尔·布拉德肖 Michael Bradshaw

〔英〕埃德·布朗 Ed Brown

〔英〕哈莉特·巴尔克利 Harriet Bulkeley

〔英〕戈登·沃克 Gordon Walker

杨宇　郭越　译

社会科学文献出版社

SOCIAL SCIENCES ACADEMIC PRESS (CHINA)

专家推介

能源问题是典型的自然—经济—技术之间的综合性大问题。这部由西方学者撰写的能源著作以思辨性视角分析能源与社会关系，展示了地理学在分析综合性能源问题方面的价值，可以为我国相关领域学者提供有益的参考。

——陆大道　中国科学院院士

上个世纪八十年代，中国能源研究跳出了工程技术领域的狭隘范畴，工业地理和资源地理发挥了关键作用。当今世界，英国人文地理学者又打破了以"技术与资源"为核心的能源研究框架，采用社会—技术和地理视角提出新命题、开拓新领域，形成《能源与社会》一书，其学术成果的前沿性、系统性、政策性和应用性，非常值得我们学习借鉴。

——樊杰　第十四届全国政协常委、中国地理学会会士

《能源与社会》深入解读并剖析了能源与社会的关系，强调了能源问题在全球范围内的普遍重要性，并为读者提供了全新的视角去认识和应对全球性能源挑战。这本西方学者对能源问题的思辨性学术研究力作，有助于了解不同文化背景和学术传统所引发的差异性视角，促进中外学者在能源研究领域的交流与合作。

——刘卫东　中国科学院国际合作局局长、
国家杰出青年科学基金获得者

能源与社会，关系紧密而复杂；《能源与社会》以多维视角，全景观察，全方位思辨透视能源与社会。

——贺灿飞　北京大学城市与环境学院院长、博雅特聘教授

能源转型已进入实质性行动阶段，且近几年转型的速度愈加迅速。《能源与社会》是一部与时俱进的综合性作品，七位英国学者以独到的视角剖析了当代社会中能源问题的复杂性。其内容丰富多彩，关键词如安全、脆弱、正义、转型、治理和未来等引人深思。倾听外国权威能源专家的声音，有助于我们思考如何以更加智慧的方式提出解决化石能源问题的方案，从而满足社会对可持续能源的迫切需求。

——陆如泉　中国石油集团经济技术研究院（国家高端智库）院长、
教授级高级经济师

《能源与社会》拥有一份令人印象深刻的杰出作者名单，它提供了一种思辨性的且重要的跨学科方法，内容丰富详实，研究细致入微。虽然主要面向学生和地理学者，但其贡献绝不限于这些读者。所有关心资源、能源格局、安全、可持续性、贫困和转型等主题的人都应该阅读这本书。

——Benjamin Sovacool　英国社会科学院院士、
美国波士顿大学全球可持续发展研究所所长

摘　要

　　《能源与社会》是最早对能源问题进行系统性和思辨性分析的著作之一。本书以引人入胜、通俗易懂的文风，对能源的不平衡发展、消费、脆弱性和转型等问题进行了新的思考，以阐明发达国家和发展中国家能源系统转型的社会意义。本书包含了丰富的案例研究、问题讨论、社会实践和阅读推荐，便于在教学中使用。

　　《能源与社会》采用当代地理学的概念和方法，但并不限于狭义的地理学科。本书中的思辨性观点强调了能源与重要的社会政治经济进程之间的联系，如全球化、城市化、国际发展及社会正义等。本书将通常被孤立对待的一些重要问题联系起来，比如资源可用性、能源安全、能源获取及低碳转型等。

　　《能源与社会》由资深的学者群体合著，基于最新研究进展和思考，提出了对当代能源问题进行地理分析的独特方法。本书是地理学、环境研究、城市研究、能源研究及相关领域的高年级本科生和研究生的必备资料。

作者简介

Gavin Bridge，英国杜伦大学地理系教授、杜伦能源研究所研究员，*Transactions of the Institute of British Geographers* 原主编，*Geoforum* 原编辑，*Economic Geography*、*Political Geography*、*New Political Economy* 等期刊编委，英国皇家地理学会能源地理研究组首任主席。研究方向为资源与环境经济地理学、  政治生态学，相关论文发表于 *Economic Geography*、*Journal of Economic Geography*、*Progress in Human Geography*、*Annual Review of Environment and Resources* 等期刊，作为特邀编辑在 *Environment and Planning A：Economy and Space*、*Political Geography*、*Energy Research and Social Science* 等期刊组织专刊或专栏。

Stewart Barr，英国埃克塞特大学生命与环境科学学院教授，*Local Environment* 编辑，*Environmental Values* 等期刊编委，英国皇家地理学会能源地理研究组首任司库。研究方向为可持续发展地理学，相关论文发表于 *Global Environmental Change*、*Environment and Planning A*、*Ecological Economics*、*Journal of the Royal Statistical Society：Series A* 等期刊。

Stefan Bouzarovski，英国曼彻斯特大学环境、教育与发展学院教授，城市复原力与能源合作中心（CURE）主任，*Energy and Buildings*、*European Urban and Regional Studies* 等期刊编委，英国皇家地理学会能源地理研究组首任秘书。研究方向为能源地理学、城市社会空间不平等和可持续性科学，相关论文发表于

Antipode、*Transactions of the Institute of British Geographers*、*Annals of the American Association of Geographers* 等期刊。

Michael Bradshaw，英国社会科学院院士，英国华威大学商学院教授，英国皇家地理学会原副会长，英国能源研究中心（UKERC）联合主任，*Geography Compass* 创刊主编，*Area* 原编辑，*European Urban and Regional Studies*、*Eurasian Geography and Economics* 等期刊编委。研究方向为经济和政

治地理、商业和管理以及国际关系，重点关注全球能源转型与能源安全问题，相关论文发表于 *Nature*、*Nature Climate Change*、*Economic Geography*、*Global Environmental Change*、*Energy Policy* 等期刊。

Ed Brown，英国拉夫堡大学地理与环境系教授，英国低碳能源促进发展网络联合协调员。研究方向为全球治理和国际发展、能源消费和低碳能源转型，相关论文发表于 *Antipode*、*Political Geography*、*Geographical Journal*、*Renewable and Sustainable Energy Reviews* 等期刊。

Harriet Bulkeley，英国国家学术院院士、英国社会科学院院士、美国艺术与科学院院士、英国杜伦大学社会科学与健康学院执行副院长、地理系教授，荷兰乌得勒支大学哥白尼可持续发展研究所兼职教授，欧洲研究理事会（ERC）科学委员会成员，*Transactions of the Institute of British Geographers*、*Global Environmental Change*、*Global Environmental Politics* 等期刊编委。研究方向为气候变化、能源转型和可持续城市的政治及环境治理，相关论文发表于 *Science*、*Nature Climate Change*、*Global Environmental Change*、*Environment and Planning D* 等期刊。多次入选科睿唯安全球高被引科学家。

Gordon Walker，英国社会科学院院士，英国兰卡斯特大学环境中心教授，能源、移动性和需求动态研究中心（DEMAND）联合主任，*Energy Research and Social Science* 等期刊编委。研究方向为环境正义、可持续性转型以及气候与风险问题，相关论文发表于 *Research Policy*、*Progress in Human Geography*、*Transactions of the Institute of British Geographers*、*Antipode*、*Energy Policy* 等期刊。

译者简介

杨宇，中国科学院地理科学与资源研究所研究员、博士生导师，中国科学院大学岗位教授，国家重点研发计划项目首席科学家，国家自然科学基金优秀青年科学基金获得者，英国皇家地理学会会士。主要从事世界能源地理与国家能源安全、能源转型与低碳发展、经济地理与区域发展等方面的研究工作。主持国家自然科学基金等各类项目/课题 40 余项，发表学术论文 150 余篇。担任中国国土经济学会区域战略专业委员会副主任、中国地理学会经济地理专业委员会委员、国际区域研究协会中国分会理事、*Transactions in Energy and Sustainability* 创刊主编和《世界地理研究》副主编等职务。曾获中国地理学会科学技术奖——青年科技奖等奖励。

郭越，中国科学院地理科学与资源研究所人文地理学专业硕博连读生，英国华威大学商学院访问学者。主要从事能源经济地理与地缘政治经济研究，在 *Geoforum*、*WIREs Climate Change*、*Renewable & Sustainable Energy Reviews*、《地理学报》《资源科学》等期刊发表论文 10 余篇，出版译著 1 部。担任英国皇家地理学会能源地理研究组执行委员会成员。曾获中国地理学会世界政治经济地理大会优秀论文奖、美国地理学家协会能源与环境专业组最佳学生论文奖等奖励。

中文版序

　　《能源与社会：思辨性透视》是由多位英国人文地理学者合作完成的成果。书中讨论的能源问题凸显了社会和地理情境的多样性。我们的目标是基于多元荟萃的研究经验，提炼出一个可以用于思考能源系统和社会"共同生产"的综合而又独特的社会科学框架，这种视角或观点变得越来越有价值。长期以来，人们一直认为能源问题主要是一个技术问题，需要通过工程的语言和技术来解决。类似地，能源领域也通常被视为由政府和官方特许专业机构所管理的专业化领域。然而，社会科学视角，尤其是本书中所采用的社会-技术和地理视角，揭示了能源系统如何有规律地、深刻地跳出这些狭隘的范畴。能源系统通过多种途径实现社会嵌入：能源能够支撑人们对美好生活的向往，城市能源消费相关的空气污染会造成社会与经济脆弱性，能源基础设施建设会产生连通性和（不）安全性等问题。

　　社会科学能够揭示出能源问题需要多维度的社会关切，展示了知识、创新能力和社会力量是怎样不均衡地分布的，以及这种社会空间的不均衡性为什么对能源系统转型至关重要，还强调了转型是如何通过协作、冲突和合作的过程实现的，而不仅仅是通过技术变革或正式政策的实施。本书旨在通过思辨性社会科学所具备的分析洞察力，来揭示一系列关于能源的现实问题及其政策应对——城市化、交通、资源安全、消费和空间发展不均衡。为了实现这一目标，本书的写作背离了传统的"技术和资源"框架，这种传统框架是许多关于能源和社会问题著述所遵循的特点。相反，我们将能源格局（或景观）作为揭示能源系统构成社会生活组成部分的重要方式之一；并强调了与过去、现在和未来能源系统相关的（不）安全性、脆弱性和正义方面的问题。

　　这本书的缘起可以追溯至英国皇家地理学会能源地理研究组（EnGRG）的成立。EnGRG 成立的目标是推动发展审视能源问题的地理视角，进而发展成为一个充满活力的组织（请见官网：www. energygeographies. org）。本书的研究范围和内容由具有时代性的理念和问题决定，从可持续发展目标和《巴黎协定》，到全球化、能源部门自由化、智能电网，再到电动汽车生产规模的扩大。本书的许多主题和案例现在仍然和我们最初写这本书的时候一样有意义。事实上，我们很高兴看到我们强调的一些问题已经从"利基追求"演变为"核心关切"，包括可再生能源的地缘政治、数据处理在驱动能源需求方面的作用、功率密度的空间重要性等。然而，能源地理作为一个研究领域继续迅速扩展，寻求新的研究方向，并获得更多的技术性与概念性工具。我对《能源与社会》中译本的期待是这本书可以引发一场思辨性对话，因为它的思想和框架会遇到新的经验背景和思想传统。

　　我很感谢杨宇研究员及其博士研究生郭越着手翻译这本著作。杨宇研究员对中国能源全球化，即中国与世界其他地区之间贸易、投资和能源流动演变过程的研究，突出了关系地理视角的价值。郭越对中国能源公司融入全球生产和金融网络的研究，揭示了当代高碳和低碳转型过程的重要动态。我很荣幸能通过他们的努力将《能源与社会》这本著作带给更多的读者。书中强调的许多社会-技术和地理视角可能对于理解中国能源转型过程和理解中国在更广泛的能源地理中的作用方面有所帮助。虽然人们对中国的能源与气候政策的作用进行了大量的讨论，但最近的情况使这一局面呈现出愈加复杂化的趋势。其中最重要的主题表现在决策的多尺度特征、消费实践的社会空间多样性、中国能源经济的跨境性质以及转型行动者的多元化。这些主题可以与《能源与社会》中的思辨性社会科学分析产生共鸣。

G J Bridge

英国杜伦大学

2022 年 10 月

致　谢

　　本书是由多位作者合作完成的。2011 年英国皇家地理学会［The Royal Geographical Society（with IBG），RGS-IBG］成立了一个能源地理工作组（Energy Geographies Working Group，EnGWG），后来于 2015 年转设成为能源地理研究组（Energy Geographies Research Group，EnGRG）。我们深度参与了该工作组的筹备过程，并萌生了合著一本书的想法，期待打破传统能源社会科学著作中以"技术与资源"为核心的框架。感谢 Catherine Souch 博士（RGS-IBG 研究与教育领域负责人）在工作组筹备及成立过程中的指导和支持，也感谢众多为该工作组的创建提供支持的学会会员。基于上述缘由，我们签署了本书的销售版税协议，以支持能源地理研究组的工作。

　　从大纲编制到内容定稿的过程中，团队成员持续的研究和教学活动为本书的内容撰写提供了源源不断的补充。感谢诸多科研项目为本书提供了重要支持。感谢英国经济与社会研究理事会（Economic and Social Research Council，ESRC）对 Gavin Bridge、Stefan Bouzarovski 和 Michael Bradshaw 共同主持的"能源转型地理"（Geographies of Energy Transition）系列研讨会的资助（RES-451-26-0692），该项目为作者们在早期研究阶段持续思考能源转型的地理问题提供了机会。感谢能源、移动性和需求动态（Dynamics of Energy，Mobility and Demand，DEMAND）研究中心、可持续实践研究组（Sustainable Practices Research Group）和英国工程与自然科学研究理事会（Engineering and Physical Sciences Research Council，EPSRC）为 Gordon Walker 主持的

"康养需求：老年人、多样性与热体验（Conditioning Demand：Older People，Diversity and Thermal Experience）"项目研究提供资助。该项目为本书的创作提供了很多想法，也提供了很多案例素材；同时也感谢该项目促成了作者们前往冰岛、智利和中国台湾进行实地调研。感谢欧洲研究理事会（European Research Council，ERC）和欧盟第七研发框架计划（7th Framework Programme，FP7）资助由 Stefan Bouzarovski 所主持的"能源脆弱性和城市转型"（Energy Vulnerability and Urban Transitions in Europe，EVALUATE）项目（FP7/2007-2013/ERC：313478）。感谢欧盟"地平线 2020"（Horizon 2020）研究与创新框架计划资助的"欧洲能源效率多重效益的测度与实施"（Calculating and Operationalising the Multiple Benefits of Energy Efficiency in Europe，COMBI）项目（649724）和 ESRC 资助的"基于能源服务供给路径共同设计的南非城市转型"（Urban Transformations in South Africa through Co-Designing Energy Services Provision Pathways，URBATRANS）项目（ES/N014138/2）为本书提供的额外支持。感谢在由英国高等教育学院（Higher Education Academy，HEA）所支持的"地理学和环境研究中的能源教学"研讨会上，参与者们对本书初始框架的诸多建议。美国地理学家协会（American Association of Geographers，AAG）的能源与环境专业组（Energy and Environment Specialty Group，EESG）一直是我们优秀的同行，在 2012 年纽约 AAG 年会上，双方联合举办的关于能源教学的小组会议对我们的写作提供了重要启示。感谢劳特利奇（Routledge）出版社的 Andrew Mold 对本书的写作与出版给予了热情支持；感谢 Egle Zigaite 和 Alaina Christensen 提供了出色的编辑工作；感谢 Ting Baker 对文稿进行了高质量润色。

在设计本书的内容时，我们与研究合作者、博士研究生以及其他同事进行了广泛交流。感谢 Raihana Ferdous、Brian King、Magdalena Kuchler、Ankit Kumar 和 Isaak Vié 对案例研究的贡献；感谢 Elvan Arik、

Hugo Bolzon、Neil Simcock、Marilyn Smith、Eric Verdeil 和 "实践行动"（Practical Action）组织提供了大量照片；感谢杜伦大学地理制图部门的 Chris Orton 制作了本书部分图表。最后，感谢与我们一起工作的本科生和硕士研究生，与他们的互动交流提升了我们对"能源与社会关系的思辨性透视"意义的理解，并且使我们相信旨在实现社会正义的能源转型的重要性。

目　录

图目录

表目录

引　言

一　能源与社会关系的思辨性透视

能源通常被定义为"做功的能力"，然而这一定义并不能充分概括能源与社会的关系。能源的"功"包括一系列社会实践与意料之外的结果。能源塑造了人们在日常生活中工作、休闲和娱乐的节奏和模式。能源为医院和军队供电，为家庭供暖，为数据中心降温；能源帮助人们在城市中通勤，并将产品分销到世界各地；能源照亮了黑暗的地方，并在娱乐和文化艺术活动中发挥作用；能源还改善了人们的生活条件。简而言之，能源在世界各地获取和利用的方式与广泛的社会性需求、关系和欲望是紧密交织在一起的。然而，在收集和利用能源的过程中，同时还会产生不利的后果，超出了"做功的能力"的定义。例如，在能源利用过程中，对空气和水的污染使环境和人类健康受到影响；废物的累积致使我们的后代面临经济与环境风险；有限的土地和自然资源造成不安全和脆弱的现状。能源利用过程所产生的积极影响和消极影响的分布是不均匀的，且对每个人的影响程度也不一样。例如，由能源生产和消费引起的污染和其他风险限制了许多人的生活机会，但对那些从能源中受益最多的人的影响往往要小得多。对构成能源系统的技术、资源及基础设施的选择反映了社会中的权力分配，同时也塑造了未来的可能性。

本书认为，解决当代的能源问题需要社会科学视角。当对能源的理解降低到只是"做功的能力"时，有关社会与能源的关系这类重要问题就会被忽视。这类问题包括：如何以及为谁提供价格合理且安全的能源？谁在社会上有能力和责任通过干预能源系统来减缓气候变化？谁会因为可再生能源和分布式发电等"颠覆性"能源技术获利，谁又会因此利益受损？在做能源基础设施建设的相关决策时，谁有发言权？新的能源技术和基础设施带来了哪些政治可能性？确保获取可靠、负担得起和环境可持续的能源是 21 世纪的重大挑战之一。从自然科学中继承下来的传统方法已不足以应对这一新的全球性挑战。作为回应，本书借鉴社会科学的最新研究成果，对社会与能源的关系提出了更深刻的理解。这种理解展示了能源如何融入全球各不相同的生活方式中，以及给社会带来多元挑战。

二　能源作为社会关切的多维问题

能源问题已经受到越来越多的社会关注。保证持续稳定的供电，改善能源贫困问题，以及向低碳和可再生能源转型，这些亟待解决的问题都在提醒我们注意当下的能源系统与我们的期待之间的差距。能源系统目前在很大程度上是"失灵"的，因此需要结合社会需求进行变革。长期以来，能源系统的可靠性、成本和影响主要是工程师和规划者所关注的问题。时至今日，能源问题影响着从个人到全球地缘政治等不同层面的决策。能源问题影响着我们作为消费者和公民的选择。例如，通过碳足迹标签和家用电器能效评级等公共政策手段，将燃料混合和热效率等技术问题带入了消费者的日常视野；能源投资和能源安全等国际问题经常被列入七国集团（G7）和二十国集团（G20）等政府间会议的议程；致力于应对气候变化的国际协定，如在《联合国气候变化框架公约》（United Nations Framework Convention on Climate Change，UNFCCC）下达成的《巴黎协定》（The Paris Agreement），侧重于能源系统的脱碳和能源效率的提高。与此同时，在以能源为核心的视角下，减少贫困和促进和平与安全等长期社会关切也具备了不同的含义。联合国旨在消除贫困和促进繁荣的可持续发展目标将能源确定为"几乎是世界面临的每一个重大挑战和机遇的核心……无论是就业、安全、气候变化、粮食生产还是增加收入，人人都能获得能源是至关重要的"（UN，2018）。简而言之，能源问题已经是一项社会关切，并且已经成为众多社会组织、政策制定者和公众关注的关键问题。

社会对能源问题的关注角度并不完全相同。在公共政策领域，与能源相关的区域关注非常多元化，对能源和能源替代方案的关注已经延伸到社区、公司和非政府组织。从能源效率、低碳转型和能源贫困，到能源与发展、能源正义和能源安全，多种不同的能源-社会政策框架同时存在。每一种政策框架都提出了对能源发展的独特愿景，代表着不同的政治和经济利益，并试图对不同的行为主体和目标加以干预。毫无疑问，社会对能源的不同关切往往会推动政策朝着不同的方向发展。比如，为实现气候变化目标而减少电力部门的碳排放，却同时加强了对石油和天然气的开采；或者以社会正义的名义，鼓励土地利用规划的地方化决策，却同时为了能源安全，对能源基础设施进行集中决策。能源给社会带来了多方面的挑战，可持续能源系统的设计需要同时考虑经济、技术、政治、环境和道德问题。

"能源的三重困境"框架体现了能源问题的多重维度以及协调它们的困难（如图 I.1 所示）。这三重困境表明，在进行能源系统设计时，公共部门和私营部门需要满足三项互有冲突的社会需求。一是保障能源安全，这反映了社会对可靠的能源供应和基础设施的需求。二是考虑环境的可持续性，同时兼顾能源需求和供应效率，还要考虑如何在高碳能源仍然占据全球燃料结构主导地位的情况下向低碳能源转型。三是解决能源正义问题，包括能源的可获得性和可负担性问题（World Energy Council，2018）。

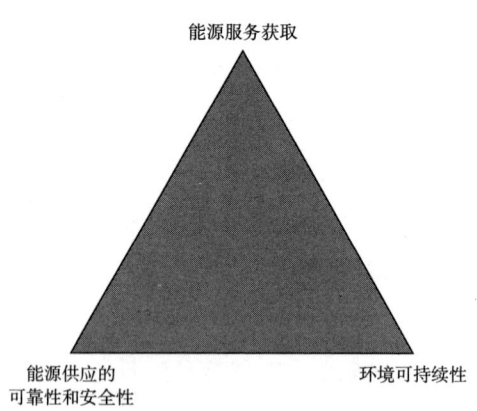

能源服务获取

能源供应的
可靠性和安全性

环境可持续性

图 I.1　能源的三重困境

　　能源的三重困境框架具有鲜明的政策含义，它将能源领域的挑战细化为三个核心问题，并表明了其中的每一个问题是如何将决策者和利益相关者拉向不同方向的。然而，认为能在能源安全、能源公平和环境可持续性这三极之间找到"完美平衡"的想法过于简单。实际上，这三个目标并不独立于现有的社会结构，如国家和地方政府的监管政策、企业的投资战略以及能源消费者的期望和行为。为了应对能源的三重困境而朝着这三个目标中的任何一个前进，都意味着改变现状，而且将会产生赢家和输家。如何进行权衡取舍，不仅与社会中普遍存在的经济和政治权力的分配存在很强的关联，还与价值观和伦理道德存在很强的关联。因为对于某些社会目标，比如保护人类健康和维护生态系统的完整性是务必要实现的，不能简单地进行权衡取舍。社会对能源的三重困境的回应，不是通过冷静地寻找冲突的最佳平衡点，而是需要基于复杂的政治经济过程，这涉及协作、冲突及合作。能源研究的社会科学方法会考虑能源领域挑战性问题的社会嵌入（socially embedded）特征，以及知识、创新能力和社会权力的不平等分布。

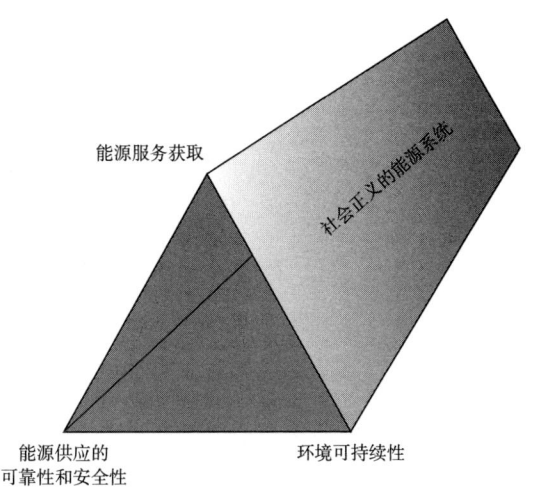

图 I. 2　能源-社会棱镜

我们在能源的三重困境框架基础上增加了关键的第四个维度——社会正义，用于表征如何以及由谁来管理能源系统，从而形成了"能源-社会棱镜"（如图 I. 2 所示），作为对四个维度之间关系的一种直观表达方式。如果不关注所有四个维度，就不能恰当地应对能源系统转型的重大挑战。这个棱镜体现了思辨性的观点，强调了不同重要事项之间的相互作用，并始终保持对社会正义的关注。能源系统在各异的背景下发展，因而反映了不同的环境、物质和社会条件。因此，这些重要事项的表达方式，以及它们之间的平衡，将因情境不同而有所差异。这四个重要事项中的每一项中都隐含着对现有能源系统的思辨。这意味着能源生产和消费在当前未能以具有社会意义的方式实现，同时也指明了四个理想的变革方向。然而，更重要的是，这些重要事项本身并没有具体说明如何或由谁来进行必要的变革。

三 提高能源生产和消费的环境可持续性

能源为那些有能力获得能源的人提供了巨大的经济和社会优势，但开采和消费能源也会产生负面的环境影响，其强度和意义各不相同。气候变化、城市空气污染、水资源供应短缺和水质污染、核废料和其他能源废物流的长期管理以及土地利用的竞争，都是破坏能源系统可持续性的关键问题。当前，煤炭、石油和天然气等化石能源占全世界一次能源消费的80%以上。能源部门的二氧化碳和其他温室气体排放量有增无减，约占所有人为温室气体排放的2/3，而人为来源被普遍认为是全球变暖的主要原因。能源部门的脱碳是减缓气候变化的关键，这在许多国家已经成为一个正在努力实现的目标。《巴黎协定》商定了大幅减少全球温室气体排放量的目标，以确保有机会"将全球平均气温相比工业化前的增幅限制在远低于2°C的水平"（UNFCCC，2015）。其目标是在近期实现全球碳排放达峰，并在21世纪下半叶实现净零排放。全球能源供应的80%来自高碳能源，而且现代能源需求不断增长，2050年净零排放的目标将会对现有全球能源系统产生重大影响。例如，脱碳目标要求企业和政府将目前所探明的1/3的石油储量、1/2的天然气储量和4/5以上的煤炭储量留在地下（McGlade & Ekins，2016）。

能源系统变化的环境压力不仅限于全球变暖问题。据估计，发电站、工厂、车辆的排放以及使用劣质烹饪燃料（如煤和木材）造成的空气污染，致使全世界约700万人死亡（World Health Organization，2014）。能源部门是造成空气质量恶化的三种污染物（颗粒物、硫氧化物和氮氧化物）的主要来源（IEA，2016a）。交通燃料（尤其是为轿车、卡车和公共汽车提供动力的柴油）是氮氧化物的主要来源，也是造成全球呼吸系统问题的重要因素。在非洲，相比水质差或儿童营养不良等问题，与交通运输、发电、家庭取暖和烹饪等能源利用活动相关的空气污染造成了更多的过早死亡（Roy，2016）。城市受到的影响尤为严重，因为"城市集聚了大量人口、能源的使用、建设活动和交通运输……（以及交通排放物）……直接影响了街上行人呼吸的空气"（IEA，2016a）。全球能源消费对水资源日益增长的需求所产生的影响也越来越受到人们关注。一个主要的问题是与热电站冷却、燃料提取和加工以及生物质能源生产过程中的灌溉等过程相关的缺水问题（IEA，2012；IEA，2016b）。例如，在英国，由于煤炭、天然气和核能在发电领域占据主导地位，电力生产的用水量直到现在仍然占全国水资源消耗总量的一半。涉及核能、碳捕集与封存的脱碳路径可能会加大对水资源的需求，而涉及太阳能和风能的脱碳路径则会减少取水量和耗水量（Byers et al.，2014）。化石燃料以及生物质燃料提取和加工对水质的影响也是很严重的问题。

四　解决在获得现代能源服务方面的不平等

在全球范围内，估计有 11 亿人用不上电，30 亿人仍然使用木材、木炭或动物粪便来生火做饭，后者大概是美国人口数量的 9 倍（World Bank & IEA，2015）。全球人口增长的同时，用不上电的人口随着时间的推移缓慢减少；然而，无法获得现代烹饪燃料的人数却在增加。类似这种能源获取的不平等是造成社会不正义的一个主要原因。能源的有限或零获取会导致人们健康状况不佳和谋生机会减少，而且传统的燃料收集和烹饪工作的大部分负担不成比例地落在妇女和儿童身上。因此，改善获得现代能源服务的机会，可以以带来更广泛的社会效益的方式为女性赋能，如提高劳动生产率和降低生育率等。正是由于这个原因，改善能源服务获取被认为是能够将经济增长、社会正义和环境可持续性联系起来的"金线"（golden thread）（IEA & the Work Bank，2017）。确保能源的普遍可及性是以能源促进发展的国际行动的基石，并已经被载入联合国"人人享有可持续能源十年（2014~2024年）"战略，成为联合国可持续发展目标之一。联合国可持续发展目标7是确保到2030年在全球范围内实现现代能源服务的普遍可及。

在全球范围内，约有85%的人口可以获得电力，约有57%的人口可以获得"清洁烹饪"所需的燃料和技术，然而城市和农村之间存在着巨大的差距。大约需要再有10亿人在2030年前获得可持续的电力供应才能实现能源可获得性目标（Ockwell & Byrne，2016），而目前的状况和进展速度无法保证目标的实现。能源获取的紧迫性凸显了能源服务分配的不平等，并引起人们对家庭、工作场所和社区所需能源服务的关注。例如，非政府组织（NGO）"实践行动"（Practical Action）估计，全球发展中国家中有一半的疫苗因冷藏不当而损坏，10亿人使用的医疗服务中缺少电力供应。在发达国家，能源市场通常具有地理和历史形成的特定形式，相关的准入要求突出了能源市场的脆弱性和排他性。例如，在英国，人们长期关注价格低廉的取暖、能源价格上涨、收入下降、福利削减和存量住宅能源效率标准等问题。非政府组织"国家能源行动"（National Energy Action）估计，有400万户英国家庭受到"寒冷家园危机"（cold homes crisis）的影响。美国的类似担忧则集中在汽油价格上涨和公共交通有限等因素对进入城市就业市场的低收入工人群体的影响。

五 确保能源供应的可靠性和安全性

我们习惯于在需要加油的时候有汽油供应，按下开关时灯就会亮。但放眼全球，许多人在需要能源的时候无法获得可靠而稳定的能源供应。住宅和企业可能可以接入电网，但可能只在一天中的一部分时间有电。例如，在尼日利亚，有96%的家庭接入了电网，但只有18%的家庭可以保证在超过一半的时间内有电（Afrobarometer，2016）。炼油能力有限、缺乏外汇来购买进口产品和分销网络不畅，导致发展中国家的许多地区时常出现汽油和柴油短缺。技术故障和罢工运动也可能扰乱能源供应，并产生非常广泛的影响。例如，2003 年北美有 5500 万人遇到了因软件故障而造成的持续两天的停电；2012 年 7 月，印度北部发生停电，多达 6 亿人受到影响。对家庭和企业而言，不充足和不可靠的电力供应产生的影响是深远的，它降低了经济生产率，并造成了产品和数据的损失。部分有条件的人会因此自行安装备用柴油发电机或电池系统，而这更加剧了人们在能源获取方面的不平等。

可靠的能源供应需要对能源基础设施进行持续的投资，以增强供应的安全性并建立抵御供应中断风险的能力。能源基础设施所需的投资规模非常大，估计到 2040 年需要 60 万亿美元的投资才能满足预计的能源需求增长，其中大约有 1/4 用于提升能源效率（IEA，2016b）。未来能源需求的大部分增长与全球中产阶级规模的迅速扩大有关。预计全球中产阶级的人数将从 2009 年的 18 亿人增加到 2030 年的 49 亿人，其中大部分增长发生在亚洲。预计城市中产阶级的规模将出现历史上的最快增长，人数将翻倍并将集中在欧洲和北美以外的地区，他们将通过对消费品和能源服务的需求推动全球经济增长。这种前所未有的能源需求方面的全球化正在对能源贸易模式产生重大影响。在这种情况下，对能源进口国来说，保证安全和负担得起的能源供应越来越具有挑战性（Bradshaw，2013）。

六 确定能源系统的拥有者和管理方式

第四个重要事项是设计对社会呼声有反应能力的能源系统，并以促进社会正义的方式提供安全、负担得起和环境可持续的能源。在能源生产网络中，有许多不同的所有权模式，包括社区所有制、市或州的公有制以及股东所有的私营公司制。能源对经济和社会生活的重要性使"能源系统应该如何管理以及由谁拥有"的问题在政治辩论中占据了突出地位。然而，分布式可再生能源的增长激发了人们对在地化所有权模式的讨论热情，屋顶太阳能等技术将生产者和消费者的角色融合在一起，这与建立在生产者和消费者地理分离基础上的传统输配电系统的模式完全不同。与此同时，许多国家在十多年的能源市场自由化进程中，显露出市场和投资者在公用事业变革速度和规模方面的局限性。对现状的不满体现在呼吁更多的"能源民主"（energy democracy）和尝试其他所有权模式上，以更好地响应能源消费者的需求，并满足其日益增长的参与能源决策的愿望。突出的例子是社区对可再生能源资产（如风电场）的所有权以及围绕电力、天然气和热能供应的市政所有权模式重新引起了人们的兴趣。人们对决定能源未来的权利和确保社会正义的能源转型的关切，反映了受油气或大型水电项目影响的本地群体和其他群体对"能源主权"（energy sovereignty）的呼吁。

七　为什么要采取思辨性观点？

本书使用的"思辨性"（critical）一词含义广泛。在本书中，我们基于特定的哲学含义使用"思辨性"一词，而不是"critical"一词的"批判性"方面的通俗含义，即消极、严厉或冷漠的评论。在社会科学中，思辨性透视是将问题（如能源）置于历史和文化情境中，进而得出观点。这与自然科学研究范式截然不同。许多自然科学研究认为社会背景干扰了对科学真理的探索，因此试图消除社会背景的影响，或令其保持不变；而思辨性透视则积极地尝试理解社会和物质条件是如何塑造问题的。"思辨性"一词意味着需要对"社会实践、制度和结构如何影响所研究的对象（即能源）"进行思考。这一视角与能源系统的技术视角有所不同，后者将能量捕获和转换的技术过程与其社会背景分隔开，以便对其进行分析；思辨性透视则是基于对社会结构和物质实践的认识，以能够改善社会和环境条件的方式理解和解释能源系统。在本书的语境中，思辨性透视意味着要着重关注前文提到的四个重要事项。

（一）社会-技术互动：能源与社会的相互塑造

在本书中，我们将探讨能源系统和社会组织如何相互塑造、相互影响。"相互塑造"（co-constitution）表达了一种不断发展的双向因果关系，意味着如果不考虑社会组织，就无法完全理解能源系统，反之亦然。这也意味着还需要通过演化视角审视创新和能源转型，其中"路径依赖"（path dependency）以及技术与文化形式的"锁定"（lock-in）等问题具有重要地位。相互塑造与技术视角有所不同，技术视角侧重于解释技术系统内部的关系。我们的重点一方面是能源、技术和基础设施之间的相互作用；另一方面是社会实践、制度和结构之间的相互作用。本书并非第一本在能源领域采用这种观点的书，对于能源系统的"社会-技术"综合特征，已经存在广泛的研究，它们强调非技术问题在技术系统发展中的作用。这种"社会-技术"视角的价值在于它使能源转型的一些关键领域得以显现，而这些关键领域在其他分析方法中则常常被忽略。这些关键领域包括促进和管理能源转型的社会过程、伴随着能源技术转变的社会变革以及新的能源系统的组织和运营所产生的社会成果（Miller et al.，2013）。

在接下来的章节中，我们将充分展示上述方面的研究进展。重要参考文献将在每一章的结尾部分列出。

（二）将能源供需作为物质实践的再思考

"能源"一词是19世纪的发明，诞生于以钢铁、煤炭和蒸汽为主的工业革命时代。能源是我们继承的既有价值但又抽象的概念，这一概念最初是为了提高蒸汽锅炉的燃料消耗效率、比较不同的材料和技术而提出的。能源的概念及其相关指标消除了燃料和机器的实质性差异，而只考虑与做功能力相关的差异。这使人们能够对完全不同的事物进行比较，例如将锅炉的尺寸、替代燃料和炉缸的设计与船只和火车的巡航速度进行比较。能源的概念还使人们能够从能量转换和守恒角度理解熟悉的过程，如燃烧、蒸汽膨胀或水的流动。事实证明，能源这一概念非常有用，它使物理学者能够站稳脚跟，并给出了热力学定律的计算公式（Smith，1998）。然而人们并不追求抽象的能源，相反，人们寻求特定的能源服务，如适宜的温度（热舒适性）和交通运输（移动性），这些服务在很大程度上取决于社会和地理环境，如建筑的年代久远程度与类型、供暖的文化规范以及通勤的地理距离等。同样，提供这些服务的能源存量和流量也不以抽象的形式存在，而是具有特定的物质特征（石油、煤炭、木材、动物粪便）和地理位置特征（水力发电大坝的选址为狭窄河谷、风能捕获和转换的选址为高地）。思辨性透视涉及能源生产和消费的"再物质化"（rematerialising）实践，通过为社会提供有能量的特定物质以及能量获取和利用过程中所涉及的社会实践来实现。本书使用思辨性观点旨在说明能源生产和消费的物质特性何以具有社会意义。

（三）地理学为何重要

本书中采用的思辨性观点体现了能源-社会互动在空间上呈现的不同形式，以及能源利用如何支撑不同地理区域的日常生活。能源相关问题中的巨大挑战并非千篇一律，而是由几个截然不同但又相互关联的问题组成。例如，按照历史标准，在可以提供充足能源的社会中，主要挑战是如何开发更可持续的能源系统，其特点是供应的安全、可负担以及高效、低碳。然而，无论是现在还是未来，对于大部分难以获得高质量能源服务或获得机会非常有限的社会（如大部分发展中国家和经合组织国家的贫困社区），面临的挑战则是如何以减少贫困和改善生计的方式加强能源的可获得性。我们的研究方法将地理差异的存在作为首要原则，而不是将地理差异解释为"地方色彩"或对其他普适性主题的偏离（Bridge，2017）。将空间分异放在首要地位很重要，因为这意味着对能源问题的定义和能源转型的推动者是由"能源问题在何种情况下提出"决定的。此外，本书提出的思辨性观点还探讨了能源利用模式如何支撑城市的空间和物质形态（城市形态）、全球范围内制造业活动的分布（经济全球化）、消费者的远程联系和责任关联（消费的政治学）等问题。本书的思辨性观点表明，空间、尺度和管辖范围等地理问题是当代能源挑战的核心。

（四）社会权力与知识

最后，思辨性观点承认多种不同的参与者（国家、城市、工人、企业、国际管理机构、投资者、非政府组织）在塑造能源系统方面的作用，承认参与者的不同能力和利益，并考虑这些参与者之间的互动（包括竞争、冲突、伙伴和协作关系）。思辨性观点阐明了经济和政治权力分布不均如何显著影响能源系统的演变。例如，无论是在能源的可获得性、可负担性，还是在影响能源基础设施的相关决策能力方面，经济和政治权力有限的人往往得不到很好的能源服务。因此，能源系统的核心问题始终包括经济和政治方面的矛盾，包括价格、利润、环境和社会成本的分配以及权力杠杆的获取，即使这些能源系统在技术和管理方面运作良好。基于这些见解，思辨性观点旨在以不只是简单再现现有权力结构的方式理解能源系统及其变革的潜力。简而言之，思辨性观点试图以不同的方式思考传统的分歧，并提供新的视角，以便看到传统分析中被掩盖的关系和过程。这本书看起来可能与许多其他能源著作不同，因为它不遵循基于自然科学或工程的方法对能源部门进行划分。例如，我们并没有依据不同的能源品种（核能、煤炭、天然气、生物质燃料等）组织章节，也不从供给侧和需求侧角度安排章节。相反，我们的目标是将经常被孤立对待的问题、行动者和分析尺度联系起来，同时也提出了与我们在这里概述的思辨性观点一致的新主题。

八　本书的结构

《能源与社会：思辨性透视》由十章组成，分为三个部分。第一篇、第二篇和第三篇各有一个导入性概述，介绍每一部分的范围及核心主题，并对它们包含的章节进行描述。

第一篇"能源、空间和流动"提供了一个基本框架，体现了本书的思辨性观点，并聚焦于能源与社会的相互塑造。这部分将"能源格局"概念作为描述手段，把与能源生产和消费相关的物质实践、在不同空间尺度（从家庭到全球）的运作以及在时间和地理上的不平衡演变联系在一起。第一篇中的四章考察了能源在社会生活中的角色，每一章侧重于这种关系的不同方面：资源格局（第一章）、经济格局（第二章）、基础设施格局（第三章）、地缘政治格局（第四章）。

第二篇"安全、脆弱和正义"考察了当前能源消费模式的社会、经济、政治和环境后果。第二篇的章节强调了能源消费不是为了能源本身，而是为了能源服务（热、光、电和移动性），以及能源服务带来的健康、福利、生活和娱乐的可能性。这一部分对安全、脆弱和正义的关注，突出了当代能源系统面临的挑战，以及阐明它目前为何在很大程度上是"失败"的。第二篇中的每一章都将通常被单独考虑的问题汇总在一起。这些内容突出了在各种尺度上获得能源服务的显著不平等，同时也打破了对"发达国家过度消费，发展中国家则面临能源贫困"这一传统二元关系认识。第二篇探讨了能源贫困和脆弱性（第五章），能源消费、低效和过剩（第六章），能源争议与冲突（第七章）以及能源安全（第八章）。

第三篇"转型、治理和未来"考虑了能源系统的社会-技术与政治的变化过程。安全、负担得起和环境可持续是相斥的多维度目标，而它们在能源转型中则被融合成社会目标和政策目标。第三篇的内容既具有历史性又具有前瞻性。它借鉴了转型历史和当代转型尝试的内容，并考虑了一系列与能源未来相关的社会-技术和政治构想。第三篇的两章分别讨论过去的转型（第九章）和未来的转型（第十章）。

参考文献

Afrobarometer 2016. AD75: off-grid or 'off-on': lack of access, unreliable electricity supply still plague majority of Africans. Available online at http://afrobarometer.org/publications/ad75-unreliable-electricity-supply-still-plague-majority-of-africans

Bradshaw, M. 2013. *Global energy dilemmas.* Cambridge: Polity Press.

Bridge, G. 2017. The Map is Not the Territory: a sympathetic critique of energy research's spatial turn. *Energy Research and Social Science* 36: 11 –20.

Byers, E., J. Hall and J. Amezaga. 2014. Electricity generation and cooling water use: UK pathways to 2050. *Global Environmental Change* 25: 16– 30.

International Energy Agency 2012. *Water for energy: is energy becoming a thirstier resource?* Excerpt from the World Energy Outlook 2012. Available online at www.worldenergyoutlook.org/media/weowebsite/2012/WEO_2012_Water_Excerpt.pdf

International Energy Agency 2016a. *Energy and Air Pollution, World Energy Outlook Special Report.* IEA/OECD, Paris.

International Energy Agency 2016b. *World Energy Outlook 2016.* Paris. Available online at www.iea.org/newsroom/news/2016/november/world-energy-outlook-2016.html

International Energy Agency (IEA) and the World Bank. 2017. *Sustainable energy for all 2017 – progress toward sustainable energy (summary).* Washington, DC: World Bank.

McGlade, C. and P. Ekins. 2016. The geographical distribution of fossil fuels unused when limiting global warming to 2℃. *Nature* 517, 187–190.

Miller, C., A. Iles and C. Jones. 2013. The social dimensions of energy transitions. *Science as Culture* 22(2): 135–148.

Ockwell, D. and R. Byrne. 2016. *Sustainable energy for all: innovation, technology and pro-poor green transformations.* Abingdon and New York: Routledge.

Roy, R. 2016. *The cost of air pollution in Africa.* Paris: OECD.

Smith, C. 1998. *The science of energy: a cultural history of energy physics in Victorian Britain.* London: The Athlone Press.

UN 2018. Sustainable Development Goals: Goal 7, Ensure access to affordable, reliable, sustainable and modern energy for all. Available online at www.un.org/sustainabledevelopment/energy/

UNFCCC (2015) Conference of the parties, Twenty-first session, Paris. Adoption of the Paris Agreement. FCCC/CP/2015/L.9 Available online at http://unfccc.int/files/home/application/pdf/paris_agreement.pdf

World Energy Council. 2018. World energy trilemma. Available at www.worldenergy.org/

World Health Organization. 2014. Burden of disease from household air pollution for 2012. Available online at www.who.int/phe/health_topics/outdoorair/databases/FINAL_HAP_AA P_BoD_24March2014.pdf

第一篇　能源、空间和流动

　　第一篇主要探讨能源系统如何塑造社会实践和社会结构，以及反之社会实践和社会结构又如何塑造能源系统。能源和社会以重要的方式相互塑造，本书开篇部分考察了这种双向关系的不同方面。本篇的每一章都展现了能源-社会互动关系中不同的社会-技术层次，从自然资源（第一章）开始，接着是经济（第二章）和基础设施（第三章），最后则是地缘政治（第四章）。贯穿各章的核心关注点是能源生产、分配和消费在物质、社会和空间层面的特征以及资源、知识和社会权力的不均衡分配。

　　本书的主题之一是要对能源-社会关系进行思辨性透视，我们需要将能源这一从 19 世纪延续下来的抽象概念语境化、具体化。第一篇对空间和流动的关注将持续深化这一透视。本书所说的空间是指能量捕获、转换和消耗所在的地点、社区、区域和领域。突出地域和地点属性是一种在特定的地理和物质情境中使能源生产和消费"落地"的方式。这提醒我们关注这些过程与其发生的场所和环境之间的交互、依赖和反馈关系。此外，这也意味着承认空间不平等和分布不均衡是能源-社会关系的基础，在任何社会-技术分析中都需要认真对待。这里说的空间是一个灵活的术语，并不意味着一个特定的大小或尺度（例如城市、地区或国家），而是可以通过延展、收缩或折叠来适应不同的情境。因此，第一篇中的章节围绕不同的空间尺度展开讨论，从家庭尺度到全球尺度，并包括介于两者之间的一切尺度。贯穿全书的一个关键思想是能源系统的空间形式是动态的，无论是电网规模、城市形态还是全球贸易模式，这些空间形式都随着能源-社会关系的变化而变化。

　　第一篇对"流动"的关注也基于类似的认识，并强调通过能源生产和消费形成的联系、互动和移动。"流动"的概念提醒我们关注可能通过能源得以实现连接或断开连接的多种关联方式，包括资源流动、制造业贸易、资本流动、基础设施联通，以及政策思想的传播。作为一种联系形式，"流动"可以揭示交互作用强度如何在空间和时间上变化：空间上某些地方之间的联系比它们和其他地方的联系更紧密或者更松散；时间上相同的某些地方之间的联系可能逐渐变得紧密或松散。谈论"空间"和"流动"可能听起来很有哲学意味，但它们是许多涉及能源政策问题的核心。例如，在交通政策领域，航空和高速铁路的拥护者称赞这些基础设施能够减少旅行时间并增加地区之间互动的频率和强度；然而批评者则指出，与更快出行速度相伴出现的是能源消费和碳排放的增加，高速旅行通过连接经济权力中心和更聚焦已经相对富裕的用户，往往会加剧而非减少现有的社会不平等。

第一篇的章节利用"格局"（landscape）① 这一概念将能源、空间和流动结合在一起。"格局"这一概念的优势在于，它是一个人们熟悉且易于理解的概念，并且它是一个罕见的例证，证明众所周知的常识性想法仍然可以为重要的分析工作所用。作为重要概念，"格局（或景观）"一词的出现可以追溯到 20 世纪早期人们为了理解并描述地球表面人文和自然双重要素的重塑过程（Simmons，1996）。"格局"描述了广阔空间中自然和人文特征的匹配关系，以及它们产生与互动的历史演变。当研究人员试图证明环境对人类行为的决定性影响或人类对环境的控制时，"格局"成为一个具有吸引力的概念。"格局"这一概念提供了一种方法，可以同时承认社会和自然的双重影响，并将它们结合在一起，而不是使社会和自然的影响相互分离或相互制约。通过这一方式，"格局"这一概念超越了科学思想史上持续时间最长的一个分歧——自然科学和社会科学之间的鸿沟。使用"格局"这一概念可能是一个并不陌生并且显然也不冒险的思路，不过从一开始，它就挑战并跨越了一些最重要的传统思维的束缚。

第一篇的章节采用了"格局"这一概念，并探讨了能源格局的四种不同形式。我们将能源格局定义为在一定空间内的能源生产和消费活

---

① 也可译为"景观"，但为了通俗起见，全文统一译为"格局"。

动，以及自然和社会-技术关系的集合。因此，能源格局同时结合了自然与文化、行动与关系、可见与不可见、过去与未来。能源格局有多种不同的形式，第一篇的章节考察了四大类型——资源格局、经济格局、基础设施格局和地缘政治格局，并意图通过使用"格局"概念实现若干不同的目标。第一，"格局"作为研究能源-社会关系的一种情境视角（contextual perspective），与能源系统的社会-技术方法非常吻合，并以此提请人们注意自然、社会和技术之间的相互作用。"格局"承认能源系统的异质性，承认能源系统由具有不同属性和特征的物质和关系组成，并且承认这些物质和关系组合具有多样性（Frantál et al.，2014）。例如，水电大坝、油田或风电场等能源资源格局就是一个"异质类别"，因为它由"多个地点、尺度和形式组成，并且涉及许多潜在的社会关系形式以及公众与技术之间的互动"（Walker & Cass，2007）。

第二，"格局"的概念使人们注意产生和维持能源格局背后的实践与过程（Nadaï & Van der Horst，2010）。能源格局通常是持久的，在很长一段时间内塑造着人类生计和社会实践。同时，能源格局也在发生变化：既会出现、增长、成熟；也会衰落、过时、淘汰。大多数情况下，这些变化是缓慢的，但偶尔也可能发生得迅速而突然。实践和过程的格局视角表明，某些能源格局的持久性不是特定燃料或消费形式所固有的，而是源于重复地与物质基础设施进行社会互动的模式（Haarstad & Wanvik，2016）。从这个角度看，能源格局是一种关联组织，一种高度情境化的介质，有助于实现社会与能源系统之间关系的相互塑造（Castán Broto et al.，2014）。

第三，"格局"为思考"谁来决定能源的形式和管理能源的用途，谁能够控制能源的流动，以及谁的利益推动了与能源相关的决策"这些问题打开了一扇门。从这个角度看，能源资源和基础设施不仅是对能源系统的投入，也是社会对这些系统进行组织的结果。因此，能源格局可以被解读为经济和政治权力的表达。这种思辨性的解读方式可以成为就未来能源发展进行辩论的有效方式，特别是在政策选择似乎有限、除了某些行动方案之外似乎别无选择的情况下。

第四，"格局"传达了一种日常环境的感觉，并引起人们关注能源对社会生活各个方面的渗透方式。能源格局是无处不在的，解决当代能源挑战需要以不同的方式配置自然资源和社会-技术关系，并可能需要重构格局的价值、功能和意义。因此，格局成为能源政策辩论的关键主题也就不足为奇了（Nadaï & Van der Horst，2010：143；Pasqualetti，2011）。例如，向低碳经济转型意味着要仔细研究可能消除、减缓或抵消化石燃料高碳特性的方式；与此同时，捕获和储存碳（如森林和泥炭地）或能为产生低碳能源新格局提供机会，从而将成为潜在价值的新源泉，并成为商业开发的目标（Bridge et al.，2013）。因此，"格局"这一概念可以成为思考一些与转变能源-社会关系相关的最具挑战性问题的有用工具。

第五，"格局"传达了一个普遍的概念，即可以指带有人类活动印记的广阔的地球表层景观。因此，"格局"指出了能源生产、运输、储存和消费的环境、经济和政治后果，以及能源系统在社会结构以及建筑和自然环境中留下永久痕迹的方式（Mitchell，2011；Huber，2013）。能源系统的这些深远影响在第一篇的章节中开始有所体现，并且是第二篇的重点。

第一篇　章节介绍

第一章"资源格局"考察了自工业革命以来能源供应的大规模扩张。因为能够提供能源服务，以及化石燃料开采和火力发电在全球能源结构中占据主导地位，来源范围广阔的原料及其所在地拥有了社会价值。本章探讨了能源资源和转换技术的社会-技术特征（包括能量密度、可控性、功率密度、碳排放强度等）如何影响能源利用的方式、地点和时间，以及资源格局带来的经济、政治和环境后果。所有能源资源格局都会对环境产生影响，本章考虑了全球碳排放约束如何塑造资源格局，重点介绍了在能源资源格局方面有争议的内容以及它们如何反映，进而如何塑造经济和政治权力的行使。

第二章"经济格局"探讨了经济活动与能源的可用性、可靠性和能源成本之间的联系，概述了能源作为重要经济投入和生产要素的作用，并展示了能源的可获得性如何更新（re-worked）具有重要经济意义的空间形态（spatial forms），这包括了城市的水平视角下的布局（horizontal footprint）和垂直视角下的天际线（vertical skyline）、制造业的全球化，以及人们日常生活中对空间和时间的体验等。第二章还探讨了能源系统如何成为长达一个世纪的关于公有制与私有制争论的焦点，强调了在几十年的经济自由化和私有化之后，人们对公有制重新产生的兴趣，以及可再生能源对国有企业和公用事业企业的替代模式的影响。

第三章"基础设施格局"侧重于在一系列不同尺度上将能源进行循环、储存和转换的网络，其涵盖范围从局部的离网解决方案到广阔的跨国系统。本章探讨了能源基础设施如何以不同的方式融入物质和社会生活，以及在基础设施故障（管道破裂、停电）时暴露出的能源基础设施潜在的空间性和脆弱性。第三章考虑了这些网络的持久性、顽固性、模块化增长和隐形性，并展示了能源基础设施如何与经济、政治和技术变革共同发展。第三章重点介绍了在气候变化的背景下，能源基础设施格局是如何维持高能耗生活方式并与其绑定的，以及能源基础设施又是如何为低碳的未来提供了变革的可能性。

第四章"地缘政治格局"侧重说明能源生产、分配和消费如何塑造国际关系，以及如何嵌入充满国际与国内的竞争、合作和冲突的地缘政治中。第四章探讨了能源如何成为最广泛意义上的政治项目中不可或缺的一部分，包括民族国家的创建和现代文明的形成。第四章还考察了当代碳密集型能源系统的地缘政治格局与国家和城市应对气候变化以及经济全球化进程的相关性是如何日益增强的。第四章还反思了围绕低碳能源的新兴地缘政治关系，以及低碳能源捕获和发电技术的不同空间、实践和尺度特征是如何重塑地缘政治关系的。

另外，能源消费的特征将在第二篇展开（特别是第五章和第六章），但是其要素则会出现在第二章、第三章和第四章。

参考文献

Bridge, G., S. Bouzarovski, M. Bradshaw and N. Eyre. 2013. Geographies of energy transition: space, place and the low-carbon economy. *Energy Policy* 53: 331–340.

Castán Broto, V., D. Salazar and K. Adams. 2014. Communities and urban energy landscapes in Maputo, Mozambique. *People, Place & Policy* 8(3): 192–207.

Frantál, B., M.J. Pasqualetti and D. van Der Horst. 2014. New trends and challenges for energy geographies: introduction to the Special Issue. *Moravian Geographical Reports* 22(2): 2–6.

Haarstad, H. and T. Wanvik. 2016. Carbonscapes and beyond: conceptualizing the instability of oil landscapes. *Progress in Human Geography* 41(4): 432–450.

Huber, M.T., 2013. *Lifeblood: oil, freedom, and the forces of capital.* Minneapolis, MN: University of Minnesota Press.

Mitchell, T., 2011. *Carbon democracy: Political power in the age of oil.* London and New York: Verso Books.

Nadaï, A. and D. van der Horst. 2010. Introduction: landscapes of energies. *Landscape Research* 35(2): 143–155.

Pasqualetti, M. 2011. Social barriers to renewable energy landscapes. *The Geographical Review* 101(2): 201–223.

Simmons, I. G. 1996. *Changing the face of the earth: culture, environment, history.* London: Blackwells.

Walker, G. and Cass, N., 2007. Carbon reduction, 'the public' and renewable energy: engaging with socio-technical configurations. *Area* 39(4): 458–469.

第一章　资源格局

学习要点：

- 剖析抽象的"能源"概念，并引入一系列因可以提供能源服务而具有社会价值的资源。

- 展示不同能源的物质特性在经济、政治和社会方面的重要性，如转换的难易程度和成本、可控性、环境的可接受性。

- 探索能源资源的获取和控制如何实现社会差异化（socially differentiated），并考虑能源资源开发如何反映和再现社会权力。

- 介绍一些在描述和分析能源资源时有用的区分。

捕获、利用和转换。能源资源格局是社会吸纳能源并将其转化为满足人类需求的服务的场所。资源格局获取木材、煤炭和天然气等原料，并将其作为传输和储存能量的载体为社会服务。能源资源格局利用免费的地球物理现象，如潮汐、太阳光、地热、流水和风，通过各种技术、建筑结构和做功实践将一次能源转化为对社会有用的能源形式（见图1.1）。典型的能源资源格局既包括煤矿、油田、气井和大坝（其主要功能是储存一次能源），又包括发电站、炼油厂、区域供热系统、风电场和天然气加工厂。通过这些设施，原料和地球物理现象被转化为电力和柴油等二次能源并发挥作用。资源格局的概念使我们能够超越能量转换的技术和资源范畴，思考资源格局与工人、居民、消费者、投资者、政府等参与者的关系以及在社会、经济、政治和环境方面的影响。

一次能源（primary energy sources）

一次能源是指在自然界中发现的未经转化的能源。一次能源可以是原料（如煤、木材），也可以是自然现象（如风和潮汐）。

二次能源（secondary energy sources）

二次能源来源于一次能源，如焦炭、木炭、电力或柴油。二次能源（如汽油）通常可以由几种不同的一次能源（如原油、煤、油砂）生产。

资源格局涵盖从后院的林地和屋顶的太阳能装置到地球上一些最大的施工场所、建筑结构和农业系统（如露天煤矿、油砂工地、水电大坝、生物质燃料作物种植园）。无论其规模以及技术水平或技术类型如何，其格局都由其用于能源生产的管理方式决定。资源格局意味着在一定程度上对空间的控制，并获得在这个空间中产生的能源流动。例如，油田、核电站和风电场是社会权力的体现——将能源生产作为主要的土地利用方式，确定能源将如何以及由谁捕获和转换，并决定能源将分配到哪里，即资源将服务于谁。传统的技术观点认为资源是能源系统的起点，是塑造经济活动规模和形式以及日常生活体验的重要投入（如图1.1所示）。然而值得注意的是，资源格局也是能源系统组织方式的结果。例如，水力发电厂的建设或生物质燃料作物种植园的发展反映了对未来能源利用规模和模式的预期；主流社会规范和日常生活惯例（工作、旅行和休闲）创造了对能源服务的需求，并决定了对不同能源的接受度；政府和投资公司的作为或不作为会引导能源基础设施投资的方向。因此，资源格局既是社会获得能源的供应区，同时也塑造了对经济和政治权力进行不平等分配的空间，进而形成了地理上的不平衡发展。这种对资源格局认识的双重视角（作为资源供应和社会权力行使的空间）对于理解其在不同时期的意义至关重要，也是本章的核心所在。

本章介绍了自工业革命以来，在能源供应大幅扩张的背景下，被社会视为能源的各种物质。我们会解释化石燃料开采和火力发电在全球能源结构中占据主导地位的原因，以及与化石燃料相关的资源格局的独特性。我们引入"资源质量"（resource quality）概念，并论述了能源密度、能源投资回报率、功率密度和碳排放强度的变化如何塑造资源格局。我们还解释了所有资源（化石能源或可再生能源、高碳能源或低碳能源、可持续能源或其他能源）是如何对环境产生影响的。本章自始至终强调能源的竞争性和政治性，即能源如何同时成为损失、暴力和剥夺的载体。所有资源格局的产生都依赖于对财产的主张，以及实施和保护特定土地利用形式的权力。因此，资源格局必然是政治性的，形成资源格局的技术和组织形式、形成资源格局的地点以及它们是否为社区提供资源服务等，既取决于决策者和决策方式，也取决于热力学定律或供求关系。

一 可能性之门：不断增长且不均衡的能源供应

丰富的原料和地球物理现象为社会提供了做功的能力。木材、动物粪便、沥青、煤、流水、火、城市垃圾、天然气、麦麸、泥炭、潮汐、木材、铀同位素和鲸油都曾是终端能源服务的主要来源。这些物质具有千差万别的属性，因此人们通常不会将粪便、泥炭和铀并列，但作为燃料，它们在一定程度上仍然具有可比性。每种能源资源都是能量的载体，蕴含着能以可控方式转化为具有社会价值的能量，如机械运动、化学反应等。我们之所以将煤炭和石油等原料以及潮汐和瀑布等地球物理现象视为潜在的能源资源，是因为与其他物质相比，它们提供了异常丰富的机会来捕获和按照社会需求传导能量。传统上被标记为"能源"的东西实际上是"可能性之门"。能源是物质或自然现象，为社会提供了方便且有效的方式来利用地球上规模巨大的能量储备和能量流。这些可能性主要涉及提供相对丰富的能源，但也涉及能源很容易以集中和可控

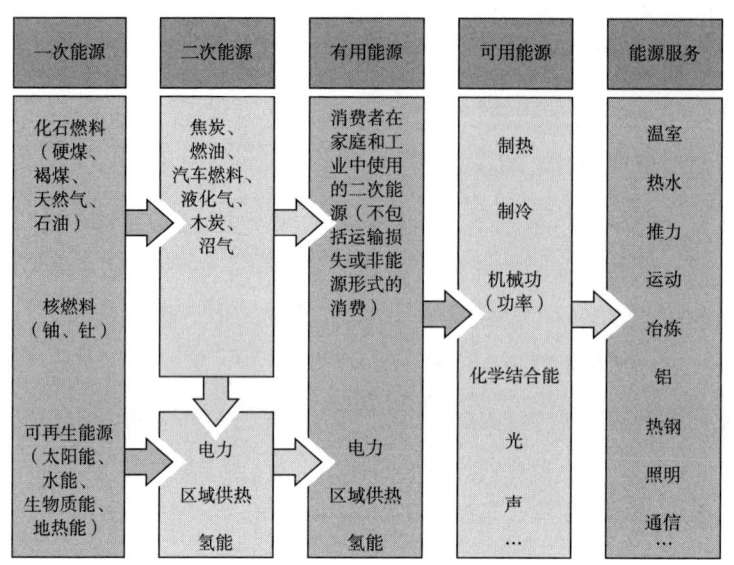

图 1.1 能源的类别和转换：从能源资源到能源服务

（Bradshaw，2014；Wagner，2009）

的形式被捕获、储存、运输和流动，同时还包括可接受性和社会、环境影响。

燃料（fuel）

燃料是一种以热能形式（而不是电能或机械能）释放其储存的化学能或核能的物质。所有燃料都是能量载体，但并非所有能量载体都是燃料。如汽油、木炭和核裂变物质（如铀-235）是燃料，电池、飞轮和水库是能量载体但不是燃料。

能量载体（energy carrier）

能量载体是一种包含能量的物质或现象，它可以通过能量形式的转换来做功。例如电、热、原木、天然气和氢气。能量载体使能量能够被运输和储存。

从地球物理的角度来看，能源并不短缺。地球表面每年接受的太阳能大约是全世界人口能源消费总量的 7000 倍（约 550 艾焦耳，1 艾焦耳为 10^{18} 焦耳）。地球表面的太阳辐射分布并不均匀，一些炎热沙漠是辐射率最高的地区。例如，撒哈拉沙漠每 100 万平方公里的区域每年会吸收超过 8000 艾焦耳的太阳辐射，大约是世界每年能源消费量的 15 倍（Moriartya & Honnery，2012；Candelise，2015）。与消费量相比，地球上可用于核能的碳氢化合物和核裂变物质的存量也很大。石油的探明储量约为 1.6 万亿桶，大约相当于当前每年消费量的 50 倍。已有经验证据表明，石油储量与产量的比率会随着时间的推移而维持稳定，常规石油的最终可开采量可能接近其探明储量的两倍。已知的铀储量约为 570 万吨，按目前的消耗速度计算，大约可以用 90 年。而且，在更人性化的层面上，成千上万的小规模能量转换组成了形形色色的日常生活体验，坐在你旁边的人身体散发出的温度、早上跑到学校时的"刹车声"、雨滴落到人行道上的敲击声，都是能量从一种状态到另一种状态的转换。然而，地球上的大多数能量储备和流动都不能以有意义或环境可接受的方式加以利用，只有一小部分能够供社会利用。

探明储量（proved reserves）

探明储量是在当前经济和技术条件下，通过地质和工程数据估计出的未来几年可以从已知储层中开采出的储量（如石油）。英国石油公司 BP 指出，可以用 90% 的临界值来定义探明储量，即探明储量是指在油田的整个生命周期内有超过 90% 的机会被开采的储量。

最终可采资源量（ultimately recoverable resources，URR）

最终可采资源量是对一段时间内开采资源（如石油）总量的估计。许多资源经济学家要么拒绝最终可采资源量的提法，要么估计一个比地质学家和其他自然科学家的估计高得多的数字。因为可再生资源的存量取决于技术和市场条件，而随着时间的推移，二者都是动态的和高度不确定的。对常规石油剩余的最终可采资源量的估计的最低值（8700 亿桶）只有最高值（31700 亿桶）的不到 1/3。

随着时间的推移，能源的可获得性随着三大进程的推进而迅速增强（如图 1.2 所示）。首先，由于捕获和利用能源的技术进步，人们有可能从一次能源和二次能源中获得更大的能源价值。例如，轮子的发明和役畜项圈和挽具的逐步改良，使更多的肌肉能量转化为动能；旋翼叶片和发电机设计的改进，使风力涡轮机能够将更多的机械能转化为电能；更精简的内燃机使一升燃料可以满足更多的驾驶里程。其次，技术的发展还开发了所谓的非常规能源资源，使我们能够利用地球上一些之前未被利用的能源。加快发展提高能量转化效率的机器至关重要。例如，詹姆斯·瓦特（James Watt）在 18 世纪后期发明的蒸汽机通过燃烧过程，将煤的化学能转化为机械能。蒸汽机通过从深矿中抽水，开辟了一个庞大的煤炭资源的"地下森林"（subterranean forest）（Sieferle，2001）。推动非常规能源资源开发的技术还包括海上钻井和潜水泵技术的进步（这使海上石油开发在 20 世纪下半叶成为可能）；还有 20 世纪 50 年代核裂变技术在发电中的应用、发明用于生产生物柴油的植物油（例如麻风树）和动物脂肪的酯交换技术。再次，国家和其他强大的经济和政治主体试图通过占领他人声称拥有的资源，来确保它们对可用能源资源的控制。例如，英国、法国和美国等西方强国的石油公司在 20 世纪上半叶获得了沙特阿拉伯和伊拉克等国家的石油资源；第一次海湾战争期间（1990~1991 年）伊拉克入侵科威特；发展中国家农业种植园正在进行的"土地掠夺"（land grab），如与欧盟可再生能源指导相关的生物质燃料作物种植园的开发（为了生产木屑颗粒）；通过城市工业化对边远农村资源进行的收购（为了建设矿山和水电站）（White，1995）。

可再生（流量）能源与不可再生（存量）能源［renewable（flow）vs non-renewable（stock）energy resources］

可再生能源被认为是流量资源，是在对人类有意义的时间尺度上具有再生能力的一次能源。可再生能源只有三类来源（Smil，2016）：（1）太阳辐射，包括太阳辐射对加热和蒸发的间接和不均匀影响（例如风、洋流、河流动能），以及其通过光合作用对植物的贡献；（2）地壳中的放射性衰变，它推动热能从地球内部流向外部（例如地热能）；（3）造成潮汐的月球引力。

这三个来源使可获得能源的数量不断增加（如图 1.2 所示），可用于改造环境和经济基础设施建设，因而人类可利用的能源总量大幅增加。Grubler（2004）估计，1800 年全球能源利用量约为 20 艾焦耳，1900 年增加到 50 艾焦耳，2010 年约为 500 艾焦耳。简而言之，全球能源利用量在 200 多年间增长了 20 多倍，而人口仅增长了 7 倍（Smil，2010）。这一现象的结果是随着时间的推移，能源将变得更加丰富，这可以通过能源的人均可用量和获得能源所必须花费的时间或精力来衡量。大部分人已经习惯了生活在一个高能耗的社会，对于大多数尚未拥有它的人来说，这也已经成为一个可及的愿望。然而，可以被捕获、利用和转换的能源只占地球上能源的很小一部分，且分布严重不均。优质的能源并非随处可见，获得资源和能源捕获与转换的关键技术是由财富和权力的分配决定的。同样，能源资源格局的社会和环境可接受度也表现出社会和空间差异，能源生产和运输对环境和社会影响的可接受度也是如此。

随着时间的推移，人类对具有社会价值的能源的探索使一次能源和

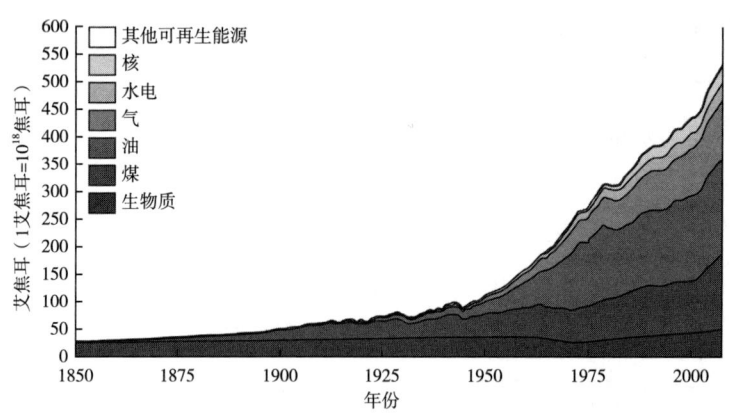

图 1.2 随时间变化的可用能源（GEA，2012）

二次能源的组合多样化（如图 1.2 所示）。然而，少数几种一次能源和二次能源在全球能源结构中占据了主导地位。煤炭、石油和天然气这三种碳氢能源占全球一次能源消费总量的 85%以上。20 世纪，煤炭、石油和天然气在能源供应总量中的占比越来越高。化石燃料在全球能源结构中日益增长的趋势反映了能源需求的空间扩散，这主要是少数工业化国家对化石能源资源拥有巨大控制权的结果。然而，到了 20 世纪末，对水电和核电的投资以及可再生能源的出现，开始削弱化石能源的主导地位（如图 1.2 所示）。首先，在过去的 25 年中，可再生能源在数量上翻了一番，占全球主要能源产量的比重从 10%左右上升到超过 15%，其中水电、核电和可再生能源分别占比 6.7%、4.4%和 2.7%。其次，越来越多的一次能源在最终消费之前已转化为电力和液体燃料等二次能源。在 2016 年之前的 40 年里，电力消耗增长了 4 倍，占最终能源消费的比重从 9%增加到 18%（IEA，2016）。因此，现代文明在很大程度上依赖于对占地球资源很小比例的地下能源，以及依赖于它们的转化、液体燃料和电力的分配。简而言之，发达国家高能耗社会中的大多数人以及新兴经济体中越来越多的人的日常生活，依赖于石油和天然气田、煤矿、炼油厂和热电站等能源基础设施。

> **化石燃料示例：名称的含义**
>
> 　　"化石"（fossil）这个词的本义是"挖出的东西"（来自拉丁语"fossere"，意为"挖掘"）。"化石燃料"一词将煤、石油和天然气与地表收集的其他燃料（如木材、稻草）区分开来。化石这个词也包含了更通俗的概念，即古老的、没有生命的物质，因此无法自我更新。例如，1838年，美国马萨诸塞州一份关于煤炭的记录将化石燃料定义为"从地球中挖掘出来的燃料，并且来自以前埋在那里的植物"（Hitchcock，1838）。煤炭、石油和天然气都因为是高度集中的能量载体而具有历史意义。化石燃料是数百万年沉积和形变的产物，有效汇集了植物和动物所含的能量。因此，与从地表收集的可再生燃料相比，煤、石油和天然气每单位质量所含的能量更多。例如，1千克柴油所含的能量约是1千克木材的3倍。19世纪初，随着"化石燃料"一词进入英语，社会上的燃料收集方式也相应地发生了重大转变，不可再生的地下燃料越来越多地补充并取代了陆基可再生能源。

二　能源的不同形式：资源的质量与数量

　　并非所有的能源都是"生而平等"的。提供能源服务的能源存量和流量取决于特定物质（煤、木材、动物粪便）和特定地点（水电站坝址的狭窄山谷、风能捕获和转换的高地）。因此，能源并不是一种抽象现象，而是嵌入在物质形式、地理环境和特定的格局之中，种类繁多的能源并不意味着它们之间的可互换性强。已故的前英国能源与气候变化部首席科学顾问David McKay（2009）曾经形象而深刻地指出："你不能用猫粮为电视供电，也不能用风力涡轮机喂猫。"这里的区别在于，能量呈现为包括电、化学、机械、重力等不同的物理形式。简而言之，能源以具有社会意义的方式区分。"资源质量"概念是区分不同能源的社会效用和接受度的有效方法。例如，能源资源评估的实际任务旨在揭示资源质量的变化并评估其商业和社会影响；风力资源评估旨在确定给定区域潜在风能的规模，绘制风力密度的水平和垂直变化图，确定最佳风力涡轮机位置，并减轻负面的环境和社会影响（如对候鸟的影响）。下文确定了资源质量的四个重要维度（能量密度、能源投资回报率、功率密度和碳排放强度），以及它们如何影响资源格局。动态能源格局如图 1.3 所示。

（a）波兰贝尔查托发电站欧洲最大的燃煤
发电站（5400兆瓦）和最大的单体二氧化碳
排放源（图片来源：Artur Marciniec/Alamy）

（b）本神奈川县太阳能发电厂
（图片来源：Σ64）

（c）美国加利福尼亚州卡斯泰克水电站
（抽水蓄能）（图片来源：Sirbatch）

（d）在英国收获用于沼气生产的玉米
（图片来源：Garnham Agriculture/Alamy）

图 1.3　动态能源格局

（一）能量密度

能量密度描述给定体积或质量的物质中所含的能量。它是能量"浓度"的度量，可应用于存量资源和能量载体，如木材、木炭、泥炭、煤、石油和天然气等。随着时间的推移，不断增长的能源丰裕度在很大程度上是利用了能量密度越来越高的能源的结果。例如，从木材到木炭，从木炭和泥炭到煤、石油和天然气。虽然化石燃料的捕获和转换相较生物质能源更复杂且劳动力成本更高（在劳动时间上），但与"有机经济"相比，化石燃料更高的能量密度使社会能够积累非常多的能量盈余。反之，大量的能量盈余使大量的人口从能量收集活动中解放出来，从而促进了社会的发展。更高的能量密度还使能量能够更容易被移动和大量储存，从而能够应对需求的空间和时间变化。向具有更高能量密度的一次能源和二次能源靠拢是能源转型史的特征。这里所说的能源转型不是现在可再生能源在能源结构中扮演越来越重要角色的低碳能源转型。

我们通常认为能够作为燃料的物质具有相对较高的能量密度，并且还具有以热（如燃烧或核裂变）或电（如燃料电池）的形式释放能量的可操作性和可控性。碳氢化合物作为燃料的效用取决于它们燃烧时产生的高热值（煤、石油和天然气作为化学原料也具有非燃料价值）。顾名思义，碳氢燃料由碳元素和氢元素组成，这两种元素的比例决定了它们的热值，氢碳比（H/C）越高，燃烧时释放的能量就越多。由于甲烷（CH_4）等能源的氢碳比（4：1）高于石油（约2：1）和煤（约1：1），因此天然气的能量密度高于石油，而石油又高于煤炭。例如，1千克石油的能量含量几乎是1千克煤的2倍，是相同重量木材的2.5倍左右。更高能量密度的意义就是，在相同重量情况下，煤炭和石油相较于木材具有更强的做功能力。例如，对于机车和轮船来说，用石油做燃料可以比木材或煤炭达成更远的运输距离，同时与其他燃料相比，石油在储存、便携性和运输成本方面也具有类似的优势。然而获得1千克石油和煤炭需要花费更多的劳动力，而且石油和煤炭的分布并不均匀，它们的碳含量也更高，还含有一系列杂质（如硫、汞），可能产生不充分燃烧的情况。例如，为缓解气候变化，在北欧部分地区的大规模发电中，已经出现恢复使用木材来替代煤炭的情况。木材和其他形式的生物质燃料已被用在一部分混合燃烧的火电厂，例如英国最大的 Drax 电厂（参见案例研究）。

案例研究：一种具有韧性的资源格局——木材的持久意义

木材是全球约 28 亿人的主要能量来源。据估计，木材满足了全球能源消费的近 1/10（约 50 艾焦耳）（Bailis et al. , 2015）。在发达国家的森林地区，木材是重要的供暖和发电燃料。在发展中国家，木材和木炭被更多人用于取暖、烹饪和获取收入来源。木炭是非洲大部分城市地区的主要燃料。例如，广泛的木炭区域贸易将森林与城市消费中心联系起来，而木材和其他生物质（秸秆、粪便）则在农村地区很重要（Kammen & Lew, 2005）。尽管木材在发展中国家的重要性相对于其他能量载体（如煤油或电力）而言有所下降，但 20 世纪全球薪材采伐量还是翻了一番（Smil, 2016）。在世界上某些地区，包括南亚和东非的部分地区，对木材燃料的需求超过了当地的供应。数以百万计依赖木材燃料的民众必须每天步行几个小时去收集，否则就只能通过城市控制的贸易网络购买（见图 1.4）。

图 1.4　孟加拉国妇女拾柴（图片来源：孟加拉国实践行动组织）

木材通常被视为"传统"能源，这与缺乏现代液体燃料或电力有关。这种观点反映了木材作为发展中国家家庭用燃料的持久重要性，也反映了欧洲、北美和日本在18~19世纪摆脱木材和木炭依赖的途径（Smil，2016）。木炭一直是英格兰炼铁的主要能源，直到18世纪初才被焦炭取代。对木炭的需求推动了英格兰的森林砍伐，以至于该国在16~17世纪对铁的需求日益增长时，需要从俄罗斯和瑞典进口木材。向焦炭的过渡消除了木材供应对国内铁产量的限制（参见"有机经济"部分）。与木炭相比，焦炭具有更高的能量密度和功率密度，这使英国的铁产量和铁消费量迅速增加。

尽管与传统能源格局有关，木材也是一种非常现代的能源。以森林为基础的生物质能源对一些拥有大片森林的发达国家非常重要，例如在芬兰，可再生能源约占一次能源供应的1/4，其中85%来自木材（Heinimo & Junginger，2009）。在努力减缓气候变化和提高可再生能源作用的背景下，木材作为能源的使用范围正在发达国家的许多地区扩大。在一些地区，人们大量种植速生树种（如柳树、杨树、松树、桉树和金合欢树）的目的是为了获取其能量含量，通常使其在火力发电站燃烧来释放其能量，其中木材要么单独燃烧，要么与煤炭共同燃烧，后者可以在一定程度上贡献于电力脱碳。在欧洲的电力公司寻求获得可再生能源指标并满足欧盟可再生能源目标时，快速增长的木屑颗粒国际贸易，将美国南部的松树种植园与欧洲联系了起来。除了这些"能源森林"（energy forests）之外，还有另外两种现代形式的木材燃料可以用于发电或热电联产：一是从圆木或纸浆及纸张加工中回收的树木废料（树皮、锯末、碎木片）；二是从建筑、包装和其他废弃物中回收的废旧木材。用于生产固体和液体生物质燃料的"能源农业"（energy farming）逐渐兴起，其中木材种植园是重要组成部分，这意味着土地再次成为能源可获得性的主要决定因素（Huber & McCarthy，2017），这就将林地置于"应如何以及为谁管理这些能源"的争论中心。

碳氢化合物因其优越的能量密度而形成了独特的化石燃料格局。欧洲和北美的工业革命最初以水动力为基础，但后来则越来越多地利用煤炭这种密集型储能物质。1850 年，尽管大部分煤炭产量只是集中在欧洲和北美，但是全球从煤炭中获得的能量已经多于从风、水，以及木材等生物质中所获得的能量。向煤炭过渡产生的全新资源格局主要受三方面的影响。第一，煤炭可以从给定的土地面积上获得更多的能源，因此能源收集活动可以在地理上集中于最有价值的地点，并由此在空间上出现了独特的分工，一些地区专门从事能源资源的生产（如煤炭开采），并可以为国内更广的地区甚至其他国家供应燃料。这种专业化分工过程创造了与煤炭开采相关的 19 世纪经典的资源格局，即人口稠密的采矿区、专业的采矿劳动力以及专门服务于煤炭的开采、加工和运输的基础设施网络。与此同时，煤炭的高能量密度使很大一部分人从能源收集的日常活动中解放出来。随着时间的推移，大多数人越来越少地在日常生活中进行能源收集工作。与有机经济相关的旧资源格局（木材燃料收集、畜牧业作物种植和水力利用）变得越来越过时，这些格局中的能源供应已成为空间经济中与其交织的一部分，而不是单独存在。能源资源生产被越来越少的人控制，这使拥有这种控制权的人有了更广泛的社会权力，并使能源资源成为企业和国家战略的目标。

第二，由于煤炭、石油和天然气是高密度的能量载体，这促进了各国国内和国际能源贸易的增长，以及能源生产和消费在地理上的进一步分离。虽然早期的水车能够集中机械动力，但水车产生的能量无法传输到远离流水的地方。煤炭为工业选址带来了新的空间灵活性，因为让大量能源被运送到远离主要资源地的地方成为可能。煤炭在这方面虽然并非独一无二，但表现很突出（参见上文的木材案例研究）。从 19 世纪末开始，当有越来越多的煤炭被用于发电时，这种能源生产与消费分离的状况进一步加速。最初，发电是基于市场的，发电站建在靠近有电力需求的大城市，煤炭通常是从矿山长距离运送到发电站。然而，随着输电基础设施（如电网）的改善，燃煤发电的地点向煤矿或潮汐区转移。由越来越大的燃煤发电站供电的电网不断增加，促使越来越多的工厂将动力来源从煤炭转向电力，这导致了为当地工业提供煤炭的大量小煤矿的停产。可以流动的石油和越来越多的天然气进一步推动了能源生产和消费的地理分离，开采的所有原油中有 2/3 用于国际贸易，而天然气是 1/3，煤炭则是 1/5 左右（参见第四章）。与这些高度全球化的化石燃料相反，一些低碳能源格局直接将能源生产过程与能源消费空间重新连接起来，例如屋顶太阳能、地热和小规模沼气池等技术将能源生产直接转移到了消费地点。

　　第三，在获取能量的速度和节奏方面，化石燃料不同于生物质、风和水。矿山和发电站获取和转化能量的速度远远高于有机经济，后者以人力为基础，并辅以风力和水力。化石燃料和可再生能源的另一个重要差异在于，化石燃料的能量输出不受太阳辐射、季节性水流量或生物质再生率的影响。随着 18 世纪和 19 世纪煤炭使用量的增大，对能源生产的限制越来越多地取决于技术规模和控制劳动力的能力。经济运行摆脱了有机经济中所受到的光合作用的约束，生产节奏得以围绕市场或国家目标组织，而不是围绕日照或水流量的每日或季节性变化来组织。这种改变推动了对能源生产的规模经济的追求（更大的矿山、更大的发电站），而这反过来又需要能源运输和储存的规模经济（更大的煤炭列车、原油运输船以及石油和天然气储存设施）。能量捕获的新技术，如露天采矿和山顶移除等，促进了经济规模的扩大。当今世界上最大的煤矿位于美国怀俄明州的粉河盆地（Powder River Basin of Wyoming），年产煤约为 1 亿吨，印度尼西亚和中国的一些大煤矿的年产量约为 5000 万吨。

有机经济（organic economy）

　　经济史学者爱德华·雷格莱（Edward A. Wrigley）（Wrigley，1988）引入了"有机经济"这个术语，用来对工业革命进行描述。

有机经济描述了一种经济现象，其中太阳能和可以固定太阳能的植物是能量和能量原料的主要来源。在有机经济中，地表生产力（即其捕获和转换太阳能的能力）是经济增长的主要制约因素。Wrigley将有机经济与以化石燃料为基础的能源经济进行了对比。在能源经济中，社会通过获取存储的能源（如煤炭）来补充太阳能，因此地表生产力不再是经济增长的制约因素。

（二）"极限能源"的兴起：能源投资回报率（EROI）

获取和利用能源需要做大量的功。能源格局的特点表现在建筑、挖掘、抽水和加工等活动的能源利用以及能量的捕获和转换上。能源投入和能源产出之间的差值为能源净产量，即通常所说的"能源投资的能源回报"，或者更简单地说成是能源投资回报率。大多数能源格局在为捕获、利用和转换能量过程中消耗能量的同时，可以提供可观的能量回报，而这种回报也正是它们最初被视为能源的原因。能源投资回报率提供了一种可以比较不同能源的方法，并且可以依此绘制净能源产量随时间变化的图表。

能源可获得性的不断改善（如图 1.2 所示）是 20 世纪环境史和能源史的一个显著特征。支撑这一改善的化石能源数量的增长更加引人注目，因为一般来说，化石能源资源作为可耗竭资源通常是从质量逐渐下降的资源存量中获得的。中东地区仍有大量低成本、易于获取的石油储备，但其他地方的大部分"易开采石油"已被开采。因此，世界上大多数区域的能源投资回报率一直在下降。例如，在美国，本土石油的平均能源投资回报率在 20 世纪 30 年代时约为 100：1，20 世纪 70 年代约为 30：1，目前为 15：1 左右。在全球范围内，石油和天然气的平均能源投资回报率在 20 世纪 90 年代后期从 26：1 上升到 35：1，这是因为低油价使石油生产商只能聚焦于更高质量的石油和天然气资源，但随后这一比率又下降到 19：1 左右（Hall et al.，2008）。未来，石油生产将更加依赖海洋深水油气田，以及非常规石油资源，如页岩或油砂。总的来说，这些能源的能源投资回报率低于传统原油，因为提取和加工需要更多的能源投入。新的开发正在转向更复杂的环境，例如更深的油井（更高的温度和压力）和海上油田，因此成本会进一步上升。一些专家分析认为，这些向着更具挑战性和更高成本的环境的转变意味着"轻松石油"（easy oil）的终结和"极限能源"（extreme energy）的兴起（Klare，2010）。这些高成本石油资源的开发将使未来的油价比每桶 25 美元左右的历史常规价格高出 2 倍到 4 倍。当然目前还完全不清楚未来的需求水平是否足以支撑这样的价格。同样，即使基础设施的初始投资可能早已完全收回，成熟油气田的运营成本往往会随着时间的推移而上升。"资源金字塔"（resource pyramid）（见图 1.5）反映了从能源和经济角度来说，开采成本低廉的优质资源（顶点）与大量更分散、质量更低的资源之间的关系（Ahlbrandt & McCabe，2002）。通过沿"资源金字塔"向下移动，开发低质量的非常规化石燃料（如油砂）或位于非常规区域（如近海深水或北极）的常规原油将进一步降低能源投资回报率。例如，开采油砂的能源投资回报率的估计范围从 10：1 到 1：1（意味着能量的净损失）。石油的能源投资回报率下降也解释了为什么石油生产商现在是最大的二氧化碳排放企业之一，这是因为在提取原油或非常规化石燃料并将其加工成二次能源（汽油、柴油、燃料油等）的过程中消耗了大量化石能源。

随着时间的推移，当人们收集的能源以较低质量的资源为主时，这种品位曲线下降、成本曲线上升的变化意味着新资源格局的开发。然而，资源格局的演变并不总是遵循"资源金字塔"所假设的路径，颠覆性的技术变革（如页岩油气资源的水平钻井和水力压裂技术）可以开辟新的路径，抵消新开发项目的成本和风险的监管决策也是如此。地缘政治因素可能会使现有资源格局的持续时间超过其由市场因素决定的长度。各国政府对能源供应安全的愿望和对就业（或失业）的考虑，意味着各国可能倾向于本土化的低品位的一次能源，而不是进口更高品位的替代品（参见第四章）。欧洲煤炭开采的历史，以及在德国和波兰的能源体系中国产煤炭长期的主导地位都证明了这一倾向。尽管欧盟提出了脱碳议程，但煤电仍然占波兰电力供应的 85%，占德国电力供应的大约 50%。出于对俄罗斯在欧洲天然气市场主导地位的担忧，这些煤炭大部分是波兰和德国本国生产的低品位褐煤。此外，地理知识在社会上并不普及，因此在人们发现或可以获得高质量资源之前，往往使用的是低质量资源。生态经济学者理查德·诺加德（Richard Norgaard）（Norgaard，1990）将这种现象描述为"五月花问题"（Mayflower Problem），与 1620 年乘坐"五月花"号登陆北美东海岸的欧洲定居者（又称"清教徒"）面对相似的问题。Norgaard（1990）指出，北美的历史是在学会开发更高质量、更低成本的资源之前使用低质量资源的历史。美国农业在从土壤相对贫瘠的东海岸转移到生产力更高的中西部之前，已经持续了好几代人的时间。

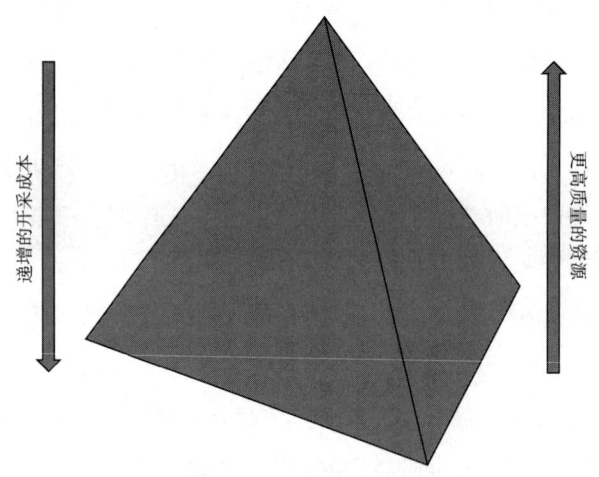

图 1.5　资源金字塔（Ahlbrandt & McCabe，2002）

因此，开发和掌握高质量的供应源是保持能源质量的一种策略。从这个角度来看，"五月花问题"的比喻特别合适，因为正如欧洲人在北美定居的血腥历史所表明的那样，一个人的发现就意味着对另一个人的剥夺。

获取和利用能源的能力不仅取决于知识，还是政治的（最终是军事的）控制。吞并新的能源供应源或控制境外的能源流动，可以成为在本国能源枯竭时仍然维持国内低能源价格的一种手段。区域和全球大国有能力通过它们拥有、支持或控制的生产和运输网络，实现其高度延伸的资源供给格局。例如，美国现在仍是世界上主要的原油进口国，其能源供应源遍布世界各地，并拥有大量的政治和军事资源，可用于确保石油的有序供应。

（三）功率密度：空间权衡

功率密度描述了来自给定区域的功率流量。与能量密度一样，功率密度也是一种对"浓度"的量度，但功率密度描述的是能量转移的速率，而不是每单位体积或重量的能量含量。功率密度以 W/m^2 为单位。如果两块大小不等的土地产生相同的功率，则较小的一块土地具有更高的功率密度。换句话说，一块土地具有一系列可能的功率密度，具体的功率密度取决于它所属的能源格局类型。目前可从煤炭、石油和天然气中获得最高的功率密度，其功率密度为 $400\sim4000W/m^2$（Smil，2016）。可再生能源的功率密度比与化石燃料开采和热力发电相关的能源低几个数量级。与化石能源或核能源相比，可再生能源需要靠更大面积的土地来获得同等的电力。

从历史上看，土地的稀缺限制了对以生物质为基础的能源利用。早在16世纪，英格兰铁的生产规模就受到了可获得的林地数量的限制，因为在使用焦炭炼铁之前，铁的炼制依赖木炭。尽管木炭和焦炭几乎都是纯碳并且具有相似的能量密度，但焦炭的功率密度比木炭高约7000倍。在19世纪，焦炭在炼铁中的应用使欧洲和美国的铁和钢产量激增。Smil（2016）指出，美国的铁产量在1810~1910年增长了500倍，如果不是改用焦炭，那么2500万吨的年产量将需要威斯康星州面积大小的森林作为燃料。

可再生能源较低的功率密度对资源格局具有三个重要意义。第一，其能量捕获和分配的物流与传统化石燃料开采和火力发电不同。如上所述，化石燃料是高度集中的能源，其所属能源格局以非常高的功率密度和相对较少的场所（发电站、炼油厂）将能源转化为可用形式，随后将能源分配给最终用户。相比之下，使用风能或太阳能等流动资源进行电力生产时，需要协调多个分散的场所。这需要克服分散的来源所带来的较低的功率密度和间歇性的供应。因此，利用可再生能源的意义在于：能源资源格局出现扩大，与其他土地利用形式出现潜在重叠（及相互作用），以及新的生产网络形式出现并发展，这其中的非连续的要素仍然需要作为一个整体进行管理。

第二，化石燃料开采和火力发电的功率密度较高，意味着相同的投资水平可以控制更大的功率通量。因此，控制关键地点（油田、主要发电站）就可以获得巨大的政治影响力。而可再生能源的功率密度较低，因此从单一来源复制这种政治影响力及提高供应的安全性就变得更加困难。相对地，可再生能源供应商的大量涌现，在协调基础设施连通性方面带来了新的挑战（见第三章）。

第三，可再生能源的较低功率密度意味着能量捕获过程再次成为土地利用/覆盖变化（Land Use and Cover Change，LUCC）的重要驱动因素（Howard et al.，2009；Huber & McCarthy，2017）。脱碳和可持续能源目标着眼于更广泛地利用可再生能源，包括"回归"能源生产的生物经济，即以生物质和生物质燃料作物的种植和收获以及食物和农业废弃物的收集和处理为基础。动物粪便、稻草和木材已经达成完全循环，而对能量捕获的现代生物经济来说，其挑战是如何以高效、大规模和可持续的方式做到这一点（Scarlat et al.，2015）。

生物质和生物质燃料包括柳树和杨树等速生木本植物，以及用于混合燃烧发电或生产低碳热能的芒草（象草）、用于生产生物乙醇的淀粉（小麦、玉米）、糖料作物（甘蔗、甜菜）和用于生产生物柴油的油料作物（油菜籽、大豆、麻风树）。来自废弃物的能源包括通过对食品、农业废物和废水进行厌氧消化产生的沼气（可再生天然气），以及从垃圾填埋场回收而得的气体。由于生物质和生物质燃料对土地的需求量很大，最近为了脱碳和能源安全目标而扩大生物质生产的举措，使其与粮食生产和生物多样性保护目标发生冲突。越来越多的人担心生物质和生物质燃料的生产会与粮食供给和动物栖息地竞争土地，而不是利用农业或林业废弃物，这导致了一些政策的重新调整。例如，欧盟原本的目标是到 2020 年，10% 的运输燃料来自可再生能源，但是在 2015 年，欧盟对此进行了修改，将来自农田作物的供应量限制在 7% 以下（Blaschke et al.，2013；Scarlat et al.，2015）。

（四）碳排放强度：从高碳到低碳的资源格局

对大气中温室气体（GHG）积累引起全球气候变化的担忧，已经以独特的方式塑造了能源资源格局。能源系统的温室气体排放量约占全球的 65%，被广泛认为是最重要的二氧化碳来源。能源部门对气候变化的其他重要影响包括天然气生产厂和天然气管道的逸散性甲烷排放、与石油开发相关的甲烷燃烧（例如在美国北达科他州的页岩油开采）以及用于空调的氢氟烃（对此，2016 年，各国在卢旺达达成了具有里程碑意义的国际淘汰计划）。气候变化不是与能源生产和消费相关的唯一的环境问题，甚至不是最重要的环境问题。与发电和交通相关的城市空气污染，以及与使用传统燃料做饭和取暖相关的不良室内空气质量，是目前许多国家能源系统变革的主要驱动因素（参见第七章）。然而，全球气候变化的原因和后果更加严重，应对气候变化在很大程度上需要对全球的能源资源格局进行变革。

科学界的共识是，全球气候变化通过引入"碳约束"（carbon constraint），对能源系统（或者更概括地说，对经济体）所采取的发展方式产生影响。2015 年 12 月，在巴黎举行的《联合国气候变化框架公约》第 12 次缔约方大会暨《京都议定书》第 11 次编约方大会（COP21）上，达成了一项新的全球气候变化协议——《巴黎协定》。（以下简称《巴黎协定》）确认，如果要控制全球的气温上升幅度低于 2℃，那么到 2050 年，全球的碳排放量必须减少 80%。《巴黎协定》还提出，某些地方的碳排放量可能需要增加，以确保获得高质量的能源服务。在城市、国家和国际层面的法规和政策中，碳约束的作用是通过碳强度区分不同的能源部门。气候政策的一个目标是通过推广低碳能源解决方案对能源利用过程进行"脱碳"，并在较小程度上积极地逐步淘汰高碳能源，以及投资于能源效率的提升和需求的削减。能源部门对温室气体排放中的主要地位决定了它将承担国民经济脱碳进程中的大部分任务。虽然运输和取暖（以及制冷）也为脱碳政策所关注，但电力生产是一个备受重视的领域。正如我们在下文简述的那样，与气候政策引领的投资和资金流动模式相关的几种独特的资源格局正在出现。与此同时，与化石燃料"旧碳经济"相关的能源格局在发达国家的某些地区显示出萎缩的迹象。还有迹象表明，新兴经济体的投资正从高碳能源转向低碳能源。因此，碳约束的影响在地理上非常不均衡，而且变动越来越大。例如，过去几年，美国、英国的煤炭开采和煤炭在发电中的使用量急剧减少，但德国、南非、土耳其、澳大利亚、中国和印度已开始建立新的煤炭资源格局。我们将在下面说明相对碳强度如何对能源格局产生重大影响。然而，遵守《巴黎协定》意味着对能源格局进行根本性的改变，包括迅速淘汰目前专门用于捕获和转化化石燃料的大量基础设施和资源；同时创造与低碳能源系统相关的新的能源资源格局。

从原理上讲，三种能源资源格局的变化与碳约束的出现有关。低碳解决方案寻求的是整合一组不同的自然资源，以重建能源体系，将那些被现代社会能源系统排除在外的物质和格局重新纳入能源系统之中。从生物质燃料作物种植园和海上风电场的发展，到城市太阳能电池板和厌氧消化器的安装，低碳能源越来越广泛的使用是碳约束重新配置现有能源系统的最明显表现之一。许多的这类能源格局通常出现在以前未被用作能源捕获地点的地方（农村），并且这些地方通常还生产其他产品和服务。可再生能源使用土地的规模和新颖性，使它们经常被视为外来异物，有时甚至会被当地人因担心失去土地使用权而排斥。低碳能源与土地政治密不可分（McEwan，2017；Yenneti et al.，2016）。在这方面，可再生能源与常规能源的开发以及向非常规石油和天然气的转变没有什么不同，在缺乏事先宣传和认同的情况下进行作业，会构成一种"殖民"形式的资源控制。

气候变化政策和缓解气候变化的项目融资，正在引导越来越多的能源投资用于低碳能源的捕获、利用和转化。碳氢化合物在全球能源结构中的主导地位意味着对低碳能源的投资仍然相对很少，但其产能扩张的速度令人印象深刻。例如，日本在福岛核电站泄露发生后的五年内，出现了太阳能热潮，这是由于政府鼓励进行低碳能源替代，包括为新建光伏发电设施提供上网电价补贴政策等。2011～2015 年，日本太阳能发电的产能增加了7 倍，使日本成为全球第二大光伏市场（仅次于中国）并拥有了第三大光伏发电装机容量（仅次于中国和德国）。太阳能市场已由最初的以大型公用事业型太阳能发电厂为主导（包括在 20 世纪 90 年代和 21 世纪初房地产繁荣时期在废弃的高尔夫球场上安装的光伏设施）转向在住宅屋顶安装。估计住宅屋顶的太阳能装置数量占 2020 年太阳能市场的一半（Bloomberg Technology，2016；The Independent，2015）。气候融资是发展中国家低碳能源发展的重要推动力。例如，《联合国气候变化框架公约》的清洁发展机制（Clean Development Mechanism，CDM）作为《京都议定书》的一部分，已于 1992 年生效，它使发达国家的公司能够通过够买发展中国家的减排指标来抵消其排放。通过清洁发展机制和其他机制，气候融资刺激了发展中国家的风电场建设、植树造林计划、离网太阳能发电、更换家用炉灶项目，以及从垃圾填埋场捕获甲烷的举措。虽然这些项目中有许多可以捕获、利用和转化的能源，但其主要功能是创造减排指标，供发达国家的公司购买。气候融资项目作为发达国家化石能源格局的"飞地"（exclaves）或地理附件来运作，二者存在着相互依存的关系。目前，全球已经建立了 8000 多个清洁发展机制项目，但这些项目在减排方面的有效性受到广泛质疑，并且对减排指标的需求已经基本枯竭。根据《巴黎协定》第 6 条，一个从清洁发展机制中吸取了教训的类似计划正在形成。

虽然太阳能光伏、风能和向生物能源的回归是最引人注目的低碳能源发展轨迹，但对非化石能量载体的探索还包括重新评估核能的潜力，发展以氢为基础的能源经济，以及越来越多地使用燃料电池。低碳能源经济的新材料不仅是燃料或能量载体，还包括用于电池技术的锂和钴以及一系列稀土元素。尽管这些元素的总量相对丰富，但纯度低，因此它们的提取和加工困难且成本高昂，并且会给环境带来严重后果。例如，钕是制造能够在低风速下运行的直接驱动风力涡轮发电机的永磁体的关键成分；铟和碲可用在以薄膜技术制造的光伏上。稀土元素的产量在过去二十年中翻了一番，其中90%以上来自中国。例如，中国内蒙古包头附近的矿山和加工厂满足了全球约40%的需求，并将大片牧场变成了成露天矿场、垃圾场和尾矿池。

在化石燃料的高碳经济中，不同碳氢化合物之间的相对碳强度在气候变化问题中的重要性是前所未有的。这一趋势的加剧将导致高碳化石燃料（尤其是煤炭）的淘汰，以及投资向天然气等低碳化石燃料转移，尽管目前这种模式非常复杂。然而，能源安全和可负担性是重要的权衡因素，因此国内煤炭储量大的国家（如印度和南非）可能会在未来一段时间内坚持使用煤炭。碳氢化合物的 CO_2 排放量是氢与碳的比例函数，即氢与碳比例较高的碳氢化合物燃料每单位热量的 CO_2 排放量较低，因此甲烷（CH_4，氢碳比例为4∶1）在燃烧时产生的 CO_2 比石油或煤产生的 CO_2 少。这种碳强度的差异在促进低碳燃料的政策举措和市场机制中得到体现。这类政策和市场机制包括欧盟排放交易体系（European Union Emissions Trading System，EUETS）、美国东北九州的区域温室气体倡议以及中国计划于2017年实施的国家排放交易体系。它们对碳进行定价，使发电站和工厂消耗的高碳燃料的实际成本更加昂贵。在发电部门，这种碳强度差异导致了对煤炭的排斥和对天然气的偏好。

目前，碳定价太低，仅靠碳排放强度的降低不足以推动从高碳燃料向低碳燃料的快速过渡。许多发达国家正在转变燃煤发电的方式，但综合考虑更便宜的燃料成本、更快的建设时间和公共卫生法规（例如，欧盟的大型燃烧厂指令，以及美国的汞和空气毒物标准），正在推动它们向天然气而不是降低碳强度的方向转型。因此，针对燃煤发电的政策除了缓解气候变化之外，还可以带来一系列协同效益。在发电过程中，通过将煤炭改为天然气可以降低排放，这意味着使用天然气更容易与气候政策的发展方向保持一致，从而使天然气的支持者将其定位为促进未来向低碳能源转型的"过渡燃料"（bridging fuel）。然而，天然气作为过渡燃料的地位关键取决于其取代现有高碳燃料发电的能力，以及推动用非化石替代品逐渐取代天然气的定价结构。如果没有这些，越来越多的天然气使用会继续锁定碳密集型能源系统，进而制约向低碳能源体系的转型。

与煤炭和石油相比，使用天然气的温室气体排放量较低，这导致了对天然气的需求不断增长，反过来又推动了天然气开采以及天然气加工、储存和运输基础设施的增加。在过去十年中，全球天然气的消费量增长了25%，预计到2040年，天然气将超过煤炭，成为仅次于石油的第二大化石燃料。其结果是一系列专门用于调配天然气的新资源格局（见图1.6）的激增，其中包括美国非常规页岩气资源的压裂开采，天然气运输基础设施（管道、液化和再气化终端、航运），澳大利亚的常规、非常规（如煤层）天然气产量急剧增加和对相关出口基础设施的大规模投资，以及天然气发电使用范围的扩大。例如，在美国，燃气发电厂的扩产量早已远远超过了所有其他类型的发电厂。通过页岩水力压裂法增加国内石油供应，再通过天然气发电使燃煤发电量急剧下降，在不到十年的时间内，美国煤电从约占60%的比重下降到略高于30%，这对煤炭开采行业造成了沉重打击。天然气在美国电力供应中的比重在2015年首次超过煤炭。在第四章中，我们将讨论促进脱碳的国际气候承诺和政策如何使燃煤电站以及煤炭、石油等高碳资源储备及其相关基础设施搁浅。

低碳资源格局还包括一些技术、基础设施和实践的出现，这些技术、基础设施和实践着眼于在燃烧之后和释放到大气之前捕获二氧化碳。在一个碳约束的世界中，碳捕集与封存（Carbon Capture and

Storage，CCS）成为继续使用化石燃料的基础，就像在过去三百年中，将大气作为二氧化碳的免费"倾倒桶"一样。碳捕集与封存的实施既面临技术挑战，也面临经济挑战，目前其应用仅限于全球少数站点。碳捕集与封存不是分布式 CO_2 排放源（如运输或住房）的选择，但它可用于产生大量排放的点源，如燃煤或燃气发电站。然而，目前碳交易市场价格太低，无法推动碳捕集与封存的应用。大规模使用碳捕集与封存需要广泛的 CO_2 集成和传输网络（即管道），以及低成本和可靠的地下封存库。废弃的油气田是可能的封存点，因此对于欧洲的北海周边等地区，由于其靠近欧洲大型能源市场，拥有成熟的管道基础设施，并且地质条件相对清晰，可以重新评估其作为 CO_2 封存区而不是石油和天然气的供应区的价值。

（a）运输液化天然气的远洋油轮
（图片来源：Joachimkohlerbreme）

（b）美国内布拉斯加州，压缩天然气
驱动的巴士（图片来源：Hanyou23）

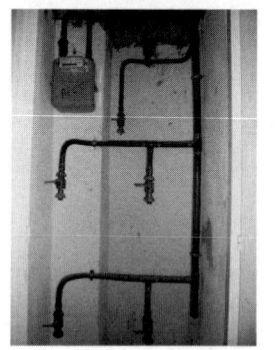

（c）在突尼斯斯法克斯的一栋公寓楼里
安装家用燃气（图片来源：Hugo Bolzon）

（d）在土耳其伊斯坦布尔郊区的一个非正式定居
点铺设天然气配送系统（图片来源：Elvan Arik）

图 1.6　天然气资源格局

三 结论

在本章中，我们介绍了一组多样化的能源格局，并描述了它们的一些主要特征。我们的目标是通过审视能源的一些物质特征，来超越"能源"这一抽象的概念。我们已经明确了能源之间的重要差异，并展示了这些差异如何为社会创造出可以利用的不同机会及其限制，同时还强调了资源获取在社会和地理上的不平衡。资源格局视角之所以有用，是因为该视角还原了不同能源的独特性或不可比性——这些特征被19世纪发明的能源的"技术性"概念掩盖。

能源供应的增长速度远远快于人口增长速度，这主要依赖于转向具有更高能量密度的化石能源，以及之后煤、石油和天然气产量的快速持续扩张。同样重要的是以化石能源为燃料的机器的发展，这些机器能够提供非常高的功率密度。这些因素使环境产生了强烈而深远的变化，反过来锁定了对能够实现这种功率密度的能源的需求。因此，越来越多的最终能源以液体燃料和气体的形式而非固体燃料的形式出现，并通过网络系统进行分配（如天然气管道和电网）。在世界范围内，目前大约有1/3的最终能源以固体形式（如木材或煤）供给消费者，1/3为液体（主要应用于交通运输），还有1/3是通过天然气和电力分配网络（IPCC，2007）。随着时间的推移，能源生产向能源密集型资源的转变使人们摆脱了能源收集的工作，能源收集活动与消费空间的地理距离越来越大。这一特征伴随着低质量资源格局（小煤矿、边际油田、泥炭的开采和木材的采伐）的消失，以及与之相伴的对当地小规模资源的放弃。因此，一个社区能源供应的现代化往往包含对在其他地方生产的更高质量能源的越来越强的依赖。与此同时，长距离资源供应系统的重要性日益增加，这加剧了对高质量资源控制权的竞争，以及对供应安全和领土控制的挑战（参见第四章）。

　　新资源格局的驱动因素多种多样：从优先发展国内能源资源的国家能源安全问题和跨国资本实现投资回报的机会，到能源供应现代化和刺激经济发展。对全球碳约束的认识引入了一种新的逻辑，它作为低碳能源转型的一部分，正在极大地改变着资源格局（参见第十章）。然而重要的是，对于碳约束的反应，以及对于兼顾安全、负担得起、公平且环境友好的资源格局发展的困境，其应对策略和实现路径存在多种选择。无论是在发达国家还是在发展中国家，低碳能源格局在过去十年中都得到快速发展，然而在逐渐消除化石能源密集型资源格局方面取得的进展则参差不齐。尽管新的煤炭资源格局（更不用说石油和天然气）在许多国家继续被纳入发展路径之中，但也有一些远离燃煤发电的进展。第二章探讨了这些和其他能源格局所采用的经济形式。

　　我们平常对油田、发电站或煤矿等资源格局的认知，往往忽略了我们对它们的存在和出现条件的认知。获取和利用能源是一种占用行为，是一个（以财产形式）获取资源的过程，它依赖于法律和其他支持系统，通过这些系统可以确保、实现和捍卫财产权。例如，国家征用权可以征用私有财产供公众使用。因此，资源格局总是处于"正在形成"的状态，因为它们作为资源格局的存在取决于它们与更广泛的社会、经济和政治进程的关系。即使在资源格局的概念已经被广泛接受的地方，它也从来不是一个一成不变的视角。例如，围绕建造大型水坝或风电场的冲突很容易暴露围绕自然资源的各种价值体系，并表明一个群体的能源如何被另一个群体剥夺。资源格局经常是争议之所在，其中"资源"的地位受到一系列替代话语（alternative discourses）的挑战，包括来自农村、荒野、原住民、社会正义和经济价值的另类视角等话语的冲击。能源资源格局不仅捕获、利用和转换能量（正如我们会在第二章和第三章中所探讨的），同时它们还生产和再生产经济和政治权力。

四　供讨论的问题

- 探索与常规的日常生活相关的能源流动；什么样的资源提供了这些能量？你能知道这些资源来自哪里吗？为什么很难追溯其中的某些联系？

- 确定你所在地区的几个发电场所（风电场、屋顶太阳能装置、热电厂），并考虑能量转换的种类和规模的差异或相似之处。这些资源的物质特性以何种方式相关？使用公开数据，将这些特定的发电场所置于更广阔的范围之中来考虑。

- 考虑与能源服务（如家庭供暖）相关的资源格局如何随时间变化？

- 正反观点讨论：页岩气/焦油砂/高地风是不是可用的能源，并思考如果是的话，那么这些资源对谁来说才可能是可用的资源。

五　活动或潜在研究项目

- 确定当代能源开发的争议：开展研究以确定谁来决定某一项目是否继续进行，以及如何做出该决定。考虑一下支持和反对开发的各种论点：（在社会上、在地理上）谁被认为是赢家，而谁是输家？

- 如何使用"圈地"（enclosure）和"剥夺"（dispossession）等概念来理解在大型水力发电厂、风电场和生物质种植园等"绿色"电力计划中的冲突？

六　阅读推荐

■ Baka, J. 2016. Making space for energy: Wasteland development, enclosures, and energy dispossessions. *Antipode* 49（4）：977-996.

这篇文章以印度南部的实地调查为基础，探讨了促进生物柴油生产政策的社会性后果。展示了以大田作物麻风树为基础的生物柴油种植园如何在农村地区形成，以满足城市对现代能源中的液体燃料的需求。然而，为了给这些种植园腾出空间，必须首先清除土地上为家庭和工业提供薪材的树种（牧豆树）。而麻风树和牧豆树服务于不同的社会群体，麻风树被用来生产液体燃料，以满足城市而并非当地的能源需求。因此作者认为，生物柴油的生产是对当地"能源剥夺"的过程。

■ Evenden, M., 2015. *Allied power：Mobilising hydro - electricity during Canada's Second World War*. Toronto：University of Toronto Press.

从总发电量来看，中国、巴西和加拿大是水电超级大国。这本书讲述了第一次世界大战期间，商业和政府利益集团如何努力利用加拿大水力的故事。加拿大的水力发电能力飙升是国家推行廉价电力来为铝冶炼厂和其他战时工业提供动力的结果。这些关于资源格局的精彩的叙述，考察了 20 世纪中叶改变加拿大河流的政治和社会力量，以及能源规划过程的持久后果，"谈论的是工厂和电力，而不是人和地方"。

■ Lahiri - Dutt, K. 2016. The diverse worlds of coal in India：Energising the nation, energising livelihoods. *Energy Policy* 99：203-213.

煤炭在印度的能源生产中占主导地位。该国的政策制定者和规划者倾向于从国家角度考虑煤炭的资源格局，重点关注该国的矿山和发电站如何实现能源安全、国家发展和繁荣。然而作者指出，实际上该国有五个重叠的煤炭经济体。它们在所有权、劳动制度以及生产规范和价值观等方面有所不同。作者探索了它们之间的联系，并说明了煤炭开采如何影响生产生活方式，并使国家发展和能源转型政策涉及多个利益相关方，展示出了考虑生计实践后的复杂化叙述方式。

■Smil，V. 2016. *Power density：A key to understanding energy sources and uses*. Cambridge，MA and London：MIT Press.

杰出的能源地理学者、加拿大曼尼托巴大学荣休教授瓦茨拉夫·斯米尔（Vaclav Smil）为理解当代能源系统的演变和独特性以及能量转换物理学的社会经济意义做出了众多贡献。这本可读性很强的书探讨了功率密度（即地球表面每单位面积产生或使用了多少功率）的重要性。可再生能源的功率密度比化石燃料低得多，在努力扩大可再生能源利用范围的背景下，为维持既定的输出功率所需多少土地面积这一问题变得越来越重要。这本书的核心是为低碳能源转型提供了一种空间权衡方法。

参考文献

Ahlbrandt, T. and P. McCabe. 2002. Global petroleum resources: a view to the future. *Geotimes* 47(11): 14–18.

Bailis, R., R. Drigo, A. Ghilardi and O. Masera. 2015. The carbon footprint of traditional woodfuels. *Nature Climate Change* 5: 266–272.

Blaschke, T., M. Biberacher, S. Gadocha and I. Schardinger. 2013. 'Energy landscapes': Meeting energy demands and human aspirations. *Biomass and Bioenergy* 55: 3–16.

Bloomberg Technology. 2016. Japan's solar boom showing signs of deflating as subsidies wane. 6 July 2016. Available online at www.bloomberg.com/news/articles/2016–07–06/japan-s-solar-boom-showing-signs-of-deflating-as-subsidies-wane

Bradshaw, M.J., 2014. *Global energy dilemmas: energy security, globalization, and climate change.* Polity Press.

Candelise, C. 2015. Solar energy: an untapped growing potential? In *Global energy: issues, potentials and policy implications.* P. Ekins, M. Bradshaw and J. Watson. Oxford: Oxford University Press, pp. 354–376.

GEA, 2012: *Global Energy Assessment - Toward a Sustainable Future,* Cambridge University Press, Cambridge, UK and New York, NY, USA and the International Institute for Applied Systems Analysis, Laxenburg, Austria.

Grubler, A. 2004. Transitions in energy use. In *Encyclopedia of Energy.* C. J. Cleveland, (ed.), Vol. 6, Amsterdam: Elsevier, pp. 163–177.

Hall, C.A., R. Powers and W. Schoenberg. 2008. Peak oil, EROI, investments and the economy in an uncertain future. In *Biofuels, solar and wind as renewable energy systems.* The Netherlands: Springer, pp. 109–132.

Heinimo, J. and M. Junginger. 2009. Production and trading of biomass for energy – an overview of the global status. *Biomass and Bioenergy* 33: 1310–1320.

Hitchcock, E. 1838. *Report on a re-examination of the economical geology of Massachusetts.* Amherst, MA: Adams Printers.

Howard, D., Richard A. Wadsworth, Jeanette W. Whitaker, Nick Hughes, Robert G.H. Bunce. 2009. The impact of sustainable energy production on land use in Britain through to 2050. *Land Use Policy* 26S: S284–S292.

Huber, M.T. and McCarthy, J., 2017. Beyond the subterranean energy regime? Fuel, land use and the production of space. *Transactions of the Institute of British Geographers.* International Energy Agency 2016. World Energy Outlook. Paris.

The Independent. 2015. Japan is turning its abandoned golf courses into solar power plants. Monday 20 July 2015. Available online at www.independent.co.uk/sport/golf/japan-is-turning-its-abandoned-golf-courses-into-solar-power-plants-10402042.html

IPCC. 2007. IPCC fourth assessment report: climate change. Working Group III: mitigation of climate change, section 4.3.4 energy carriers. Available online at www.ipcc.ch/publications_and_data/ar4/wg3/en/ch4s4-3-4.html

Kammen, D. and D. Lew. 2005. *Review of technologies for the production and use of charcoal.* United Nations.

Klare, M. 2010. The relentless pursuit of extreme energy. Washington, DC: Institute of Policy Studies. Available online at www.ips-dc.org/the_relentless_pursuit_of_extreme_energy/

McEwan, C. 2017. Spatial processes and politics of renewable energy transition: land, zones and frictions in South Africa. *Political Geography* 51: 1–17.

McKay, D. 2009. *Sustainable energy without the hot air*. Available online at www.withouthotair.com

Moriartya, P. and D. Honnery. 2012. What is the global potential for renewable energy? *Renewable and Sustainable Energy Reviews* 16: 244–252.

Norgaard, R.B. 1990. Economic indicators of resource scarcity: a critical essay. *Journal of Environmental Economics and Management* 19(1): 19–25.

Scarlat, N., and J.-F. Dallemand, F. Monforti-Ferrario and V. Nita. 2015. The role of biomass and bioenergy in a future bioeconomy: policies and facts. *Environmental Development* 15: 3–34.

Sieferle, R. 2001. *The subterranean forest: energy systems and the industrial revolution*. Cambridge: White Horse Press.

Smil, V. 2010. *Energy transitions: history, requirements, prospects*. Denver, CO: Praeger.

Smil, V. 2016. *Power density: a key to understanding energy sources and uses*. Cambridge, MA and London: MIT Press.

Wagner, H.-J. 2009. *Energy: the world's race for resources in the 21st century*. London: Haus Publishing.

White, R. 1995. *The organic machine: the remaking of the Columbia River*. New York: Hill and Wang.

Wrigley, E.A., 1988. *Continuity, chance and change: The character of the industrial revolution in England*. Cambridge: Cambridge University Press.

Yenneti, K., R. Day and O. Golubchikov. 2016. Spatial justice and the land politics of renewables: dispossessing vulnerable communities through solar energy mega-projects. *Geoforum* 76: 90–99.

第二章　经济格局

学习要点：

- 在一系列空间尺度上探索能源可获得性、能源质量和经济活动之间的联系。
- 将能源理解为经济活动的重要投入，并且将能源本身也理解为一种经济活动。
- 通过参考工业化、郊区化（suburbanisation）和全球化的经济格局，说明能源可获得性的变化如何改变经济活动的地理分布。
- 思考与能源生产网络相关的所有权模式和地域形式的多样性，以及能源生产自由化的历史和社会意义。

能源作为发展驱动者、资金提供者、公共物品、利润中心，服务于商业活动、经济增长和人们日常生活需求，从而塑造经济格局。无论全球而言，还是城镇而言，经济发展和生活水平都具有不均衡的地理特征，这反映了能源的可获得性和成本、能源利用方式等方面存在潜在不平等。无论是在农业、制造业、零售业、物流业，还是任何其他经济部门，能源的可获得性、可靠性和成本都会影响做功的内容、地点和方式。当今全球经济的演变以贸易速度加快及经济生产和消费的地理分离为特征，有赖于运输燃料和技术的重要转变。能源和能源服务（热力、电力、照明、交通）的贸易与投资本身也是由经济组织开展。例如，石油是世界上交易价值最高的商品，很多能源公司位列全球最大的一批大型跨国公司之中，而强大的科技公司，如谷歌和苹果，是能源领域越来越重要的参与者。能源部门为全世界数百万人提供了工作,从薪材收集和汽油零售,到煤炭开采和核反应堆安全维护。在世界许多地方,能源收集活动占据了人们日常生活的很大一部分。在其他地方,从事能源服务的人员相对较少,但可靠和可持续的能源供应的必要性为该部门的工人创造政治机会,使其得以利用自己的职位改善薪酬和社会地位。因此,能源从业者经常受到企业、政府和技术变革的影响。

总体而言,能源的可获得性在一定范围内塑造了经济结构和形式,从城市的水平蔓延和垂直天际线,到工作场所民主和制造业全球化的可能性。本章考虑了能源与经济之间关系的两个不同方面。首先,本章着眼于能源作为经典生产要素和经济发展投入的作用。在考虑高度依赖能源出口的经济体面临的挑战之前,探讨了能源消费与经济增长之间的相关性。其次,本章认为能源系统是"经济应该围绕私有制还是公有制进行组织"这个世纪之争的讨论前提。

生产要素 (factor of production)

生产要素是经济学家用来描述商品或服务生产中的关键投入的术语。古典经济学确定了三种生产要素:土地、劳动力和资本。可以通过分拆其中的一个或多个要素来形成更多要素,例如著名政治经济学者苏珊·斯特兰奇(Susan Strange)(Strange,1988)将技术和能源作为第四种和第五种要素(技术和能源都可以被视为资本的一种形式),并强调这些要素如何大大提高了土地和劳动力的生产率。

一 能源、增长和不平衡发展

长期以来,调用更多能源的能力,以及获取高质量的液体燃料和电力能源的能力,一直是衡量发展水平的标志。经济增长与能源之间的关系是复杂的。根据以能源消费还是能源生产作为自变量，大致有两种不同的讨论方向：前者是围绕经济增长的能源强度问题进行讨论；后者主要是针对资源对发展的挑战，这对高度依赖能源出口的国家尤为重要（参见第四章）。

经济发展的能源强度只有一点？

经济产出和能源消费之间的关系可以用经济活动的能源强度来描述（参见第六章）。对能源强度的影响因素包括消耗的能源类型、能量转换技术、能源的现行价格和经济结构（如重工业与服务业的相对重要性）。一般来说，可以划分五种常见的能源强度变化模式。第一种模式是，在全国范围内，经济产出与能源投入呈正相关关系。一般而言，人均 GDP 较高的国家消耗更多能源（见图 2.1）。这一能源强度的基本规律早已得到公认，即经济产出水平高的国家比经济产出水平低的国家的能源强度更高，尽管这一规律存在着明显的局限性。图 2.1 表明，人均 GDP 相近的国家的能源消费量大不相同，一些国家在将能源转化为经济产出方面比其他国家高效得多；地理因素也会产生影响，如能量转移的规模和位置。此外，超过一定程度的额外能源消费不能更进一步提高人均 GDP。图 2.1 中提供的各国平均值，掩盖了能源消费中普遍存在的内部差异，也掩盖了高能源消耗和低能源消耗经济组织并存的事实（它们通常存在同一城镇或城市中）。

能源强度（energy intensity）

能源强度作为衡量一个国家经济能源效率的指标，可定义为每单位 GDP 产出所需的能源投入。能源强度较高的国家，每单位 GDP 产出所消耗的能源多于能源强度较低的国家。

第二种能源强度变化的模式是，许多经济体的单位 GDP 能源消费量随着时间的推移而下降。在过去的 200 年里，西方经济体的能源强度至少下降到原来的 1/3，甚至可能更多（Ruhl et al.，2012；BP，2017）。

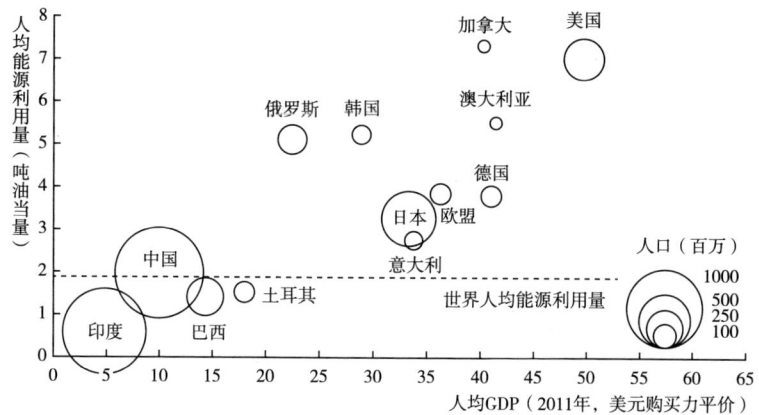

图 2.1　人均 GDP 与人均能源消费量（European Environment Agency，2016）

然而，围绕其长期趋势存在一些争论：这一论述是否正确取决于是否考虑投入方面的差异（Gales et al.，2007），仅关注商业交易燃料的分析表明存在倒 U 形模式，即在经济发展的早期阶段，能源强度上升直至高峰，然后下降。能源强度上升反映市场在能源配置中的作用越来越大，以及经济结构从农业到工业的转变；而能源强度的下降是能源效率提高，以及某些情况下经济结构进一步向服务业发展的结果。例如，Ruhl et al.（2012）指出，英国的能源强度在 19 世纪 90 年代达到顶峰，并在接下来的一个世纪中逐步下降到原来的 1/4 的水平；而美国、中国和印度分别在 20 世纪 20 年代、20 世纪 80 年代和 20 世纪 90 年代达到顶峰。值得注意的是，能源强度是衡量单位经济产出所需能源的指标。如果经济产出增长快于能源消费，则经济体的能源强度会得到改善，但能源消费的绝对量会继续增长。还有一种趋势是关注能源的商业形式，在其分析中包括了传统燃料、饲料和食品，从而对前工业化时期能源强度较低的假设提出了质疑（Gales et al.，2007）。这些研究表明，能源强度在长期没有出现峰值，而是不断下降，这主要是由技术变革和更高质量的能源替代驱动的。

第三种模式是能源强度不仅下降，而且许多国家的能源强度开始趋同，即随着各国经济的增长，各国的能源强度将变得更加相近。最近的数据表明，全球能源强度在 1990～2015 年下降了近 1/3。这种模式不仅限于发达国家（如 OECD 国家），在大多数非 OECD 国家之间中也存在（Energy Information Administration，2016）。

第四种能源强度的变化模式是，随着经济的发展和越来越依赖服务业、信息技术和数据中心，以及食品供应的冷链物流，电力供应的质量和连续性的重要性凸显，停电带来的负面影响要大得多（见图 2.2）。

（a）世界贸易中的新加坡集装箱港口　　　（b）美国内华达州郊区扩张（图片来源：
　　　（图片来源：cegoh）　　　　　　　美国农业部自然资源保护局）

（c）哈萨克斯坦的重工业—铝冶炼厂　　　（d）电力传输和分配（图片来源：谷歌数据
　　　（图片来源：Yakov Fedorov）　　　中心，俄勒冈州达勒斯，Visitor7/Wikimedia）

图 2.2　能源的多元经济格局

第五种模式是，优质能源供应量的增加和经济活动中能源强度下降的程度在各个地方并不相同。一些经济体减少了其国内的能源密集型活动，转而从其他地方进口这些能源密集型产品。因此，能源作为生产要素的重要性在地理上是不均衡的。这种地理上的多样性具有重要意义，它支撑着经济一体化模式。例如，能源供应和能源强度的空间差异会影响国际能源贸易、某些制造业的分布和不同地域的碳排放。同时，这一空间差异也解释了为什么全球能源困境在世界不同地区表现为不同的形式（Bradshaw，2014）。

经合组织/非经合组织 （OECD/non-OECD）

经济合作与发展组织（OECD）是一个由 38 个（截至 2021 年）成员国组成的组织。OECD 成立于 1961 年，现已发展成为一个范围广泛的组织，致力于促进市场经济的发展和民主化进程。OECD 的成员国包括欧洲、北美洲、南美洲和大洋洲的一些最大的能源消费经济体，但中国、俄罗斯、印度、巴西、南非和印度尼西亚并不是其成员。OECD 国家和非 OECD 国家的区分在能源统计时经常用到，这两组国家有不同的能源状况（参见第四章），OECD 为确定全球能源需求从西方工业经济体向所谓的"新兴大国"（rising power）经济体的转变提供了一个识别概览（short-hand）。

二 能源与经济全球化：克服"距离摩擦"

当今全球经济格局的特点是通过国际贸易、投资以及四通八达的国际旅行实现了前所未有的空间互动。这些互动的规模体现了廉价化石燃料的可获得性和一系列关键技术的发展，尤其是船用柴油机和航空燃气轮机，这些技术可以将能量转化为有用的功。能量密度较低的低碳和可再生能源（参见第一章）、关联性较强的全球经济互动，以及经由化石燃料的使用而得到增强的货物和人员的空间流动性，为低碳能源转型带来了重大挑战（见"逆全球化"）。

逆全球化（deglobalization）

逆全球化是用于描述：战后通过国际贸易实现全球一体化趋势的"逆转"（reversal）状况。逆全球化的一个典型例子是，在能源和原料成本下降（部分原因是页岩气开发，参见第四章）的推动下，一些制造业活动回流美国。在一般意义上，逆全球化描述了一种全球贸易增长慢于全球产出增长的情况。近年来出现的逆全球化现象与二战后国际贸易增长速度远高于总产出增长速度、全球经济一体化程度不断提高的情况相反。

能源与土地、劳动力和资本一样，是重要的生产要素。相对于其他要素，能源成本的长期下降使经济全球化得以扩大和深化（Sorrell，2009）。随着时间的推移，能源成本的相对下降与生产过程中生产率的提高产生关联，这使得给定的能源投入水平下实现产出提升成为可能。越来越多的高质量能源供应和不断下降的能源价格，使制造商能够不断增加能源的利用，用机器设备（电动机、内燃机、汽轮机）代替水力、风力、人力和畜力等提供的更分散的能源。生产中高质量能源对低质量能源的逐步替代，使 20 世纪的劳动生产率显著提高（见图 2.3）。在制造业生产线上用机器人代替人就是这一趋势的一个显著的例子。

正如 Smil（2010）的"大燃料序列"（grand fuel sequence）概念（参见第九章）所描述的那样，随着时间的推移，向更高质量能源转型的总体影响是工业对靠近能源供应地的要求有所放松。因此，其他要素（尤其是劳动力的成本和生产率）已成为决定工业选址的重要因素。过去的 40 年欧洲和北美洲传统制造业中心区域的"去工业化"（de-industrialisation），以及亚洲新的"世界工厂"（workshops of the world）的兴起，导致了制造业的"全球性转变"（global shift）（Dicken，2011）。这可以部分归因于能源作为生产要素，其相对重要性下降，而对劳动力成本则更加敏感。这也解释了为什么非 OECR 国家当前的能源消费比

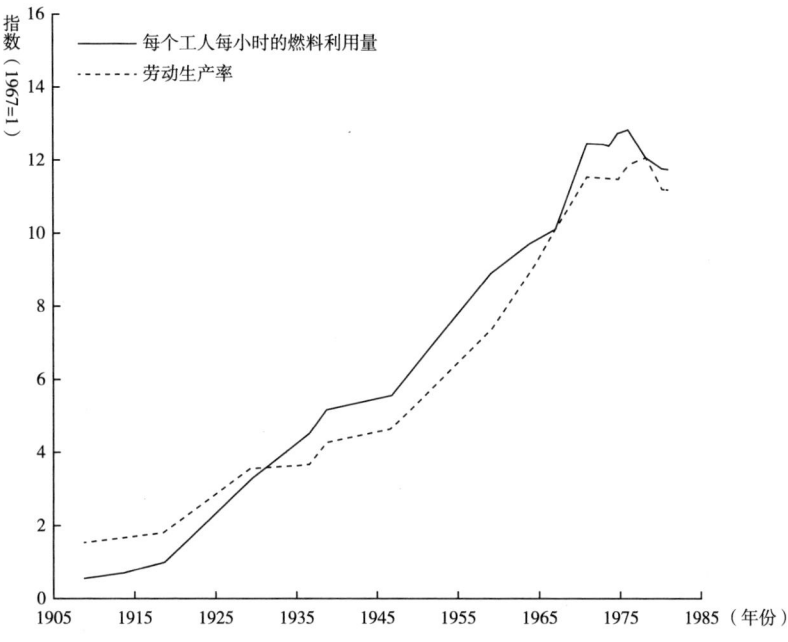

图 2.3 1905~1985 年劳动生产率和燃料利用量（Hall et al.，1986）

OECR 国家多，以及为什么从现在到 2050 年，90%以上的能源需求增长将来自非 OECD 国家。

　　贸易是能源系统促进全球一体化经济格局的第二种方式。经济全球化的一个决定性特征是国际贸易的增长速度快于经济产出。商品生产在 1960~2010 年增长了 6 倍，对应商品的国际贸易则增长了 20 倍（Dicken，2011）。在世界范围内，国际贸易额占 GDP 的比重已超过 51%，而 1960 年为 24.5%（但各国之间的差异很大）。这些数字的背后是货运的商业，通过贸易加速经济一体化的全球化历史在某种程度上是一部能源在水路、铁路、公路和航空运输中的应用史，这是一个时空压缩的过程。以广泛的国际贸易为特征的当代全球经济在过去的半个世纪中围绕一套特定的运输技术（尤其是柴油发动机和燃气轮机）而形成，而这些运输技术功能的发挥则依赖廉价且充足的液态化石燃料。这些引擎"从根本上……对全球经济来说，比任何特定的公司模式或国际贸易协定都更重要"（Smil，2010：18）。

时空压缩（time-space compression）

地理学家广泛使用时空压缩这个术语，描述导致某些地点之间的相对距离缩短的过程，相对距离通常以旅行时间或成本来衡量。尽管能源的可获得性和成本不是唯一的影响因素，但其对时空压缩过程影响重大。时空压缩不是一个统一的过程，通过交通改善或交通成本补贴使一些地方变得更近，同时也会使其他地方则变得相对更远，进而导致经济格局充满活力和不平衡。

能源历史学家研究了一系列燃料和能源技术（原动机）的创新，认为这些创新与经济一体化的浪潮相关，包括 18 世纪 70 年代早期与机械化相关的水力、帆船和道路建设，19 世纪 30 年代的蒸汽机、铁路和航运，19 世纪 90 年代的电力和钢铁，以及 20 世纪 50 年代的汽车、高速公路、飞机和机场。例如，Smil（2010）对 17 世纪以来帆船的建造、设计和索具发展进行了评价。他认为，这些发展能够更有效地将风的动能转化为向前的运动，从而提高了移动速度，并由此扩大了远洋贸易的范围。而正是蒸汽推进技术的发展，才促成了 19 世纪上半叶洲际散货（例如棉花、铜和羊毛）运输和商品市场一体化的发展。蒸汽动力提供了以更快的速度、更低的成本运输大吨位货物的可能性，推动了非平衡性的空间整合过程。例如，在美国，扩大铁路网络有助于整合小麦、肉类和林业产品的区域商品市场，因此这些商品的区域间价格差异开始消失。1870~1910 年，纽约市和艾奥瓦州的小麦价格差异从 69% 下降到 19%；同样，利物浦和芝加哥之间的小麦价格差异从 1870 年的 57.6% 下降到 1913 年的 15.6%（O'Rourke & Williamson，1999）。蒸汽动力在交通运输中的应用，增加了经济一体化的强度和程度。蒸汽动力进一步推动了生产和消费在同一大陆范围内的地理分离，极大地扩大了供应区，为欧洲和北美部分地区的制造业经济体提供了能源和原料。

原动机（prime movers）

能源历史学家和工程师所说的原动机，是指通过将一次能量转换为机械能，使人员、货物和材料能够到处移动的机器。风帆、蒸汽机、电动机、柴油机和燃气轮机都是原动机的重要实例。

20 世纪初，新的交通技术和燃料加速了时空压缩，巩固了 19 世纪经济一体化的决定性转变。主要运输燃料从煤炭转变为石油（首先是在航运中，然后是公路和铁路运输），是因为石油具有液体特性和更高的能量密度。石油更高的能量密度改变了穿越空间所需的规模经济，从火车和电车到汽车，车辆的尺寸不断减小，同时在给定的尺寸或重量条件下，发动机的功率输出增加。石油的能量密度推动了内燃机的发展（小规模的氧化/燃烧就释放了足够的能量使活塞运动），而不是提供蒸汽动力的更大规模的外燃机的发展（Smil，1999）。1950~2000 年，汽车、飞机、公共汽车和火车乘客的乘坐里程从平均每人 1400 公里增加到平均每人 5500 公里。

早期的全球化浪潮扩大了经济互动的地理范围。20 世纪下半叶，随着国际经济互动强度的增加，全球化进一步深化。运输的规模经济通过降低"摩擦成本"加速了经济一体化。陆路和海上运输货物的速度在每小时的公里数方面没有发生重大变化，但在过去的 50 年里，若以每小时每公里的吨数来衡量，时空压缩现象则显而易见。海上运输规模经济的实现取决于船舶设计的改进、集装箱化装运的引入、油轮和散货船规模的扩大、船用发动机尺寸的增加和效率的提升，以及廉价船用燃料的持续提供（燃料价格与原油价格有关，目前对其尚不征收碳税）等多个方面。特别是船用柴油发动机，使大宗原料和成品能够享受廉价运输，促成了真正的全球经济（Smil，2010）。20 世纪下半叶，散货运输价格稳步下降，到 2004 年，每吨价格仅是 1960 年的一半（Hummels，2007）。最终的结果是，对于许多货物而言，运输成本在其最终的产品成本中所占比例相对较小，因此价值相对较低的货物现在也可以负担得起运输很远的距离。各种组件在全球各地被组装成最终产品，全球产业链的发展反映了运输成本的显著降低。同样，航空运输成本的下降扩大了易腐烂、高价值农产品（如新鲜水果、蔬菜和鲜花）的可运输范围，使零售商（位于发达国家）和生产者（位于发展中国家）能够利用"反季节性"（counter-seasonality）的优势。涉及全球粮食供应的空间和时间都在压缩：遥远的发展中国家的农业格局与发达国家消费者的购买欲望紧密相连，消费者对不同季节的感受被超市中新鲜水果和蔬菜带来的"无尽的夏天"（endless summer）所改变（Freidberg，2004；Cook，2004）。

　　制造业供应链的全球化使能源利用和碳排放的地理转移成为可能，使消费国能够有效地"外包"（outsource）除最终消费之外的与产品制造各阶段相关的能源和碳排放（Peters et al.，2011）。贸易中的隐含能源和碳排放规模非常巨大（Liu et al.，2010；Machado et al.，2001）。例如，对英国贸易的研究表明，英国进口商品的增加满足了消费者的需求，尽管英国本土的温室气体排放量（即发生在英国境内的排放）有所下降，但与在英国境外生产并将其进口以满足英国本土消费者需求的商品的相关碳排放量却有所增加（Baiocchi & Minx 2010；Roelich et al.，2015）。这些与进口相关的碳排放与英国境内的消费者需求直接相关，但基于领土的排放核算（如《联合国气候变化框架公约》使用的方法）意味着这部分碳排放归属于英国以外生产商品的国家或地区。总体而言，通过贸易实现的大量能源净转移，发达经济体通过全球经济一体化确保了廉价能源供应的不断扩大，从而提高了工业生产力和生活水平。这种关系可以被描述为"生态债务"（ecological debt），它由发达经济体产生，并嵌入发展中国家（Martinez-Alier，2002）。这凸显了二战后深化全球化引起的能源和原料的社会和空间转移。

三　作为经济组织的能源系统：国家、企业、市场和消费者

发电站、管道、种植园和电力塔架不仅仅是能源技术和基础设施，也是重要的经济资产。资产所有者通过管理和部署这些资产创造价值。通过思考谁拥有资产、资产如何为所有者创造价值，以及谁决定资产的使用方式，就有可能理解作为经济组织的能源系统。这意味着在关注资本流动以及价值创造的同时，还要关注原料的获取和转化，以及电力和燃料的流动。能源系统以多种形式被拥有和管理，包括公用事业、社区信托、国有企业和股份制公司。在大多数国家，多种形式将长期共存，形成复杂的组织生态，混淆了对"市场"或"国家"组织形式的简单描述。例如，在美国，虽然促进自由市场和私人资本发展的理念受到广泛认同，但许多电力和天然气资产是归市政府所有的，联邦政府是水电设施的主要运营商，并且国家以强力手段塑造能源贸易和投资的模式，40多年来（直到 2015 年 12 月）联邦政府禁止原油出口。另外，美国的许多国有能源公司由投资者部分拥有，并在证券交易所上市。

关于资产所有权，可以确定几种不同的变化轨迹。这些轨迹反映了更广泛的政治和技术趋势，以及与世界各地不同形式的资本主义相关的国家和市场逻辑的连续性。虽然某些所有权模式已经持续了很长时间，但在过去的 100 年里，能源部门的所有权形式在私有制和公有制之间持续反复变化。其中的每一次变化都有意识形态的色彩，因为它反映了当时关于经济应该如何组织以及为谁组织的主流观点。然而，没有任何事情会在真空中发生，最好是将这些变化理解为对现有社会组织形式的局限性的回应，新技术的出现也塑造了这些轨迹。我们在下面简要描述了四个轨迹：公有制模式的发展、私有化和对自由市场的发展、对市政所有制形式的新兴趣，以及与能源和信息同时相关的"平台经济"（platform economy）的破坏性潜力。这些模式适用于"正规"（formal）

经济，尽管在某些情况下，人们经常转向与之平行的"非正规"（informal）经济以获取能源。

（一）公有制

公有制以多种形式普遍存在于能源部门之中。古巴电力部、挪威国家石油公司、洛杉矶水电部（DWP）和地方能源合作社都是能源部门公有制的例子。但在以上的例子中，政府对财务和战略决策以及对最终用户需求的响应程度不同。在第一种公有制模式的例子中，能源资产的控制权直属于中央政府的行政机构。这种模式在苏联以及20世纪90年代改革之前的印度和中国很普遍，直到20世纪80年代，很多市场经济国家也都设有电力部。例如，在新西兰，电力是由隶属于能源部的电力部（NZED）生产和传输的。20世纪80年代后期的电力部门改革将电力部变为第二种形式的公有制，即政府拥有的企业。企业化（corporatisation）将资产运营与政策和监管部分分离，并引入商业结构和激励措施。国有企业可以由政府全资拥有（即100%的股份由国家持有），也可以由政府持有至少51%的股份，而其他股份则被出售并在证券交易所交易。例如，挪威政府通过石油和能源部持有约2/3的挪威国家石油公司的股份。第三种公有制模式是公有的市政公用事业（public utility），发电和配电服务由当地（镇、市或县）政府在非营利的基础上代表居民拥有和经营。美国有超过2000家公有电力公司，为大约4800万人提供服务，其中洛杉矶水电部是最大的一家。第四种模式是能源合作社，其资产归其最终用户（而不是国家或地方政府）所有。合作社是一种在非营利的基础上由成员运营的"俱乐部"（club）或私人伙伴关系（private-partnership）形式。它具有私有制和公有制的部分特征，但与两者都有区别。如今，美国约有900家电力合作社，为4200万人提供服务。

（二）公用事业

公用事业是管理基础设施以提供基本公共服务的私有制或公有制组织。提供的服务包括自来水、卫生、天然气、电力和电信，在一些更广泛的定义下，还包括航空公司、铁路和宽带通信。在公用事业为私人所有时，它们会受到国家的全方位监管。例如，纽约公共服务委员会负责监管纽约州的电力、天然气、自来水和电信行业。

历史上曾出现过几次能源公有制浪潮，包括两次世界大战期间欧洲和北美的发电、天然气和电网行业的市政化；二战后欧洲煤炭、石油和天然气生产，发电和能源密集型产业的国有化；20世纪60年代，以前由跨国能源公司拥有的化石燃料储备和基础设施的被征用和国有化，以及在去殖民化和新独立国家争取建立国际经济新秩序的背景下，对自然资源（包括石油、煤炭、天然气和铀）拥有"永久主权"（permanent sovereignty）的主张；在严重的国际金融危机（2008年）之后，人们对公有制模式重新产生了兴趣，对能源安全和应对气候变化的关注日益增强。

公有制的主要驱动力是其协调和长期规划的能力（避免浪费性重复和其他形式的市场失灵），以及在实现快速工业化、农村电气化、改善环境和解决区域不平等等经济和社会政策目标方面作为战略工具的能力。电力和天然气行业是自然垄断的典型例子，因为两者都是网络性行业，其特点是在建立和维护基础设施方面的必要支出水平很高。这些固定成本使行业内的竞争非常有限，同时也带来了显著的规模经济。虽然自然垄断可以是私有的，也可以是公有的，但许多国家在20世纪选择了电力、天然气行业和其他能源网络的公有制。二战后，欧洲大量国家通过国有化将能源资产公有化，实现了集中控制。例如，英国政府在20世纪40年代开始了一系列的国有化，这些国有化覆盖煤炭、天然气和电力等部门以及许多能源密集型行业，如运输业（铁路、航空）和钢铁业。然而，选择公有化并不是全球普遍的经验，日本、德国和美国等国家在二战后保留了电力和天然气行业的私有制。

自然垄断（natural monopoly）

自然垄断部门是经济学家对那些由于基础设施网络的建立和维

护成本高而具有高分销成本特征部门的形容。高固定成本促进了这些部门的规模经济：分配额外的天然气或电力的单位成本非常低，而每增加一单位销售量就意味着基础设施成本可以被更大的基数分摊。因此，具有这些特征的部门被称为自然垄断部门，因为它们提供的服务可以由单一供应商以最低成本提供。

实现能源的现代化和发挥其发展潜能是政策制定者指导发展的关键。许多新独立的和刚实现去殖民化的国家为了寻求国家在能源和电力部门的领导作用，会将这些部门纳入政府的行政体系（如作为电力部）之中，设立国家石油和天然气公司，并宣布国家对自然资源的主权。"制高点"（commanding heights）一词被广泛用于描述战略经济部门的公有制之中，首先归功于列宁，他在 1917 年俄国十月革命之后，将电气化纳入消除贫困和实现平等的共产主义社会的一部分。国家五年计划是中央计划经济的重要工具，也是全世界社会主义的代名词，由国家电气化委员会计划（ГОЭЛРО）于 1920 年率先提出，该计划提议建设 30 座新的区域性发电厂、建成一系列电力密集型产业（如图 2.4 所示）。大约在同一时间，美国也将能源资产公有制视为推动经济发展和解决市场资本主义失败问题的关键工具（特别是在 20 世纪 20 年代反托拉斯立法和 1929 年华尔街股市崩盘的背景下）。从 20 世纪 20 年代后期到 20 世纪 60 年代中期，美国联邦政府垦务局主导投资了一项大规模多用途的水坝建设计划。如今，联邦政府仍然拥有并运营着许多的类似资产，如哥伦比亚河上的大古力水坝（Grand Coulee Dam），以及科罗拉多河上的胡佛水坝和格伦峡谷水坝（Hoover and Glen Canyon Dams）。目前该国超过 50% 的水电资产是联邦政府拥有的。田纳西河流域管理局（The Tennessee Valley Authority）成立于 1933 年，集防洪、发电和工业发展功能于一体，是美国最大的公共电力机构，也是最大的电力生产商之一。从 20 世纪 50 年代开始，联邦政府在新的水坝建设中的角色重要程度降低，让位于地方市政当局和股份制公用事业公司。

公有制浪潮产生着持续性的影响。许多最大的能源公司都是公有的。世界上最大的石油和天然气公司都是国有企业，包括沙特阿美（Saudi Aramco）、伊朗国家石油公司（National Iranian Oil Company）、委内瑞拉国家石油公司（PDVSA）、马来西亚国家石油公司（Petronas）、中国石油天然气集团有限公司（China National Petroleum Corporation）、俄罗斯石油公司（Rosneft）和俄罗斯天然气工业股份公司（Gazprom），多数或全部资产由国家政府而非私人投资者所有。由居民和消费者而非股东拥有的地方公共电力公司是美国经济格局的重要组成部分，并且越来越多地出现在欧洲。美国的公有制企业发电包括来自联邦政府拥有设施的发电量，占该国总电力供应的近 1/4。中国消耗的大部分电力由五家国有企业生产，并通过两家国有电网公司拥有的电网传输。非洲最大的发电商是南非国家电力公司（Eskom），该发电商提供了该国 95% 以上的电力。在加拿大、澳大利亚和新西兰，政府拥有的公司在发电和供应方面发挥着关键性作用。例如，加拿大卑诗省（又译不列颠哥伦比亚省）水电公司（BC Hydro）是一家在卑诗省拥有水力发电和燃气发电厂并分配电力的"皇冠公司"（Crown Corporation）；国家拥有 51% 股份的新西兰子午线能源公司（Meridian Energy）供应了该国约 1/3 的电力。英国的核电站是国有的，且提供了该国约 15% 的电力，但它们并不是英国政府所有，而是由法国电力公司（Électricité de France）的全资子公司英国电网（EDF Energy）拥有和管理。大多数国家在能源部门实行"混合经济"（mixed economy），公有制的某些要素与私人（投资者拥有的）所有权并存其中。

（三）能源部门自由化和私有化

在过去的 30 年里，能源部门一直是政治经济变革的关键所在（Bridge & Bradshaw，2015）。尽管变化的方向并不统一，但将市场原则、商业逻辑和私人资本引入能源领域一直是一个重要趋势。在 20 世纪的

**图 2.4　列宁对苏联的构想的宣传海报（1924 年）："共产主义是
苏维埃力量+全国电气化"**

大部分时间里，由垂直整合的自然垄断（公有和私有）主导，公用事业
部门一直是放松管制和引入自由市场和竞争的试验前沿。与此同时，长期
实行公有制的能源行业开始成为私有化改革的目标。尤其电力部门一直是
放松管制的试验场，这些试验力求消除经济竞争的障碍，并扩大市场在确

定在何处、由谁以及以什么价格发电和用电等方面的作用（见示例1）。

放松管制（deregulation）

放松管制是指取消国家对经济部门运作的控制。例如，政府能源管理部门放松对电力和天然气的管制，其重点是取消对价格的控制、向客户销售产品范围的相关规定，以及特定燃料的使用规范。例如，1991年之前，英国一直禁止使用天然气进行大规模发电。放松管制是将能源视为一般商品而不是公共产品，并引入市场逻辑（如竞争和消费者选择）指导能源投资、贸易和消费的更广泛进程的一部分。

示例1：电力部门的自由化

自由化旨在放松政府的直接控制，并在要素配置环节引入市场原则。电力是新自由主义经济改革的早期目标。智利皮诺切特军政府于1978年引入了电力批发市场，并于1982年将电力部门私有化。在接下来的20年中，许多国家、省和州政府纷纷效仿，尤其是在一些发展中国家，能源部门私有化和市场化是经济发展政策"华盛顿共识"的核心内容。英国在20世纪80年代和20世纪90年代初期进行了全面的电力部门私有化。例如，在英格兰和威尔士，原有的、垂直整合的国家垄断企业（中央发电委员会）被分拆，发电、输电和配电分离，能源供应方面的竞争受到鼓励（Joskow，2008）。

近20年来，天然气和电力市场的自由化一直是欧盟的核心政策目标。欧盟于1996年首次针对电力部门发布了自由化指令，于1998年针对天然气部门发布了自由化指令，并且于2007年通过了更具雄心的"第三套"立法提案。在美国，《公用事业监管政策法案》（1978年）采取了自由化措施，该法案以鼓励可再生能源为由，

放宽了天然气和电力行业的准入。随后，《能源政策法案》（1992年）更是大大加强了自由化，该法案要求区域电网市场应允许其他公司参与（Troesken，2006）。加利福尼亚州在 20 世纪 90 年代放松了对电力市场的管制，目标是通过增加竞争来降低消费价格。放松管制要求垂直整合的股份制公用事业公司（如太平洋天然气和电气公司）剥离其发电资产，由此加利福尼亚州大约一半的发电资产被出售给了新的市场进入者。公用事业公司需要首先在电力批发市场上从这些电力公司处购买电力，然后再将所购电力配送给零售市场上的用户。2001 年，管制的放松导致加利福尼亚州发生了严重的电力危机，造成了多轮停电和批发电价的飙升。最终，太平洋天然气和电力公司代表加利福尼亚州在批发市场上购买电力，以救助破产的公用事业公司（Sweeney，2002）。

经济自由化政策导致了能源市场结构在一定程度上的趋同，但由于自由化政策与国家现有政治经济模式的接轨方式不同，使自由化的地域差异仍然存在。在某些情况下（如在阿根廷），市场改革被推迟；而在英国，国家以确保能源安全或脱碳等名义干预电力市场则是越来越普遍的现象。例如"履约价格"（strike prices）明显高于核电和可再生能源的市场价格（为电力公司提供的具有政府支持的保证价格），以鼓励对低碳发电的投资以及向燃气发电站所有者进行"容量支付"（capacity payments），以确保有足够的发电能力满足高峰需求。尽管欧洲自 20 世纪 90 年代以来一直在追求能源市场自由化，但这并不是普遍现象，产业链上游或下游部分的国家所有权仍然普遍存在。一些实行自由化改革的国家收回了对能源资产的所有权和控制权，并将其与跨境能源贸易和投资的增长关联起来，它们表现出了对进口依赖和外部控制的担忧（Helm，2005）。能源市场自由化改革的遗留问题之一，就是实行自由化改革的政府缺乏应对公众对能源安全、气候变化和能源可负担性担忧的协调能力。

自由化和私有化对经济格局产生了若干影响。第一，自由化和私有化刺激了跨国投资的增长，使国家能源系统在空间上变得更加一体化和相互依存。能源贸易和投资自由化政策推动了能源系统规模的重新调整，能源公司、基础设施和市场扩展到国界之外（参见第四章）。1990~2011 年，全球能源上游（采掘业）的部分外商直接投资存量增加了 8 倍，达到 1.4 万亿美元；能源下游部门（电力和天然气服务业）的投资增长幅度更大，全球电力、天然气和供水服务的外商直接投资存量增长了 50 多倍，达到 5160 亿美元（UNCTAD，2013）。在经历了领域形式、所有权和控制权的变化之后，关键能源系统的国际依存度日益上升，对国家能源政策构成了重大挑战。当代全球能源经济的一个重要特征是来自欧洲和北美以外的新跨国公司的出现，这与世界经济重心向亚洲的转移以及多极世界体系的出现有关（De Graaff，2011；Bridge & Le Billon，2017）。虽然转变不限于化石燃料，但这其中的一个例证是国家石油和天然气公司日益增长的跨国活动。例如，中国石油天然气股份有限公司（Petro China）、印度石油天然气公司（ONGC-Videsh）、挪威国家石油公司（Statoil）、俄罗斯石油公司（Rosneft）、马来西亚国家石油公司（Petronas）和巴西国家石油公司（Petrobras）。这些国有企业的国际化跟它们与私营企业日益融合的趋势密切相关（De Graaff，2011）。由此可见，国际能源市场的日益全球化趋势不仅与贸易和投资的范围和强度不断扩大有关，而且与其组织结构的重大变化有关。总体而言，这一全球化进程的净效应是，"世界经济的组成部分……越来越以与过去不同的方式相互联系"（Dicken，2011：52）。这意味着能源系统不再是国家性的，而是越来越多地受到多尺度决策和互动的影响。

第二，自由化使后来者得以进入市场。自由化不仅打破了既定的垄断，更重要的是，它还改变了管理各能源行业的相关专业知识，并开辟了新的所有权和投资模式。传统公用事业公司仍然是自由化能源市场的主要参与者，但银行、投资基金，以及谷歌（Google）、苹果（Apple）和亚马逊（Amazon）等科技公司也加入了进来。例如，麦格理（Macquarie）是一家总部位于澳大利亚的全球投资基金，是全球能源公司的主要债权和股权资金提供者，并在能源基础设施和能源交易方面持有大量投资。麦格理在美国是最大的非生产性天然气贸易商。总部位于美国的科技巨头谷歌通过一系列金融机制和购电承诺在全球范围内投资可再生能源项目，以期到 2025 年实现 100%由可再生能源为其数据中心和办公室供电。苹果公司在中国进行了大规模的能源投资，包括收购中国最大的风力涡轮机制造商 30%的股份（CNN，2016）。然而，自由化的一些后果是自相矛盾的，例如德国电力部门的自由化导致了先前独立（并且主要是私营）的公司之间的大量并购，从而导致了"四巨头"的出现（E. On、RWE、EnBW 和瑞典公司 Vattenfall）（Wagner & Berlo，2015）。

案例研究：电子数据的能源格局——瑞典北部的北极数据中心

供稿人：Isaak Vié 和 Magdalena Kuchler（瑞典乌普萨拉大学）

北博滕地区位于瑞典北端的北极圈。北博滕从前以其繁荣的采掘业闻名，现在正迅速成为越来越多的数据中心的托管地。由于该地区丰富的能源供应、良好的电力基础设施和凉爽的气候，2011年，脸书公司（Facebook）第一个欧洲数据中心率先入驻，并吸引了其他公司的注意。随后，在数据中心建设和云计算技术方面具有专业知识的公司与该地区的四个城市（博登、吕勒奥、皮特奥和艾尔夫斯宾）合作，创建了"节点极点"（Node Pole），这是一个吸引新客户的区域开发集群。截至 2017 年，北博滕地区已经建立了 9个数据中心，为众多国际公司（宝马、Hydro66 等）提供数据中心托管服务。领先的数据中心运营商和专业公司（Milestone、Fusion-io、EMC）也在此建立了相关设施。节点极点最近被两家著名的瑞典电力公司 Vattenfall 和 Skellefteå Kraft 收购。

作为数字经济的关键组成部分，数据中心的运行和冷却需要大量的能源。全球数据中心目前消耗全球发电量的 3% 左右，它的快速发展意味着其能源消费量每四年就会翻一番（The Independent，2016）。北博滕地区的低碳能源供过于求，这些能源来自水力发电站以及新发展的风力发电站（Vié，2017）。低碳能源基础设施中的大部分是该地区林业、铁矿和铜矿以及钢铁生产等能源密集型工业基地的遗存。北博滕地区人烟稀少，但生产了瑞典 1/8 的电力，其中大部分输送到该国的南部地区或出口到邻国。北博滕地区的数据中心已经能够利用现有的电力网络，区域电网稳定，并且有停电应急措施。税收法规使数据中心运营商能够获得电价的大幅折扣，电价可低至每千瓦时 0.0006 美元，这个价格是世界上最低的（Vattenfall AB，2017）。目前已经研发出降低能源消耗的创新冷却方法，使北博滕地区恶劣的气候能够发挥最大作用，同时保持电气设备运行所需的空气质量参数。创新实践的结合创造了高效电力利用的新纪录。

预测表明，在未来 10 年左右的时间里，欧洲将需要另外 200 个数据中心，仅北博滕地区就可以通过节点极点集群托管多达 50 个数据中心。节点极点模式之所以有效，是因为世界其他地方不一定有相似的气候和电力供应条件。北博滕地区丰富的廉价低碳电力也与瑞典更多样的能源选择密切相关。瑞典的电力供应严重依赖水力（41%）和核能（43%），如果瑞典最终停止核电生产，北博滕地区能否继续提供高折扣的电价则有待观察。

第三，经济全球化本质上具有不平衡的特征。全球化的深化可能会导致某种形式的地理趋同。例如，能源强度、技术选择和监管标准方面的区域差异变得不那么明显。但全球化也再现了显著空间差异模式（或以替代形式产生出来）。在任何时期，能源贸易和投资模式有保持一定程度的延续性的必要。能源流动以及对能源基础设施的投资，仍然高度集中且地域分布不均衡，再现了全球范围内人均能源消费的巨大差异（参见第六章）。对全球南北方之间能源消费的巨大差异的认识，推动了联合国将获得能源服务纳入了它的可持续发展目标（之前的千年发展目标没有提及能源）。国家内部各区域之间的这种地理差异也可能很大，特别是在发展中国家的部分地区，获得能源服务的能力往往反映了更普遍的城乡差距。虽然石油和天然气等现代商业燃料的国际贸易格局随着世界经济重心的转移而发生变化，但总体上的地理集中程度并未发生显著变化。煤炭、石油和天然气的国际贸易仍由少数主要出口国和进口国主导，其中 5 个最大的进口国占全世界石油进口的 60%，5 个最大的出口国占全世界石油出口的 48%。通过贸易创造的地理连接和分离具有政治和经济意义，国家能源政策已经超越了国内政策的范畴，从根本上与外交政策、国际贸易与发展相关联。从这个角度来看，能源外交是国家能源政策的重要组成部分（Goldthau，2010）。

（四）再市政化

在过去的几十年里，关于能源部门组织方式的主要政策观点是将资产私有化，以及创造可以提高效率和对消费者需求响应速度的能源市场。然而，私有化和经济自由化的实际运行是交织在一起的。自 2008年国际金融危机以来，各国政府以大规模的国家干预来应对金融危机（包括部分银行的国有化），人们对公有制模式重新产生了兴趣（Florio，2013）。各国采取了多种形式发展公有制（Haney & Pollitt，2013），但一个重要的趋势是对能源生产和分配基础设施的市政所有权重新产生了兴趣。燃气和电力服务的市政所有权中不仅重新引入了公有制，而且还重新调整了公有制的尺度，使公有制的行政尺度从国家尺度变为城市尺度（Cumbers，2012）。实际上，市政所有制是能源公有制的重要形式之一。作为治理的主要尺度，市政所有制倾向于在合作社、市政当局和国家之间做好平衡（Angel，2016）。市政所有制有着悠久的历史，其回归涉及将以前被出售和私有化的公有资产收回，或由地方政府直接提供服务以替代外包。再市政化（remunicipalisation）的驱动因素是多种多样的，包括对私营部门提供相关服务的成本和风险的越来越充分的认识，以及围绕可负担性、环境可持续性和供应安全等问题展开的对能源服务的"公共产品"（public goods）性质的认识。

示例 2：受监管的大型公用事业的"死亡螺旋"？

可再生能源在许多国家的能源结构中的作用越来越大，正在撼动能源部门的既定商业模式。欧洲的大型公用事业公司处于这一进程的前沿，尤其是那些拥有核能、煤炭和天然气资产的公司。欧洲前 20 大能源公用事业公司的市值自 2008 年以来已经减半，其中德国的 E.ON 和 RWE 受到的影响最为显著。由于可再生能源的日益普及和电力批发价格的下降，电力市场受到冲击，欧洲公用事业公司在 2010~2015 年将其发电资产的官方价值下调了超过 1000 亿欧元。

许多可再生能源的间歇性对受监管的公用事业部门提供基本电力负荷的模式提出了根本性挑战。例如，就光伏发电而言，白天的供应高峰使太阳能运营商能够抢占电力市场上利润最丰厚的部分（即最高价格）。在欧洲的许多地方，新的可再生能源产能加剧了静态供过于求方面更普遍的问题。公用事业公司根据尚未实现的电力需求增长预测，对煤炭和天然气发电进行了过度投资（因为欧洲 GDP 的能源强度下降和总体经济增长放缓）。行业内部人士将这种情况描述为"生存危机"（existential crisis）。RWE 的首席财务官注意到，"坦率地说，传统发电作为一个业务部门，正在为其生存而战"（The Economist，2013）。一些人在公用事业公司的这些困境中看到了一种新秩序正在形成，分布式发电公司和市政公用事业将在其中发挥更大的作用。另一些人则指出了未来投资挑战的规模、社会要有效地应对能源系统变革的四个必要条件（参见引言），以及疲软的公用事业公司对投资的负面影响。

再市政化的轨迹在德国最为明显，2007～2012 年，德国新建了 60 余家地方性公用事业公司，190 余家电网公司回归公共部门（Hall et al.，2013）。还有一些举措旨在加强市政当局在能源交易市场和发电方面的作用。例如，Hall 等（2013）介绍了 Trianel 计划的例子，这是一个由 80 多家德国市政能源供应商发起的联合采购计划。Trianel 计划设立于 1999 年，旨在促进德国市政公司在自由化的电力和天然气市场上进行能源交易（Hall et al.，2013）。但随着时间的推移，Trianel 计划已经扩展到建设发电站和风电场（包括北海的第一个市政海上风电场），并与欧洲其他地方的市政能源公司建立联系。德国最近的市政化经验需要结合该国退出核电并转向可再生能源生产热能和电力的背景加以理解，即所谓的"能源转型"（Energiewende，参见第十章）（Moss et al.，2015）。在德国，与其他地方一样，城市已成为解决能源和气候问题的有效尺度，市政化也是对四大公用事业公司不愿投资可再生能源的回应（见示例 2）。因此，市政化是更广泛地寻求"经济民主"（economic democracy）活动的一部分，而公有化和私有化均不容易达到类似的效果（Cumbers，2012）。

四　结论

在本章中，我们探讨了能源的可用性和成本，以及指导能源消费的技术和社会实践如何以重要的方式塑造经济格局。各国之间和各国内部的能源消费强度差异很大。最普遍的规律是，经济增长与能源消费之间存在明显的正相关关系，这证实了由于能源供应有限或基础设施运行状况不良，能源服务的消费不足如何成为一些最贫穷国家的主要结构性问题。随着经济的发展，国家对能源的需求会随着能源的利用方式变化而发生变化。例如，工业化推动了与能源密集过程（如金属制造）相关的能源需求的大幅增长，但也推动了大众消费市场的增长。然而，随着工业经济的成熟，重工业对 GDP 的贡献下降，经济产出的能源强度会随着时间的推移而下降。在所有工业化经济组织中，可以看到它们的能源强度趋同的过程，这得益于能源技术和能源利用规范的传播（如涉及供暖、照明和交通等方面的技术和规范）。然而，重要的差异仍然存在，能源的成本、可用性和可靠性问题（特别是在信息技术和数据处理方面）仍然是决定一个地区在全球经济中竞争地位和作用的关键因素。

本章还考虑了能源系统本身如何成为经济组织。例如，电力网络及油气开采和加工的基础设施通过买卖产品产生经济价值，需要投资并提供资本回报，还要雇用大量人员。这些能源经济组织的规模和重要性，意味着它们经常成为"实行公有制还是私有制"这一百年争论中的"前线"（frontline）。在许多情况下，脱碳目标和减缓气候变化为这场关于能源经济由谁组织以及为谁组织的长期斗争引入了新的维度，提出了"什么样的所有权形式和治理形式适合当代能源挑战"这一问题，即如何建立能源系统以确保现代能源服务的获得，并保障能源的安全性、可靠性和环境可持续性，同时促进社会正义（参见引言）。对围绕电力、天然气和城市供热系统的再市政化的重新关注，反映了人们对更有效和可持续解决方案的探索。它代表了在能源经济格局中起作用的更广泛的"创造性破坏"（creative destruction）过程，与破坏性技术变革和不断变化的社会对能源系统的环境绩效和社会绩效的需求相关。

五 供讨论的问题

- 发动机技术和燃料发生了重大变化，但 90% 的世界贸易始终是通过海上运输完成的，而且这些货物的运输速度在整个 20 世纪没有发生重大变化。如果速度保持不变，那么什么发生了变化？
- 如何应用"破碎城市化"（splintering urbanism）的概念来理解能

源基础设施所有权的转变？

- 二战后发达国家大城市的郊区化在多大程度上可以被描述为是"以石油为驱动"（oil-fuelled）的？

- 能源可及性如何跨越一系列尺度（昼夜、季节、年度、世代）影响经济的时间节律？

- 以两种截然不同的经济活动或格局为例（如玉米田、数据存储和处理中心、炼钢厂），考虑这些活动中能源利用方式的相似之处和显著差异；你能在多大程度上通过考察它们如何使用能源，解释每项活动的区位选择？

六　活动或潜在研究项目

- 使用公开可用的数据，确定与国家（或州）经济相关的主要能源流动，绘制一个流程图来表示这些能源流动的规模和能源需求的部门构成。使用简单的地图显示能源输入或输出的主要地点，并总结能源流动的主要方向。写一份简短的报告总结你的发现。

- 谁拥有满足你日常能源需求的基础设施？构建一个图表，确定能源供应的主要参与者。考虑这种所有权结构对你作为消费者影响关于能源效率和新供应来源的投资决策的能力的影响。

七　阅读推荐

■Blanchet, T. 2015. Struggle over energy transition in Berlin: How do grassroots initiatives affect local energy policy-making? *Energy Policy* 78: 246-254.

柏林的电网是欧洲最大的电网之一。在 20 世纪 90 年代，该市的地

方政府将电网出售给私营公司。这篇文章分析了随后在城市电网重新市
政化过程中的冲突。通过讲述柏林的故事，作者研究了基层参与者在能
源转型中可能产生的影响，并说明了他们如何影响城市能源系统的整体
愿景的提出及落地。

■ Overland，I. 2016. Energy：The missing link in globalisation.
Energy Research & Social Science 14：122-130.

这篇文章重点介绍了能源贸易在经济全球化中的核心作用。文章的
重点研究对象是石油、煤炭和天然气，作者开发了一个用来衡量 1992~
2011 年"能源全球化"程度的指数。作者描述了能源贸易在范围和强
度上是如何增长的，同时也指出了非常规石油和天然气（包括通过水力
压裂技术开发）的发展如何与这一趋势背道而驰。

■ Ruhl，C.，P. Appleby，J. Fennema，A. Naumov and M. Schaffer.
2012. Economic development and the demand for energy：A historical
perspective on the next 20 years. *Energy Policy* 50：109-116.

各国的能源强度（给定 GDP 产出值的能源消耗量）不同。能源强
度部分取决于经济结构（制造业、服务业、农业占比）、燃料组合和所
用技术类型。这篇文章研究了两个世纪以来能源强度的演变，并对未来
20 年经济全球化的影响给出了乐观的结论。作者描述了能源强度是如何
改善的，即经济在将能源投入转化为 GDP 方面如何变得更加有效。作者
认为，由于全球化，燃料专业化程度的提高以及各国经济部门和技术构
成的持续趋同，能源效率将加速提高。

■ Smil，V. 2010. *Prime movers of globalisation：The history and impact
of diesel engines and gas turbines.* Cambridge，MA：The MIT Press.

　　柴油发动机和燃气轮机是有史以来最强大的原动机之一，前者主导了公路、铁路和海上运输，后者是航空运输、发电以及石油天然气管道运输的核心。作者考察了柴油发动机和燃气轮机出现的历史条件、与其他原动机相比的意义，以及它们在未来一段时间内仍将长期存在的原因。

参考文献

Angel, J. 2016. Towards an energy politics in-against-and-beyond the state: Berlin's struggle for energy democracy. *Antipode* 49(3): 557–576.

Baiocchi, G. and J.C. Minx. 2010. Understanding changes in the UK's CO2 emissions: a global perspective. *Environmental Science & Technology* 44(4), 1177–1184.

Blanchet, T. 2015. Struggle over energy transition in Berlin: how do grassroots initiatives affect local energy policy-making? *Energy Policy* 78: 246–254.

BP. 2017. *BP Energy Outlook.* Available online at www.bp.com/content/dam/bp/pdf/energy-economics/energy-outlook-2017/bp-energy-outlook-2017.pdf

Bradshaw, M. 2014. *Global energy dilemmas.* Cambridge, MA: Polity Press.

Bridge, G. and P. Le Billon. 2017. *Oil.* Cambridge, MA: Polity Press.

Bridge, G. and M. Bradshaw, 2015. Deepening globalisation: economies, trade and energy systems. In *Global energy: issues, potentials and policy implications.* P. Ekins, M. Bradshaw, and J. Watson (eds). Oxford: Oxford University Press, pp. 52–72.

Cook, I. 2004. Follow the thing: papaya. *Antipode* 36(4): 642–664.

CNN 2016. Why Apple is investing in wind turbines in China. Available online at http://money.cnn.com/2016/12/09/technology/apple-wind-turbine-china-investment/index.html

Cumbers, A. 2012. *Reclaiming public ownership: making space for economic democracy.* London: Zed Books.

De Graaff, N. 2011. A global energy network? The expansion and integration of non-triad national oil companies. *Global Networks* 11: 262–283.

Dicken, P. 2011. *Global shift: mapping the changing contours of the world economy.* London: Sage, 6th Edition.

The Economist 2013 How to lose half a trillion euros: Europe's electricity providers face an existential threat 15 October 2013. Available online at www.economist.com/news/briefing/21587782-europes-electricity-providers-face-existential-threat-how-lose-half-trillion-euros

Energy Information Administration. 2016. Global energy intensity continues to decline, 12 July 2016. Washington DC. Available online at www.eia.gov/todayinenergy/detail.php?id=27032

European Environment Agency. 2016. Correlation of energy consumption and GDP per person. Available online at https://www.eea.europa.eu/data-and-maps/figures/correlation-of-per-capita-energy/

Florio, M. 2013. Rethinking on public enterprise: editorial introduction and some personal remarks on the research agenda. *International Review of Applied Economics* 27(2): 135–149.

Freidberg, S. 2004. *French beans and food scares: culture and commerce in an anxious age.* Oxford: Oxford University Press.

Gales, B. Kander, A. Malanima, P. and M. Rubio. 2007. North versus south: energy transition and energy intensity in Europe over 200 years. *European Review of Economic History* 11: 219–253.

Goldthau, A. 2010. 'Energy diplomacy' in trade and investment of oil and gas. In *Global energy governance. The new rules of the game.* A. Goldthau, and J.-M. Witte (eds). Washington DC: Brookings Press, pp. 25–48.

Hall, D., E. Lobina and P. Terhorst. 2013. Re-municipalisation in the early twenty-first century: water in France and energy in Germany. *International Review of Applied Economics* 27 (2): 193–214.

Hall, CAS, C Cleveland and R. Kaufmann. 1986. *Energy and resource quality: the ecology of the economic process.* New York, Wiley and Sons.

Haney, A.B. and Pollitt, M.G., 2013. New models of public ownership in energy. *International Review of Applied Economics,* 27(2): 174–192.

Helm, D., 2005. The assessment: the new energy paradigm. *Oxford Review of Economic Policy,* 21(1): 1–18.

Hummels, D. 2007. Transportation costs and international trade in the second era of globalization. *Journal of Economic Perspectives* 21(3): 131–154.

The Independent. 2016. Global warming: data centres to consume three times as much energy in next decade, experts warn. 23 January 2016. Available online at www.independent.co.uk/environment/global-warming-data-centres-to-consume-three-times-as-much-energy-in-next-decade-experts-warn-a6830086.html

Joskow, P.L., 2008. *Lessons learned from the electricity market liberalization.* Massachusetts Institute of Technology, Center for Energy and Environmental Policy Research.

Liu, H., Y. Xi, J. Guo, X. Li. 2010. Energy embodied in the international trade of China: an energy input–output analysis. *Energy Policy* 38(8): 3957–3964.

Machado, G., R. Schaeffer and E. Worrell. 2001. Energy and carbon embodied in the international trade of Brazil: an input–output approach. *Ecological Economics* 39(3): 409–424.

Martinez-Alier, J. 2002. Ecological debt and property rights on carbon sinks and reservoirs. *Capitalism Nature Socialism* 13(1): 115–119.

Moss, T., S. Becker and M. Naumann. 2015. Whose energy transition is it, anyway? Organisation and ownership of the Energiewende in villages, cities and regions. *Local Environment* 20(12): 547–1563.

O'Rourke, K. and J. Williamson. 1999. *Globalization and history: the evolution of a Nineteenth-century Atlantic Economy.* Cambridge, MA: MIT Press.

Peters, G., J. Minx, C. Weber and O. Edenhofer. 2011. Growth in emission transfers via international trade from 1990 to 2008. *Proceedings of the National Academy of Sciences* 108 (21): 8903–8908.

Roelich, K., J. Barrett and A. Owen. 2015. The implications of indirect emissions for climate and energy policy. In *Global Energy: issues, potentials and policy implications.* P. Ekins, M. Bradshaw, and J. Watson (eds). Oxford: Oxford University Press, pp. 92–111.

Ruhl, C., P. Appleby, J. Fennema, A. Naumov and M. Schaffer. 2012. Economic development and the demand for energy: a historical perspective on the next 20 years. *Energy Policy* 50: 109–116.

Smil, V., 1999. *Energies.* Cambridge, MA: The MIT Press,.

Smil, V. 2010. *Prime movers of globalization: the history and impact of diesel engines and gas turbines.* Cambridge, MA: MIT Press.

Sorrell, S. 2009. Jevons' paradox revisited: the evidence for backfire from improved energy efficiency. *Energy Policy* 37: 1456–1469.

Strange, S. 1988. *States and markets: an introduction to international political economy*. London: Pinter Publishers.

Sweeney, J.L., 2002. The California energy crisis. *Journal of Energy Literature*, 8: 100–103.

Troesken, W., 2006. Regime change and corruption. A history of public utility regulation. In *Corruption and Reform: Lessons from America's Economic History*. Chicago, IL: University of Chicago Press, pp. 259–282.

Wagner, O. and Berlo, K. 2015. The wave of remunicipalisation of energy networks and supply in Germany: the establishment of 72 new municipal power utilities. In *First fuel now: ECEEE 2015 Summer Study*, 1–6 June 2015, Toulon/Hyères, France. Available online at http://nbn-resolving.de/urn:nbn:de:bsz:wup4-opus-59209

UNCTAD 2013. *World investment report 2013 – Global Value Chains: Investment and Trade for Development*. Annex Tables 24 and 26 (estimated world inward FDI stock by sector and industry, 1990 and 2011; estimated world inward FDI flow by sector and industry, 1990 and 2011).

Vattenfall AB. 2017. Energiskatter i Sverige, Available online at www.vattenfall.se/foretag/elavtal/energiskatter/

Vié, I., 2017. *Energy for information: the green promise of the Node Pole data centres*, Master Thesis, Department of Earth Sciences, Uppsala University, Sweden. Available at: http://uu.diva-portal.org/smash/record.jsf?pid=diva2%3A1110904

第三章　基础设施格局

学习要点：

- 了解能源基础设施的主要特征及其在不同尺度、不同地域和不同国家背景下的各种形式。
- 了解与能源基础设施相互关联的物质和社会维度，以及它们如何随着时间的推移而与经济、政治和技术共同变化和发展。
- 解释高密度城市能源基础设施和消费模式是如何出现的。
- 分析如何通过能源基础设施的故障来表明这些基础设施的潜在空间性（underlying spatialities）和脆弱性。

连接、供给、流通，能源基础设施以创造独特的能源循环格局的方式既连接又划分人群与地域。它们将能源消费者与能源供应商联系在一起，同时产生能源获取等级，以及可及者和非可及者之间的严重不平等。"基础设施"的概念没有精确定义，很难划定能源基础设施的确切边界。传统上，能源基础设施包括输电线路和变电站、固体和液体燃料的系统（包括石油和天然气管道、储罐和泵站），以及城市集中供暖和制冷的网络（通常以热水或冷却水的形式）。换句话说，能源基础设施是连通的（Shove et al.，2015）和循环的（Edwards，2003），它将不同的地域联系起来。简单地说，就是将发电商和供应商的能源供应与消费者的能源使用联系起来。基础设施支持和构建能源的分配和流动，使其在最终使用地点以特定形式（如特定压力下的天然气）和数量（如变电站的电力容量）变得可以被获得和使用。能源基础设施的网络特征可能是基础设施概念的关键所在，因此研究者要特别关注能源基础设施的地理位置及其在空间中的分布特征（Graham & Marvin，2001）。能源基础设施还有以下其他重要的特征（Star，1999）。

● 这些基础设施是永久性的，不需要在每次使用时重新组装。基础设施一旦建立，在某种程度上就固定在当地，在物理上得到了"锁定"（参见"路径依赖"），通常也深层次嵌入社会的持续运转中。

● 通过模块化增量发展而不是一次性建造——天然气管道网络或铁路系统等基础设施通常会随着时间的推移而延伸到更大的空间，在这个过程中，一些区域的发展和支持的功能可能优先于其他区域。

● 往往被隐藏和遗忘，但在其崩溃时变得可见——只要基础设施有效运转，它们就被视为理所当然并处于幕后，但是当它们出现故障时才会被人注意到。

路径依赖（path dependency）

路径依赖是解释为什么某些技术、流程或实践持续使用，即使它们可能明显效率低下或过时。几十年来，能源基础设施在历史发展过程中形成了既定的做法和难以轻易挑战或摆脱的僵化技术。例如，用基于社区的供应系统取代英国的集中式能源基础设施，在技术上以及在能源治理和控制方面都将具有挑战性。

正如我们将要看到的，上述三个特征中的每一个都与我们对能源基础设施及其在更广泛的能源系统中的概念和实际意义的理解有关。

我们可以超越传统定义的限制，思考对能源与社会关系来说至关重要的基础设施格局。在供给方面，能量转换技术（的场景）也是某种形式的基础设施（Goldthau，2014），包括发电站（将化学能转换为电能）及其上游的燃料供应网络（如核能发电之前的铀矿开采、运输和加工；Karlsson，2009）。这些供给侧的转换技术是本书其他章节的主题（参见

图 3.1 冰岛作为连接性基础设施的电缆和电力塔架（图片来源：Gordon Walker）

第一章和第九章），我们在此不再进一步讨论。在需求一端，能源基础设施多种多样，并且这些基础设施在塑造能源消费方式以及建立和维持能源需求上发挥着重要作用。例如，交通基础设施（公路和铁路网络、运河、机场）及其与城市居住区的空间关系，在形成能源依赖和不断增长的全球能源需求方面的作用尤为重要。本章的后半部分通过关注能源需求在城市环境（urban settings）中的嵌入（embedding）来探索这种更广泛意义上的基础设施格局。

在接下来的讨论中，我们将解释能源基础设施如何同时具有物质和社会特征。我们着重说明能源基础设施的物质形式和社会形成过程，以及人们是如何拥有、管理和运营这些具有结构性联系的基础设施。然后，本章探讨了分析能源基础设施的不同尺度，从"离网"（off grid）和本地化的基础设施，到跨国的生产、分配和消费网络，进而以城市尺度为例，研究能源基础设施如何在 21 世纪嵌入城市的物质性和社会性结构中，嵌入方式决定了能源供应系统和路径依赖产生的方式。本章最后介绍了这些供应系统和相关依赖性如何影响能源供应的弹性和始终依赖廉价能源的个人和社区的脆弱性。我们强调了能源基础设施如何与社会和经济背景相关联，以及这些基础设施对能源的输送和消费的特定方式有何重要意义。

一　能源基础设施的物质性和社会性

能源基础设施显然具有物质形态。它们的建造融合了许多不同形式的材料和技术（如电缆、汽油泵、地下储气库等）并具有永久性。因此，它们的物理特性和尺度对它们的地理特性以及它们在格局中的定位和跨越空间的方式都很重要（见图 3.1）。反过来说，这种物理特性精准地塑造了不同地区之间以及供应商、分销商和消费者之间的连接方式。

一些抗议和争论与能源基础设施（如电力塔架）开发项目直接相关，这些项目被视为对一个地方的价值感或幸福感的冲击或威胁（参见第七章）。能源基础设施也可能在很大程度上是隐蔽的，隐藏在地下或其他建筑结构中。它们也可能是日常生活空间和场所历史演变中的一部分，以至于被视为理所当然而被忽视。正如 Edwards（2003）对一般性基础设施的评论，"它们存在于自然化的背景中。对我们来说就像树木、阳光和泥土一样普通和不起眼"。这并不意味着这种不太明显的物质不会引起争议。地下仍然是一个有争议的空间，比如与水力压裂和放射性废弃物储存有关的争论。正如 Star（1999）所阐明的那样，在发生故障时，理所当然的事情会突然变得非常紧迫，比如停电（见下文）、煤气泄漏或汽油短缺导致的戏剧性场景和混乱状况（图3.2）。

图3.2 突然出现的系统故障让能源基础设施变得"可见"：英国一个加油站因油罐车司机的罢工而出现燃料短缺（图片来源：Mike1024）

　　能源基础设施在材料构成、规模、形式和影响方面的千差万别，我们将在下一节进一步探讨这种多样性。一般而言，这些差异在某种程度上反映了能源基础设施系统所能支持的能源的物质性。例如，电力输送需要天然气输送所不具备的基础设施。电力和天然气的物质性对保障其供应的基础设施形式具有关键影响。输电需要电流，而电流需要导线；要达到一定的电压和功率，需要有绝缘子、电容器、变压器等，电力才能安全有效分配。

电流（current）

　　电流是为依靠电力的电器提供能量的基础。电流是通过电路传输的电荷。在大多数情况下，电气系统是基于交流电（AC），其中电荷的方向会发生变化。某些系统（如电池）使用直流电（DC），其中的电荷是单向的。这种区别现在不那么重要了，但在19世纪后期，由于输电网络的快速扩张，人们关于交流电和直流电的安全性和效率的争论很激烈。

电力的物质性（materiality）很独特。电力不能大规模储存（Osti，2016），因此流经系统的电流需要瞬时完成，也就意味着在电力供应与电力使用之间需要提供实时连接。在大型电网中，生产和消费因为发生在彼此相距很远的不同地方而存在空间错位，但不是时间错位。这意味着存储技术目前不是电网的常规组成部分（尽管新的存储方法正在形成），并且电力系统对连接生产和消费之间的任何部分出现故障或无法满足需求都特别敏感（见后文对峰值负荷的讨论）。相比之下，天然气、石油、煤炭和木材等可以很容易储存，而且可以换到另一个地方和另外的时间进行生产（Osti，2016），如天然气可以在管道中备用，并且可以储存在大型储气罐中（反过来，这也引起了人们对安全和储存环境的特殊关注）。因此，不同能源形式的物质性差异意味着它们对应的基础设施系统不同，这对基础设施的制造和维护方式，以及开发和运营中所涉及的挑战都有影响。

峰值负荷（peak load）

峰值负荷是指对于给定的地理区域，电力消耗可以根据它在给定的时间点对生产和分配系统施加的总负荷来定义。峰值负荷是指在此空间范围内，总消耗量增加到高水平并且生产系统必须以满功率运转才能满足该需求。峰值负荷通常由电网运营商每天进行预测和管理，但对为满足峰值需求而过度扩张产能或依赖高碳能源的担忧使其日益成为一个政治问题。

虽然能源基础设施的物质性显而易见，但重要的是要认识到它们并不仅仅包括技术"硬件"（hardware），即能源分配网络的材料、物理结构和其他组件，如管道、电线和油轮。研究此类技术的当代社会-技术方法（socio-technical approches）的基本原则是，承认这些技术始终既是物质性的又是社会性的，或说是技术性的和社会性的（Bijker & Law，1992）。这里的"社会性的"（social）具有广泛的含义，是指人的活动、思想、知识体系、话语、制度以及设计、安排和利用方式等基本内容，基础设施和技术在不断地塑造产品的同时也在被塑造。关键的一点是要认识到基础设施体现了社会和技术因素的相互关联，因而不能孤立地看待这些因素。这种思维方式预示着五个重要的分析观察结论。

● 能源基础设施总是在特定环境的社会进程中进行设计、建造，以得到范围和规模的扩展。想法、意识形态、预期用途以及用户都会嵌入或"沉淀"（sedimented）在能源基础设施的设计和开发过程中，它们是"文化制品"（cultural artefacts）（Hughes，1983）。

● 能源基础设施始终是被拥有、管理和运营的，并受规则、法规和治理措施的约束。存在一种"软件"（software），反映权力、权威、专业知识和政治的"社会组织"（socially organised）（Walker & Cass，2007）。

● 基础设施是供应系统不可或缺的一部分（Fine，2013），该系统将生产、分配和消费连接在一系列活动中，这些活动与商品（或能源）的形式及其所嵌入的文化环境有关。

● 基础设施不会简单地将能源供应与预先存在的能源需求连接起来，但是可以积极参与创造新的能源需求和对它的依赖（Van Vliet et al.，2005）。

● 能源基础设施对经济变革和发展至关重要，它连接供应商和采购商，使其能够销售生产的能源和购买有用的能源。从社会属性和物质性来说，它们是资本积累和能源经济运行的内在因素（见第二章）。

　　以上都是不易理解的说法，而一组历史上的例子和一组当代的例子可以初步揭示它们的本质和含义。第一组例子与美国配电基础设施的发展历史有关，这是地理学家和历史学家曾详细研究的主题（Hughes，1983；Howell，2011；Nye，1999）。在一个特别引人入胜的例子中，Harrison（2013a，2013b）追溯了北卡罗来纳州的电气化发展，他重点关注了"电力不均衡格局"（uneven landscape of electricity）的产生，这是导致该地区能源贫困和经济发展不平衡的主要原因。发电厂和电网由公共和私营公用事业公司在 20 世纪初开始布局，引入"进步和解放"（progress and emancipation）理论来证明它们的投资是合理的，引导消费者多用电力以产生丰厚的经济回报。这种能源基础设施发展战略一直被证明是成功的，直到 20 世纪 70 年代利润方面出现了各种挑战，电力公用事业公司因进军核能领域而留下的主体债务转嫁给了消费者。其结果是当地的电价高且电力消耗水平高，这对企业和低收入消费者来说都是巨大的问题。Harrison（2013a）评论说，"配电价格中凝结着的是过去的劳动过程、积累策略和权力斗争"，他强调当前运营的基础设施在运营时总是会附带一些政治和社会条件规定。Harrison（2013a）展示了电网的最初布局如何被强烈地种族化，以使白人社区享有特权，阻碍了以黑人为主的地区的电气化。简而言之，电力基础设施在社会性和技术性方面都充斥着当时美国南方的种族化政治。

　　第二组例子是关于发展中国家新兴大都市天然气使用的发展模式。Verdeil et al.（2015）研究了三个城市过去 20 年城市燃气基础设施的发展，包括开罗（埃及）、伊斯坦布尔（土耳其）和斯法克斯（突尼斯），这三个城市都正在经历着快速的发展和社会变革。这三座城市燃气基础设施的发展展示了新兴的天然气消费地理分布如何部分地与天然气储量的区位有关，也展示了雄心勃勃的城市经济发展战略，以及旨在削减能源补贴的计划，这些补贴传统上是用来支持贫困消费者实现能源普遍可及的。维持这种新基础设施的可负担性在政治上已引起争议。不断增长的中产阶级热衷于现代化和扩大能源消费，这一趋势将越来越多的人抛在后面。这些紧张局势对能源系统的治理方式产生了重大影响，"与能源服务有关的抗议活动在'阿拉伯之春'之后更为强烈，国家自身的稳定也因此受到了影响。获得现代能源已成为国家稳定的一个主要利害关系"（Verdeil et al.，2015）。

图 3.3　电动汽车充电站：新基础设施形成对电力的新需求的例子
（图片来源：Gordon Walker）

这两组例子都致力于说明基础设施是如何形成的，说明随着时间的推移，受文化和政治观念、经济条件影响，基础设施扩大了地理范围却可能存在不均衡性。能源变得可以被某些人但并非所有人获得，这种供应模式反映了更广泛的阶级分化、种族歧视、国家重组和资本积累需求的倾向。这两组案例还展示了基础设施发展如何与积极创造新的能源用途和用户齐头并进，这一过程今天仍在继续，例如在电动汽车和新的充电基础设施的推广和发展方面（如图 3.3 所示）。

二　基础设施规模和空间形式

以上有关能源基础设施的思考方式都具有相当的复杂性。因此，确定一个能够将不同基础设施形式的主要特征系统化的方案是很有价值的。接下来的分类提供了一种区分基础设施系统的方法。基础设施系统特别强调地理尺度、范围和规模——从最直接的，到地方的、国家的和跨国的，正如表 3.1 所概括的那样，这种地理尺度也可以根据与其相对应的社会和制度特征来表征，包括基础设施系统的所有权和管理方式、所承载的理念和意义，以及可以应用的治理安排。虽然这是一种相当传统的分类方法，但我们将通过这种分类方法看到这些基础设施的规模和形式。

表 3.1　基础设施系统的不同尺度及其特点

	空间范围	所有权和管理	理念和意义	治理
自给自足和离网	非常本地化和直接	私有	能源权利、自给自足、节俭、可持续	最小化，激励性的发展计划
本地网络和供应系统	社区、街区或城市尺度	市政、社区或私有	地方性、可持续性、自主性	主要是本地或社区
国家电网	全国或区域	公有、私有或公私混合	效率、控制、普遍供应、竞争	国家政府和机构
跨国网络	扩张的国际化	私有、公有或公私混合	效率、竞争、合作	国家间合作

● 不同类型的基础设施系统可以在空间和时间上共存，且并联或串联工作。从这个意义上说，它们不是相互独立的组件。

● 不要将对不同类型的基础设施系统的理解停留在从未开发到已开

发，或从基础到高级的简单范畴内。它们以不同的方式融入社会的发展、变化和转型的过程中。

● 这些基础设施系统只是一些基本类型，在这些类型中会有很多变化，并且不同类型的基础设施系统可能会在不同地理尺度上交叉。

（一）自给自足和离网

能源供应非常本地化，因此如果不存在任何基础设施在运输和分配中的参与，则是能源基础设施系统的最小尺度。生产和消费不需要外部或扩展的连接，因为它们发生在同一空间并通过相同参与者完成。一个传统的例子是自行收集木材和生物质，并将其置于火炉中燃烧（参见第六章），这仍然是发展中国家贫困农村地区能源利用的重要方式，在世界上其他农村地区也有小规模使用。在能源自行收集之外，如果基础设施不能提供其他形式能量或者实现贸易和交换，将是一种极度贫困的状况。然而，在更加富裕和基础设施发达的情境中，自给自足也可以由积极的韧性意识、"离网"和与商业系统断开的意图驱动（Vannini & Taggart，2013）。有目的的节约（Evans，2011）和以可持续方式生活的承诺也很重要，并且这与当代和面向未来的可持续性转型相关。在基础设施完备的环境中，技术先进的本地微型发电（太阳能电池板、微型风能以及生物质能）作为一种"离网"生活手段变得越来越普遍，或者说，这一形式既有本地的直接能源供应，又有与更大规模的电网基础设施的连接，形成一种"共同供应"（co-provisioning）的形式（Van Vliet et al.，2005）。

随着最近可再生能源发电量的增加，"共同供应"规模迅速增长（Mendonça，2007）。家庭和社区能源发电的出现在一定程度上是为了响应政策，例如上网电价政策，这些政策为可再生技术设备（例如光伏电池和太阳能热水器）的安装起到了激励作用（Walker & Devine-Wright，2008）。但地方行动也受到一系列环境、经济和社会动机以及不同治理安排的驱动。例如，英国和德国采用的治理模式就存在显著差异（参见案例研究）。

上网电价（feed-in-tariffs, FITs）

上网电价是一种普遍用于激励和加速分布式可再生能源技术应用的机制。上网电价通常包括新装发电机接入电网的保证、长期供电合同和发电价格，该价格反映了与现有煤炭、天然气或核电相比更高的成本。上网电价成功地使多种技术（风能、太阳能、沼气发电等）得到发展，并确保投资者获得合理回报。

案例研究：在英国和德国推广社区能源项目

社区能源项目涉及减少、产生或购买能源的集体行动。随着社区和个人住户选择投资可再生能源技术，英国和德国微型发电设备的使用量大幅增长，如风力涡轮机和太阳能光伏板。与英国相比，德国对社区尺度倡议的响应速度要快得多。Nolden（2013a, 2013b）在英格兰西南部和德国进行的研究探讨了不同规模的能源治理和创新制度如何影响可再生能源技术的部署。他使用定性方法对可再生能源供应商和社区能源团体进行访谈和观察研究，以检验英国和德国实施的不同制度的有效性。

英国促进小规模可再生能源部署的系统一直采取集中管理的方式，并设置了全国统一的上网电价，该电价为支付给投资者的每单位接入电网的固定费用。它还取决于与德国相比相对集中的银行和贷款安排。英国上网电价水平和持续时间的不确定性使投资者失去信心，因此小规模可再生能源的部署一直是零星的。相比之下，Nolden（2013b）发现，德国在推动社区能源项目方面的成功是通过技术发展、能源政策、银行贷款和制度学习的"共同演化"（co-evolution）来实现的。重要的是，德国的区域贷款银行为社区尺度的能源计划提供了投资。

Nolden 的研究强调了对于不同尺度的经济政策、规划和治理，能源基础设施建设会产生非常不同的结果。他的研究成果还显示了路径依赖对能源基础设施发展的影响。在英国，路径依赖导致可再生能源的部署被包含在相对集中的能源输送系统中；而在德国，能源治理的多尺度和分布式特性为社区的可再生能源投资创造了重要机会。德国通过联邦制度扩大政治治理的规模，催生了不同形式的管理体制；而英国的集中治理制度意味着地方对能源政策等问题几乎没有影响力。像这样的比较研究，揭示了在部署小规模可再生能源方面存在的文化和政治挑战以及技术障碍。与德国相比，英国在社区规模创新和集体工作方面的传承要弱得多。因此，在英国支持和促进社区能源项目发展，需要挑战既定的文化设定和那些嵌入在现行政策框架中的设定。

（二）本地网络和供应系统

空间范围仅限于某些特定的社区（community）、街区（neighbour-hood）、综合体（complex）、城区（urban area）或区域（region）的本地化基础设施网络历来是能源基础设施发展的第一阶段。例如，固体或液体燃料的本地贸易网络、城区内的民用燃气供应网络以及在空间上同样具有边界的地方电网。在 20 世纪初，英国的电力分配采用大量建设独立地方电网的方式，各地拥有自己的发电站和运营公司。1930 年，仅在英格兰西南部和威尔士地区就有 165 家独立的公用事业公司（Hughes，1983）为其所在地客户供电。正如前面讨论的美国北卡罗来纳州案例中指出的那样，这些网络的发展与新技术创新和城市化进程有关。但是，市政当局向市民提供新能源服务（轻便、清洁的供热形式）的想法也很重要，有时与新的供应和分销公司的盈利目标一致。在发展中国家，网络的本地化仍然是早期基础设施发展的一个特征，包括作为农村电气化项目（太阳能光伏板供电）的一部分而建立的地方性社区规模的电力网络。

　　然而，本地网络并不仅作为向更大、更复杂的网络发展的第一阶段而存在。在地理上分散的环境中，例如像在印度尼西亚这样由数百个独立的岛屿组成的国家（Chelminsky，2015）或在巴西亚马孙河流域等偏远地区（Gómez & Silveira，2012），局部有界的能源网络则很可能是最佳安排。为当地民用住房、公共和商业建筑供暖的区域性供热网络在斯堪的纳维亚半岛已经建立了很长时间，在冰岛也已大规模建立这种区域性系统（见示例1）。在可持续性、燃料贫困和能源安全等问题的共同驱动下，地方性电网正在英国和其他国家蓬勃发展（Webb，2014）。还有一些地方性微电网正在建立的例子，如苹果正在设计位于美国加利福尼亚州库比蒂诺的 Campus 2 开发项目（占地176英亩，可容纳13000名员工），以便能够独立运营更广泛的电力网络（Hering，2014）。通过这些方式，地方性能源网络成为向分布式能源系统迈进的一部分。分布式能源系统远不是那么集中和单一，这会对系统的运行、管理和组织方式产生影响。地方性能源网络与其他规模和形式的能源基础设施共存。

区域供热网络（district heating networks）

　　区域供热网络是一种遵循规模经济规律的系统，供热中心将热水或蒸汽分配到多个建筑（住宅和非住宅）或街区。它们依赖高度绝热的管道来输送热水或蒸汽，并且可以使用多种低碳和碳密集型燃料。在北欧和东欧的许多地方，区域供热网络已经完善，而在其他某些区域，区域供热则被视为创新，部分原因是消费者和供应商之间的关系发生了变化，人们不再需要在每个建筑中安装热源（如燃气锅炉）。

分布式能源系统 （distributed energy system）

分布式能源系统是在 21 世纪出现的，反映基础设施、技术、规模和实践之间不断变化的相互作用的能源系统。传统的能源系统通常是集中、线性和不灵活的，并且只相对较小程度地对需求和变化做出响应。分布式能源供应和分配系统则使用多种能源、存储机制、分配系统和需求控制机制来高效地管理能源输送，通常使用移动设备等"智能"技术来帮助消费者进行控制。

示例 1：区域供热系统

区域供暖在斯堪的纳维亚的部分地区已经很成熟。在冰岛，区域供热的规模很大，首都雷克雅未克 90% 以上的建筑都使用以地热加热的热水供暖系统（Lund et al.，2008）。由于冰岛的火山活动频繁，开发地热的潜力很大，当地人既可以利用泉水、池塘和含水层中的天然热水，也可以利用通过高温蒸汽加热冷水的系统。从 20 世纪 30 年代起，岛上的各个地区就纷纷开发了管道分配系统，以供建筑物供暖、泳池加热和融雪等各种用途。冰岛的能源利用状况由此发生了变化，供暖方式逐渐向地热能转型，而不再使用煤炭、石油和泥炭，这意味着冰岛现在拥有自给自足和低碳的供暖系统。冰岛有 200 多个区域供热网络，规模不一，分配网络长达 4000 多公里。

（三）国家电网

国家电网的概念在历史上是特殊的，并且仅限于世界上的某些国家和某些特定能源的供应——最具体地说即电力和天然气。然而，实际上，煤炭、石油和其他燃料的国家基础设施网络也已经存在（至少在一段时间内），这些网络是自给自足的，没有大量的跨国贸易和进口。各种研究已经详细追踪了发展国家电网的思路是如何从早期地方性或区域性的不同网络模式中产生的，这些模式是由技术效率和进步的理念以及普遍供应、公有和控制的概念驱动的，并且（有时）具有更广泛的"国家建设"（nation-building）雄心（Hughes，1983）。

在英国，随着《1926 年电力（供应）法案》［Electricity（Supply）Act of 1926］的通过，基础设施的规模和形式发生了重大变化，"国家电网"（最初为"national gridiron"，后改称"National Grid"）得以创建。正如 Horrocks & Lean（2011）解释的那样，这一举措旨在有效管理电力生产和分配，尽管其仍然依赖分散的独立能源供应商。在发展过程中，国家电网逐渐由中央发电委员会（Central Electricity Generation Board，CEGB）负责管理，并最终导致 1947 年和 1948 年电力生产和分配的国有化。然而，随着 1989 年电力行业的私有化（参见第二章），这种统一的公有网络治理形式被打破了。这涉及将拥有和管理主电网的国家电网、运营本地网络的区域电网运营商以及向客户售电的电力供应商等公司的分离。这段复杂多变的历史表明，没有一种所有权或治理安排形式是国家级电网基础设施所固守的。

（四）跨国网络

在能源跨境流动的地方，我们需要认识到基础设施网络的跨国性质。我们可能会立即想到相对较新开发的固定基础设施，例如跨国天然气管道或电力网络。然而，在早期通过船舶和公路运输进行燃料贸易的时候，木材、煤炭、石油和天然气的进出口模式长期以来构成了能源移动和分配的扩展基础设施网络。正如在第二章和第四章中所讨论的，国际能源贸易在经济和政治上具有极其重要的意义，而海上的石油和液化天然气码头、港口的煤炭装卸设施、海底和陆上管道等基础设施是能源贸易不可或缺的一部分。跨国电网这一特殊现象在欧洲尤为重要，它实现了在独立运行和管理的国家或地区电网之间跨越国境的互联互通。除了横跨欧洲大陆的许多相互连接的电力和天然气线路外，新设想和新提议的跨国网络数量继续激增，例如连接北极、北欧和英国北部的 "北大西洋能源网络"（Northern Atlantic Energy Network）（Orkustofnun et al.，2016）将可再生能源的生产与主要能源消费市场连接起来。

能源基础设施显然是千差万别的。虽然它们在某些方面具有稳定性，但也可以随着时间的推移发生明显的变化，沿着不同的变化方向，以不同的形式共存。例如，用于烹饪和取暖的天然气可以通过管道网络、卡车和单独的储罐供应最终用户，形成一组连接在一起的基础设施网络，但在某种程度上又彼此独立运行。研究能源基础设施的这些不同特征及其配置的规模，可以突出它们作为向最终用户分配和输送能源的组成部分的成功之处。然而，如前所述，基础设施不仅涉及供应和分配，还与能源需求模式的创造和维持密切相关。因此，以下两节将探讨嵌入特定供应系统的供求关系，以及当这些系统无法按预期运行时出现的具体漏洞。

三　城市情境中的能源基础设施和能源消费

城市情境（urban contexts）提供了最引人注目和最重要的空间，密集的基础设施和大规模的能源需求在其中汇聚在一起（Rutherford & Coutard，2014），城市情境对城市的碳足迹、快速城市化和能源系统承受城市发展压力等方面都会产生影响。在本节中，我们专注于此类城市情境，将我们的分析延展到基础设施系统及其支持技术的 "指尖"（fingertips）（Van Vliet et al.，2005）。

如果你生活在一个夏季炎热且收入水平尚可的国家，你是否考虑过在你所熟悉的日常生活中对空调的依赖程度？正如 Shove 等（2014）所强调的那样，制冷系统的采用在世界范围内变得越来越普遍，它不仅嵌入建筑物和车辆中，而且还嵌入日常生活中——驾驶汽车、观看电视、外出就餐、酒店住宿等。例如，空调的使用会影响到人们的工作、休闲和家庭活动的时间、地点和行为，以及人们在可以自主控温环境中的穿衣和饮食模式。对空调出现的解释，无论是在历史上还是在当代世界，都不是完全直截了当的。Shove 等（2014）还指出，有必要遵循"相互类似却又彼此独立"的做法来安装制冷系统。这在一定程度上揭示了以非常标准化的方式使空调全球化的过程，例如世界各地的办公室或汽车中空调安装采用国际通行的设计方法，但在炎热地区的空调设计会体现地域特殊性。然而，最根本的是电力基础设施的发展，这些基础设施能够为空调提供大规模的电力，以至于达到在一些城区的室内空间几乎都有安装空调。换言之，制冷系统的安装需要以能源的生产、分配和利用为核心。

尽管对于高收入国家的许多人来说，电力供应现在被广泛接受并被视为一种基本的公用事业，但实际上直到最近，能源基础设施才发展起来，使大多数人都可以获得可靠的按需供应的能源。如前所述，在这些国家，供应电力和天然气的基础设施通常从本地规模发展成更大规模的集成网络。这种扩展、整合和集中对城市情境中人与能源基础设施之间的关系产生了深远的影响（Graham & McFarlane，2014）

在二战后的北美和欧洲，综合和集中式能源基础设施的发展与新型家用技术的引入有关，这些技术减轻了家务负担（见图3.4）。能源基础设施和消费规范之间的关系在不同的环境中以不同的速度进行差异化演化。在英国，直到20世纪80年代，许多城市都没有天然气供应，因此家庭供暖通常依靠单个燃煤或固体燃料锅炉。这与传统的家庭取暖和烹饪方式相差不大，后者依赖于劳动密集型技术，如厨房炉灶、独立式火炉或木材燃烧器。提供暖气、烹饪用火和热水是时间集中型和日常惯例型的，因此一些依赖能源的活动与一周中的特定日子（如周一洗衣服）有关，反映了家庭生活中明显的劳动偏好和性别分工。

时至今日，英国（和其他富裕国家）的大多数家庭都可以使用技术先进的供暖、热水和烹饪燃料，这些能源只需很少甚至不需要劳动力即可进行高精度的供应或控制。现代中央供暖系统使用户能够在每天多个时间段和一年中的数周内将温度控制在合意温度 ±0.5°C 的范围内。同

图 3.4　燃气灶改变了家庭烹饪方式：《家庭妇女杂志》（*The Ladies Home Journal*）上的广告（1948 年）

样，燃气和电炊具提供即时加热，而自动洗衣机和冰箱提供的能源服务曾经占用了大量家庭生活的时间和空间。因此，像这样的变化已经促成并伴随着我们生活方式的转变。Shove 等（2012）深入研究了日常社会实践的动态，即随着时间和空间变化而变化的共性日常惯例（见第六章），他也曾分析过这些社会实践的动态与集中能源供应所提供的功能之间错综复杂的关系（Shove，2003）。随着能源越来越容易获得，人们对常规生活方式的共性实践和期望已经改变，这些变化又促进了能源需求的增加和能源利用方式的转变。

　　另一个明显的例子是，廉价的石油和汽油从根本上改变了城市的交通模式（见图 3.5）。汽车技术的发展使汽车能够高效率且长距离行驶，

图 3.5　标志性的美国州际高速公路系统（图片来源：密歇根州交通部）

这与支持这项技术的相关基础设施（加油站、高速公路、服务站、桥梁、隧道和高架道路）的大量投资关系密切。这些对基础设施的投资对建成之后的环境产生了巨大影响，并改变了人们工作、休闲和居住的习惯，从而形成了 Urry（2004）所说的"汽车文化"（culture of "auto-mobility"）。例如，现在有超过 70% 的美国人居住在"汽车郊区"（auto suburbs），大片土地被纳入郊区开发项目，开车是郊区生活的绝对必需品（为了购物、上学、工作、休闲）。在工业革命期间，"汽车郊区"曾经被认为是远离城市贫困的"市郊天堂"（edge-of-city havens）（Baritz，1989），廉价的石油供应为北美人提供了一种机会，即他们可以生活在颇具格调的乡村田园诗般的环境之中，同时享受城市文明的好处（Baldassare，1992）。事实上，在 20 世纪 30 至 60 年代，郊区文化作为一种非常理想的中产阶级生活方式，见证了特定形式的郊区文化的发展，这些文化被认为是成功的象征（Baldassare，1986；Baritz，1989；Clapson，2003；Miller，1995）。此外，郊区通过汽车实现了自由市场社会的关键政治目标。正如 Rajan（2006）所言：

"就其本身而言，汽车已经成为自由社会对其公民承诺的（字面上
的）具体表达，即他们可以自由地行使某些选择：他们想在哪里生活和工
作，他们希望何时旅行以及他们想走多远……其构成的视觉形象是一个由
一辆辆汽车组成的车队，这些车辆的每一位驾驶员在追求个人目标时都可
以分开。这张照片以'后启蒙时代'（post-Enlightenment）的顺序捕捉了
汽车的显著特征，以开阔的道路、速度、动力和个人控制为特征的愉悦驾
驶体验巧妙地替代了行驶距离和时间，并凸显了某些个性化的功能。"

因此，了解郊区生活和汽车驾驶所带来的自由等普遍的文化常态，是
了解能源和碳密集型交通为何成为众多人日常生活的重要组成的关键所
在。Kunstler（1994）的《无处不在的地理》（*The Geography of Nowhere*）
通俗地描述了个人和社会各阶层被"锁定"在只能通过汽车来维持生活状
况下的场景，而这又只有在不断供应廉价汽油的条件下才能维持。

锁定（lock-in）

"锁定"描述的是一种占主导地位的技术设计、燃料类型和能
源系统如何保持其地位并抵制潜在的替代品的现象。锁定的来源可
以既是技术性的又是制度性的，两者通常相互加强。与能源有关的
经典例子是 19 世纪后期交流电和直流电、内燃机和核反应堆设计
之间的竞争（参见第九章）。"锁定"的概念也可以应用于碳密集型
化石燃料领域（Unruh，2012），用于描述维持其主导地位并为替代
品制造障碍的系统性力量（如对其生产和消费的补贴）。

我们所研究的依赖能源的生活方式展示了能源基础设施如何支持和
促进新的能源消费形式，以及能源基础设施如何以难以摆脱的方式深深
地嵌入人们的日常生活和实践中。能源需求的每一次提升（如制冷需
求）都会进一步加深社会对其可获得性和需求期望。因此，对需求做出

有意义的改变会因深度路径依赖而受挫。例如，从汽车转向公共交通与已经建立的以低密度郊区（潜在的公共交通用户相对分散）为特征的居住模式不符。向骑自行车和步行的重大转变，在空间上同样存在问题。

政策规范也可能以限制变更可能性的方式陷入路径依赖。能源政策学者凯瑟琳·米切尔（Catherine Mitchell）（Mitchell，2008）认为，应对气候变化等环境威胁不太可能通过她所说的监管国家范式（Regulatory State Paradigm，RSP）来实现。在该范式中，国家利用自由市场激励特定形式的能源供应，在出现市场失灵时进行监管。她认为，这种方法会造成"意识形态锁定"（ideological lock-in），即政策制定范式会创建和加强与政权具有相同假设和目标的机构，从而扼杀激进性的变革。然后，政策制定的"选项"被狭义定义，重点是利用自由市场，维持现状并提高"服务"水平，以及维持基于高能源投入的经济增长模式。因此，将关于需求形成过程和替代性生活方式等问题被搁置一旁，而支持采取安全化方法，将可靠性和可负担性作为成功的关键标准。米切尔的分析为了解关于供应制度的一些假设提供了基础，使我们能够理解这些系统是如何与国家和治理制度等更广泛的政治、经济范畴错综复杂地联系在一起。也正是通过这个视角，我们才能够观察和理解高度集中和高需求的供应系统如何承受压力和出现漏洞。

四　能源的流动和中断：发现脆弱性

对能源"24/7"式连续性的期望和将其作为日常生活组成部分的日益增长的依赖性，更加强调了对能源供应中断以及因而暴露的脆弱性的担忧。正如前面讨论的，基础设施只在其崩溃或故障的时刻才显示自己的存在（Edwards，2003），这种集中和高度复杂的供应系统从本质上就具有各种脆弱性，这些脆弱性可能产生深远的空间和政治后果（Chaudry et al.，2011）。我们可以将与基础设施和供应系统相关的脆弱性分类：资源和容量故障、技术中断、政治不稳定和自然灾害。

　　首先，近年来，对出现资源和容量故障的担忧已成为关键问题，特别是对于那些靠保持能源系统韧度以满足需求的人而言（Chaudry et al.，2011）。保持发电所需的原料供应充足，保证天然气流动并确保运输系统的顺利运行，仍然是一个国家的优先事项。因此，避免资源短缺和供应中断是一个基本问题，也是当前许多政策制定的基础。这种防止资源供应中断的需要也与对电力系统内峰值负荷的担忧相契合，特别是在电力系统内，消费者的需求峰值可能导致容量过载并威胁到或导致整个电网停电。传统上，能源供应商通过在不同形式能源之间的切换来调控容量，但这依赖于这些不同形式的能源可立即获取并且既能够满足短期（如晚上）又能够满足相对长期的大量需求（如在寒冷的冬天）。现在正在开发替代型的通过需求响应实现电网平衡的方法，在高峰期或供应受限时鼓励大家减少需求（Torriti，2015；Walker，2014）。最近，电池储能技术在试验中取得了进一步发展，例如美国和澳大利亚正在探索用"电池农场"（battery farms）分担峰值负荷的可能性（The Guardian，2017a，The Guardian，2017b）。

需求响应（demand response）

　　需求响应是指在特定时间内减少（有时是增加）电力需求以应对供应系统压力。这些压力可能与容量、成本或碳排放有关。需求的响应性减少通常发生在高峰期，而当出现"供过于求"时（例如在有风和阳光的时候，风能和太阳能可以低成本发电），则寻求增加需求。按照使用时间定价，与大型能源用户签订合同，能源用户根据电网运营商的信号减少能源利用并因此获得费用补偿，从而在电网负荷内实现需求的及时转移，使其灵活且响应迅速。

电池储能（battery storage）

　　传统能源基础设施的基础是通过调整发电能力来满足需求，例如在燃气发电站快速增加燃料利用量或水力发电厂放水可以立即发电。对需求高峰期能源短缺的担忧导致了对电池技术进行更多投资，以储存能量。这是考虑全国规模（存储来自微型发电站的能量）以及"电池农场"基础上进行构思的，以便为能源网络提供大规模输入。

其次，是对大型复杂传输系统技术故障相关脆弱性的担忧。如前所述，跨国网络已经在像欧盟这样组织的职权范围内建立起来，这些机构能够在国家之间甚至大陆之间转移能源。然而，相互连接的传输网络由于其复杂性而存在严重的脆弱性。Van der Vleuten & Lagendijk（2010）对 2006 年 11 月的欧洲停电事件进行了分析，当时约有 1500 万户的家庭断电，20 个欧洲国家受到影响。该事件的触发原因是德国北部的一条高压线的路例行关闭，以允许游轮通过埃姆斯河。其他线路的超载导致了一系列的跳闸，并迅速（几秒钟内）在整个欧洲产生了多米诺骨牌效应。他们认为这一技术故障有其历史背景的原因，强调 20 世纪 50 年代以来整个欧洲的电网整合基本上是临时性的，监管则在多年后才出现。事实上，他们认为，直到最近，政客们才愿意将欧洲的电网视为"有脆弱性的"，而非"可靠的"。因此，技术脆弱性显然也可以被视为通过不断变化的能源政治而暴露出来的脆弱性。

再次，能源脆弱性的地缘政治是一个长期的问题，自 20 世纪中叶以来一直存在（见第四章）。在 20 世纪 70 年代的石油危机中，阿拉伯石油出口国在中东政治冲突和动荡时期限制向西方市场供应原油。随后，西方国家尤其是美国，一直非常注重确保可靠的石油供应并减少与能源地理变化相关的脆弱性。事实上，最近的冲突与美国对石油的需求有显而易见的联系，尤其表现在大众传媒上的流行话语（popular discourse）之中（The Guardian，2014）。能源冲突在地理上集中于拥有关键资源的地方（如中东），以及主要经济和政治集团之间存在依赖关系的地方（如俄罗斯和欧盟之间），并在政治紧张局势加剧时爆发（见第八章）（Bradshaw，2009）。此类冲突表明了与进口依赖和能源多样性有限相关的脆弱性，两者都容易导致供应中断。

最后，自然灾害也可能导致基础设施的脆弱性显现出来，它可能对能源传输产生直接影响，也可能带来能源政策的重大变化以及连带的长期政治后果。在最基本的层面上，大风暴、洪水、极端寒冷天气和热浪会给能源系统带来压力，导致基础设施瘫痪。例如，2013 年加拿大东部的冰雹灾害导致数千户家庭断电数天（CBC，2013）。在英国，2013 年的冬季风暴和洪水导致数以千计的家庭在圣诞节假期期间断电，引发了对被认为"反应迟钝"的电力公司在政治上的强烈抵制（BBC，2014）。示例 2 描述了与风暴相关的类似例子及其揭示的电力依赖性。

这些例子说明了自然事件引起的停电如何迅速地揭示了能源网络的脆弱性，并引起民众对为能源供应商施加新的法规进行约束的期望。一个戏剧性的例子是 2011 年日本的地震和随后的海啸，洪水导致福岛核电站瘫痪并部分熔毁。这不仅导致了供应的中断以及危险的放射性污染，而且导致许多国家重新评估了核电的脆弱性（参见第九章）。福岛事故引发了人们对 1986 年切尔诺贝利核灾难的记忆，带来了几项政策变化，包括德国决定放弃核能计划。还有许多国家对核电的安全提出了质疑，这是反对团体长期以来一直关注的问题（Bickerstaff et al.，2008）。如 Castán Broto 等（2014）认为的，如果人们能够对现有配置原则和复杂情况适用性进行思辨性评估，则对基础设施的"冲击"可以助推系统变革。

示例 2：停电和电力依赖

能源历史学者大卫·奈（David Nye）（Nye，2010）认为停电是"从正常的时间流逝中雕刻出来的"，创造了"一种新的社会空间"。"对电力故障的响应从一次停电到下一次停电"，他争辩道，"这揭示了社会如何变得越来越依赖电力"。2015 年 12 月，英国兰开斯特市因变电站遭洪灾导致长时间停电（DEMAND Centre，2016；Royal Academy

---

of Engineering，2016），这种依赖和对正常生活的破坏通过长时间的停电暴露出来。在"灯灭了"的情况下，在"黑暗中"像往常一样四处走动和继续工作就了问题，其他许多不那么明显的东西也停止了工作。商店和餐馆的支付系统关闭，移动通信网络停止运行，兰卡斯特大学的学生因火警设备无法正常工作而无法留在宿舍。这些直接和连锁反应有许多是经验型的，通常没有简单或有效的适应措施。日常的生活、流动、节奏、路径和对便利的期望被大大打破，其方式比人们过去几十年对停电的记忆更深刻，意义更重大。

五　结论

能源基础设施有许多不同的物质形式。虽然能源基础设施被认为主要是能源分配系统——电网、管道、热网等"结缔组织"（connective tissues），但基础设施也可以包括发电和最终消费技术。在本章中，我们已经说明，无论如何定义，所有形式的基础设施在其结构和功能上都具有社会性和物质性，并且可以在不同尺度上进行配置——从本地离网到广阔的跨国网络。能源基础设施的建立、治理、发展、扩建和改造是由政治需求决定的，其结果将对不同的地域、社区和经济产生不均衡的后果和影响，包括那些基础设施故障引起的后果。在气候变化的背景下，能源基础设施格局既锁定了高能耗的生活方式，又提供了向低碳未来转变的可能性。

六　供讨论的问题

● 基础设施关键的共性特征是什么？如何在能源基础设施中具体观

察到这些特征?

- 基础设施的发展是为了满足能源需求，还是创造了新的需求模式?

- 更加分布式和多尺度的发电模式有什么优缺点?

- 对一些可以实现范围更广的甚至跨境的能源流动的基础设施案例进行评估。

七　活动或潜在研究项目

- 从早上起床到晚上上床睡觉，记录一份简单的日记，对你的日常活动进行反思。你会依赖哪些能源和基础设施? 例如，如果你在早餐时喝一杯橙汁，那么生产、运输、销售和储存橙汁需要哪些能源基础设施?

- 考虑你家在冬季 48 小时内没有电力供应的情景。你的哪些日常活动会受到能源基础设施故障的影响? 这将如何影响你以及你将如何应对这种外部冲击? 考虑所有可能受到影响的活动，例如，停电可能意味着燃气取暖锅炉无法运行。

八　阅读推荐

■Gómez, M. F. and S. Silveira. 2012. Delivering off-grid electricity systems in the Brazilian Amazon. *Energy for Sustainable Development* 16 (2): 155-167.

在巴西，数百万人受益于一项涉及电网扩建的农村电气化计划。这篇文章认为，现在需要一种新的离网模式，以进一步将电力供应扩展到亚马孙河流域的偏远地区。更多地方和特定地点需要可再生能源技术解决方案，这将有助于实现使偏远地区获得普遍接入的目标。

■ Mitchell, C. 2008. *The political economy of sustainable energy.* London: Palgrave Macmillan.

这本书从政治经济学的角度探讨了理解能源的方式，并强调了各种形式的政治和经济锁定如何在各种尺度上运作，以促进特定类型的能源路径。就可再生能源而言，作者描述了现有决策和监管尺度以及公众参与水平如何导致特定结果。正如本章案例研究中所强调的，这种路径依赖意味着能源系统的变化非常复杂，而且通常非常缓慢。

■ Rutherford, J. and O. Coutard. 2014. Urban energy transitions: places, processes and politics of Socio-technical change. *Urban Studies* 51 (7): 1353-1377.

在介绍一期关于城市能源转型的特刊时，这篇文章调查了城市能源研究的历史，阐明城市既是能源需求重要动态变化的发生地，又有可能成为低碳转型进程的核心，这引起了人们对城市的这些特征日益增长的兴趣。

■ Shove, E., M. Watson and N. Spurling. 2015. Conceptualizing connections: Energy demand, infrastructures and social practices. *European Journal of Social Theory* 18 (3): 274-287.

这篇文章探讨了能源消费的形式。开车去工作、购物、拜访亲友、上学被认为是相互关联的社会实践的结果。然而，这种社会活动也根植于物质的基础设施（道路、汽油分配网络）之中。这意味着汽车依赖及相关能源需求的出现需要理解为离不开多种基础设施，而这些基础设施又同时支持着多种日常实践。

参考文献

Baldassare, M. 1986. *Trouble in paradise: the suburban transformation in America.* New York: Columbia University Press.

Baldassare, M. 1992. Suburban communities. *Annual Review of Sociology* 18: 475–494.

Baritz, L. 1989. *The good life: the meaning of success for the American middle class.* New York: Harper and Row.

Bickerstaff, K., I. Lorenzoni, N.F. Pidgeon, W. Poortinga and P. Simmons. 2008. Reframing nuclear power in the UK energy debate: nuclear power, climate change mitigation and radioactive waste. *Public Understanding of Science* 17(2), 145–169.

Bijker, W.E. and J. Law, (eds) 1992 *Shaping technology/building society: studies in sociotechnical change.* London: MIT Press.

BBC. 2014. Compensation for Christmas power cut from distribution firm. Available online at www.bbc.co.uk/news/business-25590636.

Bradshaw, M.J. 2009. The geopolitics of global energy security. *Geography Compass*, 3(5): 1920–1937.

Castán Broto, V., S. Glendinning, E. Dewberry, C. Walsh and M. Powell. 2014. What can we learn about transitions for sustainability from infrastructure shocks? *Technological Forecasting and Social Change* 84: 186–196.

CBC. 2013. Ice storm power outages: progress 'encouraging' in Ontario. Available online at www.cbc.ca/news/canada/ice-storm-power-outages-progress-encouraging-in-ontario-1.2473933.

Chelminsky, K. 2015. The political economy of energy access and sustainable energy transitions in Indonesia, *L'Europe en Formation* 378: 146–165.

Chaudry, M., Ekins, P., Ramachandran, K., Shakoor, A., Skea, J., Strbac, G., Wang, X. and Whitaker, J. 2011. Building a resilient UK energy system. Available online at http://nora.nerc.ac.uk/id/eprint/16648/1/UKERC_energy_2050_resilience _Res_Report_2011.pdf

Clapson, M. 2003. *Suburban century: social change and urban growth in England and the United States.* Oxford: Berg.

DEMAND Centre. 2016. *Reflections on the Lancaster power cuts of December 2015.* Available online at www.demand.ac.uk/20/01/2016/reflections-on-the-lancaster-power-cuts-of-december-2015/

Edwards, P.N. 2003. Infrastructure and modernity: force, time and social organization in the history of sociotechnical systems. In *Modernity and Technology.* T.J. Misa, P. Brey, and A. Feenberg (eds). Cambridge, MA: The MIT Press, pp. 185–225.

Evans, D. 2011. Thrifty, green or frugal: reflections on sustainable consumption in a changing economic climate. *Geoforum* 42: 550–557.

Fine, B. 2013. Consumption matters. *Ephemera: Theory and Politics in Organisation* 13(2): 217–248.

Goldthau, A. 2014. Rethinking the governance of energy infrastructure: scale, decentralization and polycentrism. *Energy Research and Social Science* 1: 134–140.

Gómez, M.F. and S. Silveira. 2012. Delivering off-grid electricity systems in the Brazilian Amazon, *Energy for Sustainable Development* 16(2): 155–167.

Graham, S.C. and C. McFarlane (eds) (2014) *Infrastructural lives: urban Infrastructure in context.* Abingdon: Routledge.

Graham, S. and S. Marvin. 2001. *Splintering urbanism: networked infrastructures, technological mobilities, and the urban condition.* New York: Routledge,.

The Guardian. 2014. Iraq invasion was about oil. Available online at www.theguardian.com/environment/earth-insight/2014/mar/20/iraq-war-oil-resources-energy-peak-scarcity-economy.

The Guardian. 2017a. Tesla moves beyond electric cars with new California battery farm. Available online at www.theguardian.com/sustainable-business/2017/jan/31/tesla-battery-farm-california-energy-elon-musk.

The Guardian. 2017b. Tesla moves beyond electric cars with new California battery farm. Elon Musk: I can fix South Australia power network in 100 days or it's free. Available online at www.theguardian.com/technology/2017/mar/10/elon-musk-i-can-fix-south-australia-power-network-in-100-days-or-its-free.

Harrison, C. 2013a. The historical–geographical construction of power: electricity in Eastern North Carolina. *Local Environment* 18: 469–486.

Harrison, C. 2013b. Accomplished by means which are indefensible: electric utilities, finance, and the natural barriers to accumulation. *Geoforum* 49: 173–183.

Hering, G. 2014. Apple Campus 2: the greenest building on the planet? *The Guardian*. Available online at www.theguardian.com/sustainable-business/2014/dec/07/apple-campus-2-the-greenest-building-on-the-planet

Horrocks, S. and T. Lean. 2011. *An oral history of the electricity supply industry*. London: National Life Stories / British Library.

Howell, J.P. 2011. Powering 'progress': regulation and the development of Michigan's electricity landscape. *Annals of the Association of American Geographers* 101: 962–970.

Hughes, T.P. 1983. *Networks of power: electrification in Western society, 1880 –1930*. Baltimore, MD: The John Hopkins University Press.

Karlsson, B.G. 2009. Nuclear lives: uranium mining, indigenous peoples, and development in India. *Economic and Political Weekly* 44(34): 43–49.

Kunstler, J.H. 1994. *Geography of nowhere: the rise and decline of America's man-made landscape*. New York: Simon and Schuster.

Lund, J.W., L. Bjelm, G. Bloomquist and A.K. Mortensen. 2008. Characteristics, development and utilization of geothermal resources – a Nordic perspective. *Episodes* 31(1): 140–147.

Mendonça, M. 2007. *Feed-in tariffs: accelerating the deployment of renewable energy*. London: Earthscan.

Miller, L.A. 1995. Family togetherness and the suburban ideal. *Sociological Forum* 10: 393–418.

Mitchell, C. 2008. *The political economy of renewable energy*. London: Palgrave MacMillan.

Nolden, C. 2013a. *Regulating the diffusion of renewable energy technologies: interactions between community energy and the feed-in tariff in the UK*, unpublished PhD thesis, Exeter: University of Exeter.

Nolden, C. 2013b. Governing community energy – feed-in tariffs and the development of community wind energy schemes in the United Kingdom and Germany. *Energy Policy* 63: 543–552.

Nye, D.E. 1999. *Consuming power: a social history of American energies*. Cambridge, MA: MIT Press, Cambridge MA

Orkustofnun, Norges Arktiske Universitet, Energy Styrelsen, Jar-feingi, Shetland Islands Council and Greenland Innovation Centre. 2016. *North Atlantic Energy Network*, Project Report January 2016. Available online at http://os.is/gogn/Skyrslur/OS-2016/North-Atlantic-Energy-Network-Report.pdf

Osti, G. 2016. *Storage and scarcity: new practices for food, energy and water.* London: Routledge.

Rajan, S.C. 2006. Auto mobility and the liberal disposition. In *Against auto mobility.* S. Bohm, C. Jones, C. Land and M. Paterson (eds). Oxford: Blackwell, pp. 113–129.

Royal Academy of Engineering. 2016. *Living without electricity: one city's experience of coping with loss of power.* London: Royal Academy of Engineering. Available online at www.raeng.org.uk/publications/reports/living-without-electricity

Rutherford, J. and O. Coutard. 2014. Urban energy transitions: places, processes and politics of Socio-technical change. *Urban Studies* 51(7): 1353–1377.

Shove, E. 2003. *Comfort, cleanliness and convenience: the social organisation of normality.* Oxford: Berg.

Shove, E., M. Panzer and M. Watson. 2012. *The dynamics of social practice: everyday life and how it changes.* London: Sage.

Shove, E., G. Walker and S. Brown. 2014. Transnational transitions: the diffusion and integration of mechanical cooling. *Urban Studies* 51: 1506–1519.

Shove, E., M. Watson and N. Spurling. 2015. Conceptualizing connections: energy demand, infrastructures and social practices. *European Journal of Social Theory* 18(3): 274–287.

Star, S.L. 1999. The ethnography of infrastructure. *American Behavioral Scientist* 43(3): 377–391.

Torriti, J., 2015. *Peak energy demand and demand side response.* Abingdon and New York: Routledge.

Unruh, G. 2012. Understanding carbon lock-in. *Energy Policy* 28(12): 817–830.

Urry, J. 2004. The 'system' of automobility. *Theory, Culture & Society* 21(4–5): 25–39.

Vannini, P. and Taggart, J. 2013. Voluntary simplicity, involuntary complexities, and the pull of remove: The radical ruralities of off-grid lifestyles. *Environment and Planning A* 45: 295–311.

Van der Vleuten, Erik, and Vincent Lagendijk. 2010. Transnational infrastructure vulnerability: The historical shaping of the 2006 European "Blackout". *Energy Policy* 38 (4): 2042–2052.

Van Vliet, B.J.M., H. Chappells and E. Shove. 2005. *Infrastructures of consumption. environmental restructuring of the utility industries.* London: Earthscan.

Verdeil, É., E. Arak, H. Bolton and J. Marcum. 2015. Governing the transition to natural gas in Mediterranean metropolis: the case of Cairo, Istanbul and Sax (Tunisia). *Energy Policy* 78: 235–245.

Walker, G. 2014. Dynamics of energy demand: change, rhythm and synchronicity. *Energy Research and the Social Sciences* 1: 49–55.

Walker, G. and N. Cass. 2007. Carbon reduction, 'the public' and renewable energy: engaging with sociotechnical configurations. *Area* 39(4): 458–469.

Walker, G. and P. Devine-Wright, P. 2008. Community renewable energy: what should it mean? *Energy Policy* 36: 497–500.

Webb, J. 2014. Evaluating urban energy systems in the UK – the implications for financing heat networks. *Science and Technology Studies* 27: 47–67.

第四章　地缘政治格局

学习要点:

- 了解在空间上嵌入能源链的能量运动是如何被地缘政治关系塑造并反过来塑造地缘政治关系的。
- 了解全球能源困境的地域差异特征及其对能源地缘政治的影响。
- 通过思辨性视角分析与能源系统相关的地缘政治格局,并在此过程中,将对能源地缘政治的理解拓展至其与国际化石燃料供应的传统联系之外。
- 思辨性地考察能源、领域和身份之间的联系。

　　能源系统是权力塑造者、身份锻铸者、领域缔造者,与社会政治权力的组成方式和行使方式密切相关。在本章中,我们将说明能源系统是如何表现和构成权力关系的。我们使用"地缘政治格局"概念来展示能源的回收网络、传输网络、分配网络和消耗网络如何塑造了不同国家和非国家行为体之间的权力关系,同时又被这些权力关系塑造。本章介绍了全球能源困境、领域和身份三个概念,以此来探索能源的地缘政治。这些概念扩展了传统上过于狭隘的能源地缘政治含义,探讨不局限于化石燃料(主要是石油)的能源跨越国界流动的安全性问题。

　　传统上,能源地缘政治是从碳氢化合物资源、国家和大型企业组织的利益角度来理解的。这里存在一个假设,即对煤炭、石油和天然气等资源的地域控制赋予了国家和企业可以在国际和国内行使的政治权力。很多注意力都集中在资源的地理分布如何影响政府和企业之间的关系上，特别是在冲突和战争中，以及各种形式的帝国主义统治等方面。这些突发事件中最突出的例子就是中东，在那里，军事冲突和政治不稳定在很大程度上归因于能源。同样，人们通常认为，历史上欧洲国家是利用海上力量获取能源资源以推动其经济发展的。最近，对能源与气候关系的政治担忧开始成为焦点，特别是有关获取以前无法获得的北极和南极资源，以及气候变化的地缘政治后果方面。

在本章的第一部分，我们将摆脱这些主流关注点，描述国家和城市对气候变化和经济全球化的反应如何对塑造碳密集型能源系统的地缘政治产生越来越大的影响。我们采用全球能源困境的视角（Bradshaw，2013）来研究这一变化过程及其对低碳转型的地缘政治影响。在本章的第二部分，我们回到能源与领域之间的关系，强调能源生产、运输和消费的基础设施如何深深嵌入现有的国家和区域结构中。除了传统上对技术和经济因素的强调之外，我们使用电力网络历史发展中的几个例子来说明能源地理格局为何是既得利益、意识形态和政治的产物。在本章的结论部分，我们反思了支撑碳氢化合物循环的国家认同和主权政治。我们勾勒出全球权力相互依存的关系，这些关系在过去和未来都塑造着石油和天然气等资源的分配和贸易。本章旨在说明传输这些燃料的物质网络如何同时充当地缘政治控制网络的载体。

一　重新思考全球能源困境

全球能源困境的本质非常简单，即我们能否以负担得起、公平和安全的方式，获得对环境无害的能源服务（Bradshaw，2013）。之所以出现这种困境，是因为全球能源需求不断增长，而化石燃料满足了该需求的最大部分。然而重要的是，全球能源困境在不同的地区有不同的形式。简而言之，地理在能源消费、能源安全和气候变化之间的关系中很重要。工业化国家（OECD 国家）对历史上的大部分碳排放负有责任，因此它们面临的挑战是如何在同时维持能源服务安全和负担得起的情况下，快速使其能源系统脱碳。对于中国和印度等新兴经济体而言，关键挑战是确保有足够的能源来满足经济不断增长的需求，同时尽早实现碳达峰，然后继续大幅减排。对于依赖化石燃料出口的国家而言，挑战是确保从开采碳氢化合物中获得发展收益，并通过经济多元化来避免资源诅咒和所谓的荷兰病。对于世界上的其他地区（发展中国家）而言，挑战是实现现代能源服务的普及（联合国可持续发展目标7）。

资源诅咒（resource curse）

资源诅咒也被称为富足悖论（Karl，1997），指的是特定国家因大量能源资源的存在而面临社会经济和政治挑战。有人认为，拥有丰富碳氢化合物资源的国家，其经济发展水平往往低于预期，同时更加专制、容易发生冲突和不稳定。

荷兰病（Dutch disease）

荷兰病是指与资源诅咒密切相关的，因外币流入而"淹没"国民经济的情况，通常是由于发现了大规模碳氢化合物储量。这通常会使该国的货币升值，使其产品在出口市场上的竞争力降低，并导致采掘业以外的行业向成本较低的地区迁移。这种现象因20世纪60年代发现北海天然气后发生的荷兰的经济危机而得名。

城市和公司为应对（或避免）这些不同的挑战所做出的努力，将决定未来几年与提供"好的"和"坏的"能源服务相关的社会和地理分布。这些努力的结果是形成了由竞争性紧张局势和合作联盟塑造的赢家和输家的动态地缘政治格局。因此，全球能源困境的视角聚焦于驱动能源需求和碳排放地理分布的基本过程，以及全球化、能源安全和气候变化政策在不同情境下相互作用的特定方式。能源地缘政治被重塑为一场超越"零和"的博弈，其中政府和企业都在为获得石油资源和市场而进行斗争。全球能源困境观点强调了与高碳燃料有关的两项发展对地缘政治格局的破坏性影响，一是就应对气候变化威胁的日益增加的承诺；二是非常规油气革命所带来的影响。

非常规油气（unconventional oil and gas）

非常规油气是指渗透性非常低而需要采用常规石油和天然气开采通常不需要采用的方法进行开采的那类油气资源，包括页岩气、页岩油（致密油）、致密砂岩和煤层气。它们的开采涉及水平钻井和大容量水力压裂的组合。油砂（焦油砂）也是非常规形式的石油，因其并非液体，因此必须"升级"（upgraded）才能生产合成油。同样，可以开采和加工含有干酪根（有机化合物的固体混合物）的页岩油来替代原油。

《京都议定书》是与《联合国气候变化框架公约》相关的国际协议，于1997年通过，在2005年正式生效。37个工业化国家和欧洲共同体承诺在2012年的温室气体排放量与1990年的水平相比平均减少5%。在第二个承诺期（2013~2020年），温室气体排放量相比1990年的水平至少减少18%。2015年年底，在巴黎举行的《联合国气候变化框架公约》第21次缔约方大会暨《京都议定书》第11次缔约方大会（COP 21）上，达成了一项新的全球气候变化协议——《巴黎协定》。《巴黎协定》采取了自下而上的方式，各国都有机会提出它们计划的贡献，以"把全球平均气温较工业化前水平升高控制在2℃之内，并努力把升温控制在1.5℃之内"（United Nations, 2015）。当前的承诺没有达到必要的程度，但其目标是通过五年一次的审查来提高各国的承诺，让世界走上降低气候变化风险和影响的道路。《巴黎协定》于2016年11月4日生效，截至撰写本文时，197个缔约方（国家）中的127个已批准该协定，其中包括中国和美国。美国总统唐纳德·特朗普（Donald Trump）推翻了美国对《巴黎协定》的承诺，并宣布停止资助联合国气候变化活动。这无疑是一种倒退，违背了美国许多城市和企业的利益，而世界其他国家和地区重新承诺采取认真的行动应对气候变化。这些承诺很重要，因为它们限制了化石燃料在全球能源系统中的作用。

理解这种约束的一种方法是全球"碳预算"（carbon budget）概念。众所周知，化石燃料燃烧是温室气体排放的最大单一来源，而且可以肯定的是，从冰芯数据中可知，目前大气中的二氧化碳浓度水平（2017年7月为407.25ppm）至少在80万年内是最高的（使用代替冰芯数据的替代性指标则很可能长达2500万年）。尽管存在不可避免的不确定性，气候变化科学家的共识是，将二氧化碳浓度降低至450ppm与将全球平均气温上升限制在2°C以内两种表达至少有50%的可能性是一致的。国际能源署（IEA）的"450情景"将2015~2100年与能源相关的二氧化碳总排放量限制在1000Gt（IEA，2014）。在化石燃料生产存在地理上高度不平衡的情况下，这将涉及全球能源系统可用的化石燃料的量。假设燃烧所有目前已知的技术上和商业上可用的煤、石油和天然气储量，则可以计算出相应的温室气体排放量。从计算结果中可以清楚地看出，我们已经获得了足够的储备，并已经大大超过剩余的碳预算。因此，在碳预算的约束下，未来我们不能燃烧掉目前已知的全部化石燃料。

地缘能源空间（geo-energy space）

地缘能源空间描述能源区块的形成。例如，在欧盟，该术语用于解释并倡导该领域共同能源政策存在的必要性（Mañé-Estrada，2006）。欧盟作为地缘能源空间的支持者，强调为一次能源创造区域市场的重要性，理由经长沙欧盟内天然气消费日益增长的重要性。可以支持这一战略的要素包括扩大和加强欧盟与俄罗斯关系的制度框架，以及确保土耳其被纳入欧盟能源政策。

从地缘政治的角度来看，关键问题是谁的化石燃料将变得不可燃烧。这不是一件简单的事情，因为我们消耗剩余碳预算的速度取决于全球能源结构的发展。煤炭的碳密度高于石油，而石油的碳密度高于天然气（见第一章），因此如果不限制煤炭的利用，使用石油和天然气的机会就会减少。但问题在于，对于许多新兴和发展中经济体而言，煤炭是最安全、最实惠的化石燃料。《自然》（*Nature*）杂志上的一篇极具影响力的论文（McGlade & Ekins，2015）试图测度和绘制不可燃烧化石燃料的范围，当有机会避免全球温度升高 2°C 时，他们得出的结论是"在全球范围内，从 2010 年到 2050 年，要实现 2°C 以内的目标，1/3 的石油储量、1/2 的天然气储量和 80% 以上的煤炭储量应保持未使用状态"。他们的研究还表明，"北极资源的开发和非常规石油产量的任何增加都与将全球平均变暖限制在 2°C 的努力不相称"。他们进一步指出，如果没有碳捕集与封存技术来减少未来发电和工业过程的碳排放，对化石燃料消耗的限制将会更强。这意味着在碳约束下的世界中，在经济上处于边缘地位的高碳资源面临着更高的废弃风险（参见搁浅资产）。因此，碳强度的考量给依赖石油和煤炭生产和出口来获取财政收入的国家带来了困难。毫不奇怪的是，2016 年世界最大的石油出口国沙特阿拉伯启动了一项国家计划（沙特愿景 2030），以加速经济多元化，并为该国迎接"跨越石油"的时代做好准备。碳核算（carbon accounting）还为实体经济公司和金融公司提出了战略规划和公司估值问题。2016 年，国际金融稳定理事会（Financial Stability Board，FSB）成立了气候相关财务披露工作组（Task Force on Climate-related Financial Disclosures，TCFD），以改善公司对气候相关财务风险的披露。

搁浅资产（stranded assets）

搁浅（或受损）资产的概念来自会计，在脱碳的背景下，IEA（2013）将其定义为"那些已经形成的投资，但在其经济寿命结束

之前就不再获得经济回报的资产"。比如，一个发电站，由于控制其碳排放的法规不断变化，使其无利可图而过早关闭。搁浅资产越来越多地用于描述企业和国家目前持有的许多煤炭、石油和天然气储备资产。

许多环保领域的非政府组织和智库（如石油观察）都支持"不可燃碳"的概念。与高碳项目相关的环境和金融风险推动了"保持煤炭在洞里，石油在土里，焦油砂在地里"（keep the coal-in-the-hole, the oil-in-the-soil and the tarsands-in-the-land）等社会运动，以及日益增长的化石燃料撤资运动（fossil fuel divestment campaign），旨在防止高碳资源的进一步扩散（见图 4.1）。例如，智库机构碳追踪（Carbon Tracker）研究了气候变化对金融市场的影响，认为公司、基金和银行（包括私人和国有）需要更加关注气候变化政策对化石燃料公司未来价值和业绩的影响（见示例 1）。国际石油变革组织（Oil Change International）（2016）是另一个旨在强调化石燃料的实际成本并促进向低碳能源未来转型的组织。在他们看来，应对气候变化的紧迫性如此之强，以至于"不应建设新的化石燃料开采或输送基础设施，政府也不应为它们颁发新的许可证"。国际大石油公司（international oil company，IOC）BP 也准备在其2035 年能源展望（2016）中承认"石油资源丰富"，并且"在大多数情况下，累计石油需求量不足当今技术可采储量的一半"。然而，这并不意味着我们应该如撤资运动所建议的那样停止投资石油和天然气。正如国际能源署（IEA，2016）在其最新的《世界能源展望》中警告的那样，即使在"450 情景"下（即限制全球升温 2°C 以内的情况），到2040 年化石燃料仍占全球一次能源消费的 58%，虽然低于 2014 年的81%。碳预算背景下的关键问题是，如果我们要避免"灾难性气候变化"（catastrophic climate change）（气候变化科学中使用的术语），化石燃料的需求增长必须在未来几十年放缓、达峰，然后下降。

图 4.1 "把石油留在地下，把煤炭留在洞里"：南非德班《联合国气候变化框架公约》第 17 次缔约方会议（COP 17）上的一张反对开采化石燃料的海报（图片来源：世界自然基金会的 Denise Oliveira）

示例 1：化石燃料撤资运动

撤资的概念并不新鲜，例如以前的撤资运动旨在抗议南非的种族隔离制度或阻止对烟草业的投资。化石燃料的撤资运动可以追溯到 20 世纪 90 年代，最近则转变为鼓励投资者，尤其是主权财富基金、大学捐赠基金和养老基金等大型机构投资者放弃持有化石燃料相关公司的股票，并将这些资金投向气候友好型替代品。Ayling 和 Gunningham（2017）最近绘制了"跨国倡导网络"的演变图；Healy 和 Debski（2016）则研究了美国高等教育体系中以学生为主导的化石燃料撤资运动。撤资的倡导者呼吁将道德和自利的论点结合起来，提出在脱碳和需求增长放缓的背景下，化石燃料公司的股票可能表现不佳。联系"不可燃碳"和"搁浅资产"等概念，暗示化石燃料相关公司的未来价值将受到损害。随着中央银行、私人银行和保险业将气候变化政策视为未来金融风险的来源，这一概念越来越受到关注。毫不意外的是，国际大石油公司的回应往往是向投资者保证，它们的资产不会陷入困境，尽管一些石油公司也承认，并非所有目前已探明的储量都将被使用。请了解你所在大学校园内化石燃料撤资运动的状态。

不可燃碳（unburnable carbon）

当环保主义者比尔·麦吉本（Bill McKibben）（McKibben，2011）在《滚石》（*Rolling Stone*）杂志上发表了题为"全球变暖的可怕新数学"（Global warming's terrifying new math）的文章后，不可燃碳的理念逐渐流行。这篇文章介绍了位于伦敦的非政府组织碳追踪倡议（2011）的工作，该组织将不可燃碳定义为"如果世界要遵守给定的碳预算，就不能燃烧的化石能源"。

这意味着，传统能源安全的地缘政治观点（化石燃料生产国和消费国由于资源稀缺且需求不断增长而产生竞争）并不是我们可能面临的未来。对化石燃料公司和储备持有国来说，最大的挑战将日益来自需求安全，而不是供应安全。同样，新兴和发展中经济体未来的能源发展轨迹也不会重复工业化经济体的历史。相反，这些国家将在更大范围的低碳能源转型背景下塑造自己的发展轨迹和能源格局。

那么，我们是如何进入这个化石燃料充足的世界的呢？主要原因是北美所谓的非常规化石燃料革命。地质学家早就知道页岩中含有碳氢化合物，事实上，页岩中常有油气矿床，这些油气矿床分布在更具渗透性的岩层中，允许液体和气体流动。然而，挑战在于如何从不透水的页岩中释放被困的石油和天然气分子呢？答案在于油气行业中历史悠久的两种技术的结合，即水平钻井和水力压裂。在 30 年的时间里，利用水平钻井进入页岩层，然后在高压下将大量水泵入岩石以产生裂缝（压裂）的技术得到完善。这些裂缝在砂粒或"支撑剂"的作用下保持打开状态，使石油或天然气能够进入井中并到达地面。3D 地震勘测和复杂建模还帮助钻井人员可以更好地了解页岩地层。但页岩油气不同于常规油气，每口井的产量快速达到高峰后即迅速下降，导致短期高产和长期低产。这意味着要维持高生产水平，就必须不断钻新井。如果钻井数量下降，那么产量随后就会下降。尽管与常规油气田相比，单口页岩油气井的钻探成本适中，但不断钻探新井使其成本很高，这意味着非常规油气行业很容易受到价格下滑的影响。非常规油气开发的侵入性（intrusive）和累积性（cumulative）并非没有引起争议，许多环保团体和受影响的区域坚持认为它对环境有害，并会对人类健康产生负面影响。抗议者还争辩说，没有必要开发新的非常规资源，因为我们已经获得足够的常规资源。

在过去的 10 年中，页岩气和致密油的开发极大地改变了美国的能源格局，产生了全球性影响。根据美国能源信息署（EIA）的数据，自 2005 年石油总消费量达到峰值以来，美国的石油进口量有所下降，但由于致密油的生产，国内石油产量自 2010 年以来大幅增加。因此，尽管 2015 年美国石油需求的 24% 仍依靠进口，但美国石油的进口依存度大幅下降。天然气的情况更为明显。在世纪之交，美国是液化天然气（LNG）的重要进口国，但在 2016 年年 00 初，美国第一个液化天然气出口码头开始投入运营，并且后续有更多的 LNG 出口计划。预计到 21 世纪 20 年代中期，美国将成为能源净出口国。这种新发现的丰富能源已经改变了市场预期，欧佩克（Organization of the Petroleum Exporting Countries，OPEC）不得不采取激烈行动来夺回其市场份额。由于美国总统特朗普决心"让美国优先"（Put America first），而且对气候变化持怀疑态度，因此我们不能确定美国能源独立可能带来的地缘政治后果。欧佩克的地缘政治地位由于受到美国日益增长的能源独立性挑战，影响也同样不能确定。

到目前为止，北美的非常规石油和天然气革命一直在推进困难，尽管世界各地都有大量的页岩油气资源，尤其是在中国、俄罗斯和阿根廷。在某些情况下，新技术不适用于当地地质条件，还存在公众阻止页岩油气开发等其他情况。尽管如此，非常规石油和天然气已经改变了全球的游戏规则。因此，我们可以得出结论，有两个相互矛盾的趋势，即碳约束和化石燃料日趋丰富，我们需要重新思考全球能源安全的地缘政治问题。

后果与挑战：低碳能源转型的地缘政治

在第九章和第十章中，我们探讨了能源转型的概念以及从当前"高碳"化石燃料能源系统向未来"低碳"能源系统转型的必要性。目前，低碳能源系统包括水电、新型可再生能源（主要是风能和太阳能）和核电。关于实现这种转型需要多长时间，存在相当多的争论。过去能源转型的历程（见第九章）告诉我们，这至少需要 30～40 年的时间，但可再生能源的快速增长（尽管是从低水平开始的）表明，它的发展可能比预期更快。然而，转型前后都会有赢家和输家。

全球能源困境框架表明，我们面临着三重挑战：第一，加快提高能源强度，即减少单位经济产出的能源利用量（能源效率提高和需求减少，见第二章）；第二，降低能源利用的碳强度，即减少每单位能源利用产生的二氧化碳量（脱碳）；第三，以安全、负担得起和公平（且不会威胁经济增长）的方式实现上述目标。有些人声称经济发展的本质需要发生改变，实际上很明显，能源与经济之间的关系必须从根本上改变，我们确保获得能源服务的方式也必须改变。能源转型显然挑战了现有的化石燃料系统，后者是长期来看最明显的输家，同时能源转型也在即将到来的低碳能源系统中创造了一群新的潜在赢家（见示例 2）。因此，低碳能源转型将从根本上改变全球能源安全的地缘政治。

示例 2：可再生能源的地缘政治

随着全球能源供应越来越转向可再生能源和电力，预计现有的地缘政治格局和地缘经济格局将发生几次翻天覆地的变化。一方面，石油出口国的外交影响力可能会减弱，碳氢化合物资源匮乏的新兴大国（如中国、印度和土耳其）在全球能源市场中将扮演更重要的角色。另一方面，可再生能源的生产和消费在各国内部和国际关系方面将获得越来越大的政治力量。像德国这样的国家，低碳转型一直是一项重大的国家项目，对可再生基础设施的投资是塑造国内政治结构的关键因素。与电网和储能需求相关的低碳能源转型已成为国家之间合作的驱动力。电力作为跨境能源贸易的主要项目将变得越来越重要，类似现在石油和天然气管道以及远洋油轮的角色（Forbes，2018）。还有其他地缘政治问题，例如可再生能源部门所需的关键矿产和其他材料的供应链（参见第一章）；围绕专利和技术的知识控制的政治（鉴于可再生能源的发展取决于技术创新）；各国在基础设施和能源需求方面的差异，在可再生能源供应中将体现得更加明显。因此，可再生能源的地缘政治可能会支持新的多极世界秩序的出现，在可再生能源领域拥有良好投资记录的国家和地区将占据舞台中心位置。国际可再生能源机构（International Renewable Energy Agency，IRENA）于 2018 年设立了能源转型地缘政治全球委员会（Global Commission on the Geopolitics of Energy Transformation），以更好地了解可再生能源对地缘政治格局的短期和长期影响（Forbes，2018）。

迄今为止，人们对低碳转型的地缘政治结果和正在出现的新地缘政治格局的思考还相对较少。然而，关于可再生能源地缘政治特征的文献已经出现，我们在这里展开讨论一下 Scholten 和 Bosman（2016）发表的一篇论文。第一，可再生能源既不像化石燃料那样稀缺，也不像化石燃料那样受地域限制，尽管风能和太阳能的效率存在显著的地域差异，但由此产生的生产性地理分布与石油和天然气差异很大。第二，许多可再生能源，包括太阳能和风能，都是间歇性的。这需要足够的备用产能来保证低发电量时的供给，或者显著改善电力储存的成本和效率。增加互联互通也是管理间歇性的一种手段，但这需要国家间的合作，并在需要时能够获得剩余产能。第三，可再生能源发电技术应用场景可能比传统技术"小"得多（大型海上风电场是一个例外），这将推动形成一个更加分布式的能源系统，每寸土地甚至屋顶都是潜在的电力生产者。更广泛的后果是低碳转型带来了国家能源系统的重新调整（Bridge et al.，2013）。第四，可再生能源发电（和电力存储）需要获得新资源，如锂和稀土金属，其生产和贸易正在创造新的地缘政治（见第一章）。与此同时，大规模开发和控制低碳发电和存储技术的国家和公司可能会在绿色经济中获得显著优势。第五，在以可再生能源为主的世界中，电力有望成为主要的能量载体。电力部门已经在全球能源投资中占据了比石油和天然气部门更大的份额，而且这一趋势还将加速。然而，不应认为现代能源服务的普及可以通过国家输电系统的退出来实现，而是要依靠国家电网系统及区域和微型电网系统的组合，甚至结合各种不同技术的社区级解决方案。结果将是比主导工业经济的集中式电网系统更加多样化的能源格局。

向低碳能源系统的转型不会在一夜之间发生，需要几十年而不是几年的时间（Sovacool，2016）。但变革的步伐正在加快，那些从现有化石燃料系统中获益最多的既得利益者终于开始意识到一个时代要结束了。壳牌公司首席执行官最近谈到，他的公司要为面对油价"永远走低（lower forever）"的世界做好准备。如前所述，转型过程本身可能特别具有挑战性，因为赢家和输家将在日益动荡和不确定的能源世界中争夺位置。最后需要承认的一点是，如果我们不能限制温室气体排放且必须面对灾难性气候变化的后果，只会使本就复杂的情况变得更具有挑战性。

二 连接能源和领域

本节考察了领域与能源之间的关系，并提供了对能源格局的另一种解读，而不是关注传统上化石燃料供应的地缘政治。"领域"（territory）的概念经常在社会科学中被用来描述空间的政治组织。例如，在人文地理学和政治学中，领域描述了跨空间权力关系的行使、安排和治理。领域是社会、经济或政治行为体（如国家或公司）希望将其管辖范围扩展到特定区域的表达。与政治或商业权力相关的领域活动通常以获取、移动和消耗能源的基础设施系统为基础。能源依赖由于跨国能源资源的流动和能源基础设施的跨境投资，超出了传统国家的边界，不再局限于一国的边界内。因此，社会科学家越来越多地使用"领域"的概念来指代网络化的社会-技术过程（networked socio-technical processes），这些过程可能会跨越广泛的尺度和空间，而不仅仅是国家正式边界所包括的区域。

对大型社会技术系统的研究阐明了能源和领域之间的"相互塑造"关系，这些研究突出了领域性基础设施网络的建设和运作所涉及的过程（参见第三章）。研究表明，能源的领域通常以渐进的方式构建，不容易以"自上而下"的方式形成。历史上，能源网络（如管道和电网）是自下而上扩展，涉及渐进的投资过程。伴随而来的是围绕这些网络的城市、区域或国家更广泛的政治整合。通过这种方式，能源系统可以实现构建政治关系和形成新领域的效果。建设新的能源基础设施并使其发挥作用，还需要制定技术标准和运行规则，这就会越来越多地涉及国家间合作和在不同领域实施共享的基础设施规范。常见的例子包括世界各国电压和插头的差异，以及通过传输和分配系统输送的天然气的不同热值。通过这种方式，能源基础设施经常作为更广泛的领域结构（broader territorial structure）中的一部分而被人熟知，突显了能源基础设施经常扮演的角色。在欧盟建立单一的电力和天然气市场就是这一过程在当代的例子。

能源领域（energy territory）

领域通常被理解为属于特定政治管辖范围的实体区域。能源网络涉及跨越广阔地理空间的供应链，同时以一致的监管和政治标准进行连接。因此，就能源而言，领域可以被视为网络化社会技术实践的结果。这意味着能源领域并不与现有的城市、区域或国家边界相关，而是与将消费者和供应商连接到众多物理上不同的空间领域的权力关系相关联。

被誉为"20世纪最伟大的工程成就之一"（Constable & Somerville，2003）的欧洲和北美国家电力和天然气网络的建立是在几十年的时间里逐渐进行的。它涉及在更广泛的政治和经济动态影响下，将小规模的市政系统整合为国家网络。例如，第一次世界大战期间出现的能源供应安全问题对中央集权型国家政策的发展产生了决定性影响，美国和英国统一的电力系统得以建立。在美国，电力公司在20世纪20年代联合起来以提高其运营的效率和稳定性，电力网络随后被1934年的《公用事业控股公司法》（参见第二章）确认为全国范围内的公共产品。英国电气化历史上的关键事件包括1926年中央电力委员会对电网的标准化和同步化，以及1938年国家电网的建立。标准化能源网络最初的领域形式有很强的路径依赖性。例如，由于历史遗留问题，日本的电网被划分为两个不同的供电频率区，这会带来各种技术和政策问题。日本东部沿用德国模式并以50Hz运行，而日本西部则使用美国的60Hz频率。而这可以追溯到1895年东京（来自德国AEG公司）和1896年大阪（来自美国通用电气）首次购买发电机的历史。

南美洲、非洲和亚洲大部分地区电网的最初发展是殖民目标与当地政治和文化环境相结合的结果。印度在 1900~1947 年马德拉斯担任总统的殖民统治时期，其电力传输系统的发展主要受到基于语言差异的地区政治影响，尽管更普遍的政治意识形态斗争也发挥了作用。这导致了该国北部和南部之间巨大的经济鸿沟，同时加剧了地区、种姓和社区之间的紧张局势（Rao，2010）。有关非洲电气化历史的研究有限，但是对 1894~1939 年殖民统治时期津巴布韦（罗得西亚）布拉瓦约电气化的研究表明，电力的殖民政治在加深既有的种族和社会分歧方面发挥了重要作用。通过"使该镇的白人定居者受益而几乎完全排除非洲人的狭隘项目"，电力被用来"控制和监管弱势群体"（Chikowero，2007）。在 20 世纪 20 年代英国统治巴勒斯坦期间，电力发展对阿拉伯人和犹太人之间在社会经济和政治方面分歧的产生和强化等也发挥了重要作用。殖民者支持由犹太复国主义者主导的雅法电力公司开始建设电网，该电网服务于雅法和特拉维夫城镇，以及附近以犹太人为主的定居点和英国军事设施。因此，早在正式制订分区计划之前，电气化就创造了沿着种族和空间线的、以实体基础设施来实现的分隔。

这些例子表明了能源基础设施的领域扩散和尺度调整是如何受技术和经济以外的因素驱动的。在最广泛的意义上，在不同的地理范围内，能源也是政治的组成部分。其中包括民族国家（nation state）的建立和现代公民（modern citizen）的形成。关于 20 世纪初电力系统发展的社会科学研究表明，电力系统发展的四个演化阶段：发明与发展（invention and development）、技术转移（technology transfer）、系统增长（system growth）和强劲态势（substantial momentum）（Hughes，1993）。然而，从一个阶段到下一个阶段的发展从来都不是线性和简单的，各种挫折、困难和偏离的出现是常态而不是例外。更重要的是，与传统的技术效率、经济合理性和成本效益问题相比，政治和文化因素已被证明可能在其中发挥更重要的作用。在美国、德国和英国等国家，电力网络的建设方式和地点的决定主要由公用事业公司的管理者做出，而不是由最初使系统在技术上可行的发明者和工程师做出。例如，伦敦电网发展的特点是在地方政府的利益、"市政社会主义"的意识形态以及私营公司的运作之间经常发生政治冲突和僵局。而在德国柏林，由于协调与合作的存在，其电网发展的特征则是政治和技术的关系更加紧密。

尽管美国电力部门的发展模式在很大程度上依赖于商业和企业的主动性，但该国电力网络扩展的方式在技术和经济上往往都不是最有效的。美国的电气化是由一小群强大的经济参与者推动的，他们通过动员可用的"共同理念、社会关系、组织状况和历史机会"实现目标（Granovetter & McGuire，1998）。特别重要的是，这些经济参与体有能力通过非正式政治关系影响电力市场中高度统一的组织和法律体系的建立，结果是"抑制多样性"（suppression of diversity），从而削弱了该行业数十年来的技术和制度适应性。电网的扩张也具有浓厚的文化色彩。电力的应用（如照明）为城市和区域格局注入了"超凡的意义"（transcendent significance），并传播了一种国家对电力和技术进步变革力量的热情和信念，创造出一种民族美学（national aesthetic），文化历史学者大卫·奈（David Nye）称之为"技术崇高"（technological sublime）（Nye，1996）。通过在剧院、集市、高层建筑、街道和广场上进行引人入胜的现代性展示，大城市的电气化为改变公共空间的社会用途和社会意义提供了一种途径（参见第九章）。但是，将此类实践和技术转移到大城市中心以外的过程绝非一帆风顺，农村居民的"变革性抵制"（transformative resistance）行为意味着他们会以不同于当局规定的方式利用电灯和电器，新技术的引入同样会遭到反对和修正（Kline，2002）。

三 政治、民族认同和能源

天然气系统也是一个很好的例子，可以用来说明能源基础设施如何嵌入更广泛的政治权力、身份和归属的变化之中（见案例研究）。目前的天然气分配系统起源于 19 世纪开发的城市燃气网络。这些网络分配由煤制成的天然气，那时的天然气主要用于街道照明（见第九章）。这一网络最终被电网所取代，原因是电力更加环境友好且有利于城市的美化。然而，开发石油时发现的天然气，导致能源链发生了深刻的变化（见图 4.2）。值得注意的发现包括美国堪萨斯州的雨果顿气田（Hugoton reservoir）（1922 年）、荷兰的格罗宁根气田（Groningen field）（1959 年）和苏联西西伯利亚的乌连戈伊气田（Urengoy gas field）（1966 年）。由于天然气运输方面的创新和国家投资，这些新发现的能源与相关国家迅速增加的消费者数量相关，导致燃料结构发生变化，逐渐减少煤炭和石油的使用。在 1973 年和 1978 年的石油危机之后，常规天然气消费的增长进一步加快，这促使西欧国家和美国的政府、公用事业公司积极制定多元化能源供应方案，这也加强了管道天然气和海上液化天然气的国际贸易。美国非常规天然气开采增加以及其相关的技术、经济、环境和政治影响，为已经多层次的国际能源格局增添了另一层复杂性。

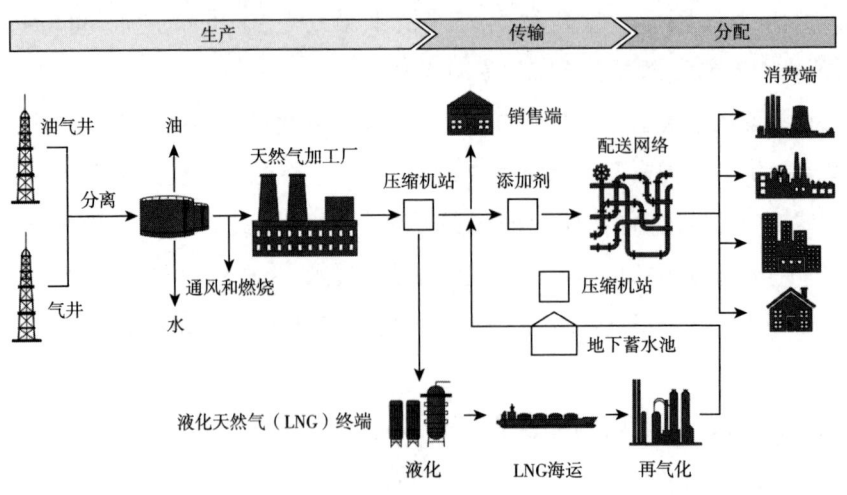

图 4.2　天然气的产业链

案例研究：欧洲天然气运输的地缘政治格局

政治权力、国家主权和国际关系问题在天然气供应与运输中发挥了突出作用。这些地缘政治问题被天然气管道的物质性放大，这些在能源生产者和消费者之间建立了物理联系的管道通常跨越很远的地理距离。一个典型的例子是欧盟，其内部经济和政治关系已经由于依赖从邻近地区进口天然气而受到影响。供应中断的威胁一直是欧盟能源领域制定共同政策的主要推动力之一。这是一个复杂而困难的项目，经常受到欧盟各能源国家相互冲突的国家利益的阻碍。最近，通过采用能源联盟战略框架，欧盟制定了新的能源政策，该框架有望通过能源市场的一体化和自由化带来更强的能源安全性。

在北溪天然气管道建设期间，与能源相关的地缘政治紧张局势使公众舆论两极分化的能力开始显现，该管道从俄罗斯直接通过海底连接到德国，但在被绕过的邻国（包括波兰、立陶宛、拉脱维亚和爱沙尼亚），该项目在公众和媒体辩论中均遭到普遍反对（Bouzarovski & Konieczny，2010）。专家建议创建一个共同的地缘能源空间，作为未来克服这种紧张局势的途径之一。这将涉及对能源回收、需求和中转地点进行综合规划，确保资源的获取发生在合适的位置，以及顺畅的网络连接。

欧盟为能源安全制定集体政策的尝试在天然气运输领域尤为明显，该领域已将集体财政资源用于实现新的国家互联互通，作为增加开放市场中保持灵活性、可操作性和冗余性的手段。Bouzarovski等（2015）发现，这种地缘政治和监管格局从官方政策框架的制定开始，包括管道、泵站和储存设施等社会技术基础设施的日常运作涉及多个部门。在这种情况下，在多边层面建立的不同物理标准和监管机制发挥了关键作用（见第三章）。其中包括平衡传输网络的代码、跨境容量分配机制和"拥塞管理"（congestion management）程序、不同国家之间的交互操作性规则以及关税框架指南。

欧盟南部天然气走廊体现了欧盟近期能源安全思想的特点和方向，旨在通过将天然气从里海地区输送到欧洲，来提高"欧盟天然气供应的安全性和多样性"（Trans Adriatic Pipeline，见 www.tap-ag.com/），它是世界上最复杂的天然气运输线路之一。这条 3500 公里长的走廊包括几个独立但相互关联的项目，跨越七个国家，涉及十多家主要能源公司。其中包括在里海钻井和生产天然气、投资天然气加工厂，以及三个管道项目。三个管道项目从阿塞拜疆和格鲁吉亚穿过土耳其和博斯普鲁斯海峡，到希腊北部、阿尔巴尼亚北部和亚得里亚海，还延伸到意大利。

预计对意大利网络的进一步投资将使其与中欧和西欧其他国家产生更多的联系，巴尔干半岛西部没有任何管道天然气网络的国家也有望加入这个网络。在一定程度上，这一复杂的多边倡议取代了此前不成功且缺乏雄心的纳布科管线。纳布科管线因缺乏良好的商业基础和政治支持而饱受诟病。

虽然天然气是当今的全球性能源，但从经济角度看在很大程度上可以分为三个大的地理区域：欧洲（以严重依赖陆路进口管线为特征）、北美（液化天然气在其中发挥越来越大的作用）和东亚（以液化天然气为主导）。这三个区域之间贸易联系的增加主要是由液化天然气的全球化推动的。液化天然气最大的出口国（澳大利亚）主要聚焦于亚洲市场，而第二大（卡塔尔）和第三大（美国）出口国的贸易遍及所有地区。排名第四的俄罗斯也与亚洲的液化天然气需求市场联系密切，而欧洲则是液化天然气第五大出口国阿尔及利亚的主要出口目的地（Bridge & Bradshaw，2017）。几种不同天然气供应模式的存在表明国家尺度的制度和政治安排在塑造天然气地理格局方面的重要性。事实表明，各国选择监管和协调其天然气部门的方式对基础设施网络物理和领域性质的形成具有重大影响。天然气系统处于中低发展水平的国家（包括大多数欧洲大陆国家以及中国和伊朗等亚洲主要国家）往往拥有在全国范围内以轴辐式（hub-and-spoke）且依赖大规模供需源的天然气系统。而在天然气系统处于更高经济与组织水平的国家（如美国、荷兰、加拿大、英国和俄罗斯），其天然气系统的网络远远超出国界，并涉及供应、运输和需求在国家间相互重叠的模式。

　　碳氢化合物还在形成更广泛的国家认同和安全问题方面发挥了作用。石油在这方面的表现尤为明显。作为 20 世纪世界大势的一部分，出于一系列经济、金融、环境和资源的原因，国家对石油资源的主权至关重要（Bridge & Billon，2017）。二战后，国家应该能够控制位于其领域范围之内的石油资源的观念在国际上获得了广泛认同，并融入原殖民地国家争取独立与自治的斗争中。这对墨西哥、委内瑞拉、伊朗和阿尔及利亚等石油出口国来说更是如此。这些国家的石油资源传统上由原宗主国控制。如今，石油民族主义的概念经常被用来描述特定国家在国家的领域或政治范围内控制石油供应链的努力。石油民族主义包括国家机构通过一系列财政、资产和经济发展政策更多地参与管理油气行业。国家石油公司（national oil company，NOC）在全球能源市场中的作用越来越重要。在产量排名前 50 的石油公司中，一半以上为国有控股，OECD 国家以外的储备持有量排名前 10 的国家石油公司拥有全球石油储备的 80%。国家石油公司在影响全球能源行业和在世界范围内寻求投资机会的能力不断增强，这引发了与国家石油公司相关经济透明度和政治控制水平的担忧（Smil，2003）。然而，不同的国家石油公司所追求的战略明显不同，石油出口国公司和石油进口国公司之间的差异尤其显著。

石油国家（petro-state）

石油国家是依赖碳氢化合物带来出口收入和国民收入的石油资

源丰富的国家。根据这个定义，安哥拉、阿塞拜疆、尼日利亚、挪威和沙特阿拉伯等属于石油国家的代表。人们经常指出，石油国家的特点是制度薄弱、腐败和国内经济不平等，尽管像挪威这样的例子表明情况并非总是如此。鉴于较低的油价和几十年内达到需求高峰的可能性，石油国家的地缘政治影响力可能正在减弱。

石油民族主义（petronationalism）

石油民族主义是指一个国家通过建立国家石油和天然气公司来实现政府对碳氢化合物资源的控制的过程。这一过程是由能源价格上涨、技术进步以及对自由化政策的政治阻力推动的。除了国家对石油和天然气行业的参与程度增加之外，这一进程还受到税收增加、合同修订和资产征用的支持。

石油流通创造的政治身份超越了国家活动，包括能源资源开采、传输和消费。例如，有记录表明，与石油工业相关的大规模社会变革已经导致人们日常生活和人际关系的多次改变，同时影响文化特征（cultural identities）的形成和表达（Shever，2012）。在这方面，不同群体对碳氢化合物流动的体验不同，可能包括石油工人及其家人、邻近石油相关基础设施的居民，以及远程指挥这种资源流通的跨国公司的员工。当石油产地的居民受到跨国公司的影响时，当地联盟和网络可能会唤起、产生和表达独特的集体身份，这种集体身份会反过来直接影响他们居住地的地方政治（Valdivia，2007）。在消费领域，广泛的社会学文献侧重于关注因能源消费而产生和传播的象征性政治意义。汽车的拥有是一个明显的例子，体现了与更广泛的社会政治发展相关的个人身份［如电动汽车或运动型多功能车（SUV）传达的含义］。正如 Huber（2009）所指出的那样，汽油已经开始助力"更广泛的对'美国生活方式'的国民想象"。

能源的地缘政治在核电领域也很明显，这说明了"超级能源理念"

（mega energy ideas）（需要集中的、全国性的和企业主导的控制网络）
如何在地缘政治格局方面取得进展（Hecht，1998）。Jasanoff 和 Kim
（2009）认为，在核电在韩国和美国发展并遭到反对的情境下，社会技
术想象的动员赋予"影响技术设计规范，引导公共支出，以及证明在技
术进步的利益方面纳入或排除公民的正当性"的权力。在大型水电站大
坝建设中，类似的主张也被提出，Byrne 和 Toly（2006）认为，这代表
了"对民主专制形式进行技术修复的尝试"。这些例子展示了旨在利用
自然资源的大型项目如何将地缘政治特征、表述和意义融入能源技术
之中。

社会技术想象（sociotechnical imaginaries）

社会技术想象是 Jasanoff 和 Kim（2009）创造的一个术语，强
调了未来科学、经济和技术增长的概念与共同目标的隐形意识形态
和政治理解之间的关联方式。相关的是"技术崇高"的概念，指的
是大型基础设施项目（这类项目中很多在能源部门）是一种"公民
宗教"（civil religion），在塑造集体性民族特征的同时激发了"超验
的情感"（transcendental feelings）（Nye，1996）。

四 结论

本章重点介绍了能源的多样化地缘政治格局，它们在过去和现在支
撑着能源资源捕获和循环的形式。我们已经说明了一些与能源网络扩展
相关的复杂的领域结构，以及这些领域和网络如何相互塑造。在本书引
言中提到的四个必要条件的推动下，全球能源格局正在发生变化。在此
过程中，新的地缘政治格局正在形成，将能源丰富国家和能源匮乏国家
之间既定的领域结构和划分与能源生产、运输和需求的新领域结合起

来。未来几十年，全球能源系统需要进一步转型，以应对气候变化的挑战，还需要扩大现代能源服务的可获得范围。应对这一挑战的能源系统将形成新的领域和身份，进而塑造未来低碳能源世界的地缘政治格局。

五　供讨论的问题

- 油价下跌会产生哪些潜在的地缘政治后果？
- 可再生能源技术的发展可能会带来哪些新的地缘政治挑战？
- 为什么以及如何将能源流动嵌入领域的形成中？
- 过去的政治利益如何影响了电力系统的扩张？
- 国家认同和主权问题在影响石油和天然气政策方面的作用是什么？

六　活动或潜在研究项目

- 搜集支持和反对化石燃料撤资活动的证据。
- 探讨将欧洲视为英国能源政策的地缘能源空间的含义。

七　阅读推荐

■ Bouzarovski, S., M. Bradshaw and A. Wochnik. 2015. Making territory through infrastructure: The governance of natural gas transit in Europe. *Geoforum* 64: 217-228.

　　这篇文章阐述了能源领域的地缘政治格局如何通过跨国天然气流通的监管和运作，得以在物质和制度方面创建和实施。使用网络分析方法，揭示了在不同行为者的指导下为确保能源安全的交叠的地缘政治网络的存在。

■ Mitchell, T. 2009. Carbon democracy. *Economy and Society* 38
　（3）：399-432.

这篇内容丰富的文章探讨了 20 世纪围绕煤炭和石油形成的政治格
局和"民主机制"。作者认为，煤炭通过为矿山、铁路和港口工人（和
其他人）提供异常集中的能源，在工业社会中开辟了新的民主可能性。
然而，随着能源生产转向中东的石油，这些民主的可能性发生了变化，
以工业民主国家为中心的那种政治动员机会减弱了，与此同时，民主政
治开始关注未来，将其视为无限的增长空间。这篇文章对能源与政治之
间联系的社会技术理解，为与能源转型相关的政治格局提供了新的
视角。

■ Power, M., P. Newell, L. Baker, H. Bulkeley, J. Kirshner and
A. Smith. 2016. The political economy of energy transitions in Mo-
zambique and South Africa：The role of the rising powers. *Energy Re-
search & Social Science* 17：10-19.

这篇文章首先对南南合作发展可再生能源技术以及努力加强对煤炭
和天然气等碳氢化合物资源的获取提出新的理论性分析，并提出了一个
解决地缘政治、外交和国际关系问题的框架。作者关注国家为确保和协
调能源部门的不同结果而必须拥有的权力、能力和自主权。

■ Van de Graaf, T. and A. Verbruggen. 2015. The oil endgame：
Strategies of oil exporters in a carbon - constrained world.
Environmental Science & Policy 54：456-462.

这篇文章探讨了石油需求峰值的概念，并认为需求峰值将对那些

GDP 主要依赖石油出口收入的石油国家的未来繁荣和地缘政治构成威胁。文章提出了五种可能的策略，这些国家可以在未来碳受限的世界中采取这些策略。文章建议对低碳转型的考虑需要更明确地纳入那些面临石油需求峰值的石油出口国的行动之中。

参考文献

Ayling, J. and N. Gunningham. 2017. Non-state governance and climate policy: the fossil fuel divestment movement. *Climate Policy* 17: 131–149.

Bouzarovski, S., M. Bradshaw and A. Wochnik. 2015. Making territory through infrastructure: the governance of natural gas transit in Europe. *Geoforum* 64: 217–228.

Bouzarovski, S. and M. Konieczny. 2010. Landscapes of paradox: public discourses and state policies in Poland's relationship with the Nord Stream pipeline. *Geopolitics* 15: 1–21.

Bradshaw, M.J. 2013. *Global energy dilemmas.* Cambridge: Polity Press.

Bridge, G., Bouzarovski, S., Bradshaw, M. and Eyre, N., 2013. Geographies of energy transition: space, place and the low-carbon economy. *Energy Policy*, 53: 331–340.

Bridge, G. and M. Bradshaw. 2017. Making a global gas market: territoriality and production networks in liquefied natural gas. *Economic Geography* 93: 215–240.

Bridge, G. and P. Le. Billon. 2017. *Oil.* London: John Wiley & Sons.

Byrne, J. and N. Toly. 2006. Energy as a social project: recovering a discourse. In *Transforming power: energy, environment, and society in conflict.* J. Byrne, N. Toly, and L. Glover (eds). New Brunswick: Transactions, pp. 1–34.

Carbon Tracker Initiative. 2011. Unburnable carbon – are the world's financial markets carrying a carbon bubble? London: Carbon Tracker Initiative. Available online at www.carbontracker.org/wp-content/uploads/2014/09/Unburnable-Carbon-Full-rev2-1.pdf

Chikowero, M. 2007. Subalternating currents: electrification and power politics in Bulawayo, Colonial Zimbabwe, 1894-1939. *Journal of Southern African Studies* 33: 287–306.

Constable, G, and B. Somerville 2003. *A century of innovation: Twenty engineering achievements that transformed our lives.* Washington D.C., National Academy of Engineering.

Forbes (2018) Renewables industry starts to grapple with the geopolitical impact of shift to green energy. January 14 2018. Available online at www.forbes.com/sites/dominicdudley/2018/01/14/renewable-energy-geopolitical-impact/

Granovetter, M. and P. McGuire. 1998. The making of an industry: electricity in the United States. *The Sociological Review* 46: 147–173.

Healy, N. and J. Debski. 2016. Fossil fuel divestment: implications for the future of sustainability discourse and action within higher education. *Local Environment.* DOI: 10.1080/13549839.2016.1256382

Hecht, G. 1998. *The radiance of France: nuclear power and national identity after World War II.* Cambridge, MA: The MIT Press.

Huber, M.T. 2009. The use of gasoline: value, oil, and the 'American way of life'. *Antipode* 41: 465–486.

Hughes, T.P. 1993. *Networks of power: electrification in western society, 1880 –1930.* Baltimore, MD: Johns Hopkins University Press.

IEA 2013. Redrawing the energy climate map, World Energy Outlook Special Report. Available online at www.worldenergyoutlook.org/media/weowebsite/2013/energyclimatema p/RedrawingEnergyClimateMap.pdf

IEA 2014. *Energy technology perspectives 2014.* Paris: International Energy Agency.

IEA 2016. *The world energy outlook 2016.* Paris: International Energy Agency

Jasanoff, S. and S.-H. Kim. 2009. Containing the atom: sociotechnical imaginaries and nuclear power in the United States and South Korea. *Minerva* 47: 119–146.

Karl, T. 1997. *The paradox of plenty: oil booms and petro-states.* Berkeley, CA: University of California Press.

Kline, R.R. 2002. Resisting development, reinventing modernity: rural electrification in the United States before World War II. *Environmental Values* 11: 327–344.

Mañé-Estrada, A. 2006. European energy security: towards the creation of the geo-energy space. *Energy Policy* 34: 3773–3786.

McGlade, C. and P. Ekins. 2015. The geographical distribution of fossil fuels unused when limiting global warming to 2°C. *Nature* 517: 187–190.

McKibben, B. 2011. Global warming's terrifying new math. *Rolling Stone*, 2 August.

Nye, D.E. 1996. *American technological sublime.* Cambridge, MA: The MIT Press.

Oil Change International 2016. The sky's the limit: why the Paris climate goals require a managed decline of fossil fuel production. Washington DC: Oil Change International. Available online at http://priceofoil.org/content/uploads/2016/09/OCI_the_skys_limit_2016_FINAL_2.pdf

Rao, S. 2010. Electricity, politics and regional economic imbalance in Madras presidency, 1900–1947. *Economic and Political Weekly* 15: 59–66.

Scholten, D. and R. Bosman. 2016. The geopolitics of renewables: exploring the political implications of renewable energy systems. *Technological Forecasting & Social Change* 103: 273–283.

Shever, E. 2012. *Resources for reform: oil and neoliberalism in Argentina.* Stanford, CA: Stanford University Press.

Smil, V. 2003. *Energy at the crossroads: global perspectives and uncertainties.* Cambridge, MA: MIT Press.

Sovacool, B. 2016. How long will it take? Conceptualizing the temporal dynamics of energy transitions. *Energy Research & Social Science* 13: 202–215.

United Nations. (n.d.) Climate change Available online at http://unfccc.int/paris_agreement/items/9485.php

Valdivia, G. 2007. The 'Amazonian trial of the century': indigenous identities, transnational networks, and petroleum in Ecuador. *Alternatives* 32: 41–72.

第二篇 安全、脆弱和正义

　　第二部分探讨了当代能源系统的后果和影响。这些后果本质上是社会经济、环境和政治的后果，并且是第一部分所研究的能源格局的后果。安全、脆弱和正义是指能源系统转型的挑战。针对能源格局目前未能满足社会对其提出的要求的现象，这三个术语作为一种"元语言"提供了顶层判断。与能源系统相关的安全、脆弱和正义问题是我们在引言中强调的四个重要事项的核心，即提高能源生产和消费的环境可持续性，解决在获得现代能源服务方面的不平等问题，确保能源供应可靠性和安全性，确定能源系统的拥有者和管理方式。因此，一系列关键问题贯穿第二部分的各个章节。能源用于什么目的以及由谁使用？谁可以获得能源？对谁来说能源丰富且安全？会带来什么后果？第二部分的章节通过探讨能源贫困（见第五章），高能耗社会中的消耗、低效和过剩（见第六章），与能源格局相关的社会冲突和知识争议（见第七章），围绕努力减少能源供应中断的不安全感和脆弱性（见第八章）来解决这些问题。

　　第二部分各章节的一个共同出发点是，能源需求与能源提供的服务（如供暖、制冷、电力、交通）及其所带来的健康、福祉、生计和娱乐的机会有关。能源系统转型的一个主要挑战是获得这些能源服务的机会非常不平等。在发达国家和发展中国家，全世界仍有数十亿人无法充分和可靠地获得现代能源服务。与此同时，越来越多的世界人口享受着相对丰富的能源，同时面对着高能源社会所特有的浪费和效率低下。世界上越来越多的人口得到了相对丰富的能源，并处于具有浪费和低效率特点的高能耗社会。相关的挑战是，高能耗社会的消费习惯带来了重大风险和脆弱性，其中许多（尽管不是全部）落在了个人和集体（包括子孙后代）身上，他们无法直接从能源的获取中受益。气候变化在全球范围内体现了这种关系，城市空气污染或水电大坝对社区的破坏性影响等问题也是如此。此外，那些缺乏或只能获得不稳定能源的人和承担能源系统负面后果的人，通常很少有正式的补救手段，而且往往处于决策过程的边缘。"正义"日渐成为一种社会需求，以解决能源获取、能源生产和消费的环境及其他后果的分配问题，以及信息获取、参与和决策等方面的不平等。

贯穿第二部分的另一个重要思想是重新理解"能源系统"一词，以反映我们思辨性的社会科学观点。在最初的工程学和物理学表述中，能源系统是指参与提供能源服务的相互关联的组件。这种关注"所有与能源的生产、转换、输送和使用相关的组件"（IPCC，2014：1261）确定了系统中供应、传输和最终使用组件之间的相互关系和相互作用。通常，这些组件和相互作用以技术术语来理解。例如，电力传输系统中的负载和损耗管理、天然气管道系统中的流量和压力管理。这种系统思维的扩展和"更社会化"的版本已经在能源研究中广泛使用，并被描述为"全能源系统"（whole energy system）方法（EPSRC，2017；Parkhill et al.，2013）。它既保持了原有对技术的核心关注，也结合了社会技术、经济和环境因素，以解决"能源格局中的复杂性、相互作用和相互依赖性及其与其他系统的联系"（EPSRC，2017）。重要的是，这种方法（"全系统"）的包容性和综合性目标需要跨学科的视角，例如能够让工程师与经济学家、社会学家、国际关系学家和环境科学家进行对话。

本书的思辨性观点直接建立在"全系统"方法的基础上，继承了对供应和需求的对称关注，以及对能源系统相互作用（即能源生产和消费之间的依赖关系和反馈）的兴趣。本书还对能源系统与社会经济、政治和环境格局之间发生的联系和相互作用感兴趣。然而，作为一个独特的社会科学视角，本书进一步扩展和丰富了能源系统的"社会"特征所暗示的含义。我们在引言（和其他地方）中概述了本书试图做到这一点的一些方法，但其中一种方法对于第二部分的章节尤为重要。社会技术方法将能源系统理解为由自然环境组成的混合形式，包括资源、物质设备、政治目标和文化规范。这种观点的含义是能源系统的社会特征是"硬接线"的：它从一开始就内置，因此以重要的方式构成了能源系统。

这种观点的意义在于认为能源系统首先是社会性的，技术选择和系统设计（通常被视为工程问题）等问题从根本上是由制定这些选择和参数的社会所塑造的。例如，电力在社会中的用途以及电力网络为谁提供服务取决于谁参与了有关网络设计的决策和资金，社会对价值问题的理解方式以及普遍存在的决策的空间和时间框架。

第二部分的章节表明，这种观点改变了思考能源系统后果和影响的含义。能源系统的后果与其说是（低效）技术设计、（不良）规划或（不充分）管理的狭隘产物，不如说是与支撑社会结构、制度和盛行的文化习俗有关。例如，从这个角度来看，高能耗社会的能源消费并不是经济和社会发展中理所当然的结果，而是结构、规范和实践的产物，通过这些结构、规范和实践来刺激和再生产能源需求（例如，通过将工作和家庭分开的土地利用分区法规、经济增长模式以及围绕"美好生活"的文化期望）。在社会科学中，"社会嵌入"的概念（来自经济社会学和人文地理学）为表达能源系统的这种基本社会特征提供了一种方便的方式。它阐明了能源系统的社会深度，这在工程的角度上基本是不存在的，也没有得到"全系统"方法的充分认可。本书旨在将其向前推进。

第二部分对安全、脆弱和正义的关注提出了关于能源系统的独特观点。这些术语为思考当代能源系统的后果及其与能源系统转型之间的关系提供了一个开放的框架提供了一套顶层概念，用于思考能源系统转型进程中的利害关系，这些概念阐明了各章中突出显示的具体案例和示例。重要的是，每个概念也是通向社会科学中重要研究领域的大门。安全使人们关注能源系统的社会功能，特别是其作用机制和目的，当前的状况和行动可以减少未来的危险和威胁（Dalby，2002）。传统形式的安全以能源流动中断的威胁为中心，还强调这些流动使能源服务（以及能源服务供应中的不平等）成为可能。"能源安全"具有常识性的吸引力，但这个术语本身很少说明以安全的名义所做的事情或要服务于谁的利益。现在有大量与能源安全相关的政策文献，以及一系列更重要的社会科学干预措施，凸显了保障能源安全的行为发生于多个尺度和空间，以及可以采取的措施的形式多样性；如何努力确保能源安全，减少对某些人的威胁，避免为其他人造成不安全感（包括一系列环境不安全感，气候变化就是一个例子）；将能源转化为安全问题通常需要调动集体认同感，在这种情况下，对威胁的恐惧最终会使决策从公众监督和辩论中消失。因此，安全的多元概念为广泛的后果打开了大门，并触及了能源的用途和目的的核心。

脆弱描述了多种不同维度的"潜在伤害和减少的福祉"，包括健康、经济、生活机会、面临的环境和技术风险，以及能源决策中的边缘化（Day & Walker，2013：28）。这个术语起源于人文地理学者对"自然灾害"的研究，它作为对仅关注灾害（洪水事件、山体滑坡等）的地球物理解释的思辨性回应而出现。本书中的脆弱是一种明确强调使某些人和社区更容易受到伤害的社会过程，以及危害如何以不同的方式影响人类（Wisner et al.，2003）。作为社会技术视角的一部分，脆弱的概念已被引入研究能源系统的社会后果。与安全和正义一样，脆弱的概念可以应用于一系列尺度和参与者身上。第二部分描述了与能源获取有限相关的贫困（如能源贫困）以及因能源系统影响而产生的贫困（如污染、剥夺、财产贬值、环境变化）。脆弱是一个有用的术语，因为它"捕捉了条件和过程的可变性"及其他危害，从而传达出与潜在危害相关的不稳定（Day & Walker，2013：15）。同时，社会经济地位、族裔、年龄、健康状况和性别等方面的社会差异被认为是造成脆弱的重要原因。

我们在第二部分中所使用的"正义"一词是指社会公平问题，关注能源系统的结果，特别是能源系统产生的收益和负担如何在社会、地理和时间上分配。这个术语经常被用来引起人们对严重不公平模式的关注。这些不公平模式不仅限于分配结果，还包括能源社会关系关键领域的决策程序，特别是关注其中的认可［例如，哪些形式的知识（科学的、乡土的或土著的）可以被接受为合理的知识，以及哪些人的利益可以被囊括在内〕和参与（例如，其声音可以被听到）。正义主张的核心是一种感觉，即参与的结果和过程可以且应该变得更加公平。例如，社会运动对能源获取方面的不平等、能源基础设施（矿山、水坝、管道、发电站、处置场）建设的提案，以及能源生产和消费的环境和健康后果的分配提出了质疑，从而激发了正义的呼声。正义作为一个概念，其部分价值在于超越了个人偏好，考虑了更大的社会团体的结构和价值。因此，对正义的呼吁是对将社会凝聚在一起的伦理和道德原则的反思，以及对"减少不正义是可取且可实现的"理念的承诺（Sovacool & Dworkin，2014）。在能源方面，正义的语言起源于激进主义者、非政府组织和相关社区的基层斗争，记录和挑战在获得现代能源服务、为能源项目征用土地和水资源，或者空气污染和气候变化的后果等方面的不正义现象。这些团体的工作将这类与能源相关的问题推进到学术和政策文献中。就前者而言，它们以有趣的方式与以前关于社会正义（Pulido，1996；Schlosberg，1999；Roberts & Parks，2006）和环境正义（Bullard，1990；Dobson，1998）的研究相结合。因此，正义对话现在被广泛用于思辨性分析能源与社会关系以及与能源转型相关的目标和承诺。

第二部分章节介绍

能源贫困和脆弱性（第五章）探讨了能源与社会需求之间的关系，重点关注能源贫困的模式、过程和动态。供暖和制冷等能源服务对健康、福祉和生活质量至关重要，如果无法获得和维持足够的能源，可能会导致严重后果。第五章概述了能源贫困的性质和模式，并强调了充分利用能源所带来的好处，研究了产生能源贫困的条件和过程，以及非正式的应对策略和正式的政策反应。总体而言，第五章强调了在全球范围内造成能源脆弱性的系统性条件。

能源消费、低效和过剩（第六章）探讨了高能源消费的模式、过程和动态，说明了能源需求如何与一系列重大环境问题、健康风险、地缘政治斗争和军事冲突有关，因此能源需求是一个根本问题。"更多的能源消费"不仅仅是一件提高生活水平的好事。第 6 章展示了能源消费如何与奢侈、舒适、自由、家庭和现代等概念结合在一起，以及产品生产商、零售商、服务提供商和政府行为者如何调动这些概念。这一章的一个核心前提是消费模式是"全系统"和空间分散的脆弱性、冲突和正义问题的基础。

能源争议与冲突（第七章）侧重于知识争议、社会冲突和政治斗争，这些冲突和政治斗争在各种尺度上出现，并反过来塑造能源格局。这一章将这些争议和冲突视为能源系统组织方式、管理方式和服务对象的社会政治后果。冲突还表明能源的未来可能有所不同，每种冲突都以完全不同的方式分配能源系统的成本和效益（经济、社会、环境），并意味着特定社区和社会群体的不同结果。这一章展示了气候变化、长期城市交通拥堵、石油泄漏和一系列公共卫生问题的不均衡社会影响，以及证明其与不断变化的能源生产、分配和使用模式之间为何存在许多矛盾。这一章着重关注能源问题产生各种形式社会冲突的基本过程，以及围绕科学知识主张、伦理和道德主张及参与权和认可权主张的政治。

能源安全（第八章）强调了能源安全如何成为一个关键的政策框架，以及它的主流部署如何使某些重要地点及其行动视野优先于其他地方。例如，能源安全经常被视为资源供应问题和国家主权问题。这一章探讨了这种框架的局限性，以及能源与安全之间的联系如何在民族国家以外的环境中和尺度上（地区、城市、家庭）发生。通过设问"为谁保障安全？"这一章研究了在各种环境中确保能源安全的社会和政治后果。对替代规模和实践的关注（例如以城市为基础的举措"确保"了对城市生活、离网社区的关键投入）表明人们和地方如何变得脆弱和能源不安全，尤其是因为能源嵌入不同的经济和社会实践中。总体而言，这一章考虑了能源安全的概念为何与现有权力关系在一定范围内的再生产有关。

参考文献

Bullard, R.D. 1990. *Dumping in Dixie: race, class, and environmental quality.* Boulder, CO: Westview.

Dalby, S. 2002. *Environmental security.* Minneapolis, MN: University of Minnesota Press.

Day, R. and G. Walker. 2013. Household energy vulnerability as 'assemblage'. *Energy justice in a changing climate: social equity and low-carbon energy.* K. Bickerstaff, G. Walker and H. Bulkeley (eds), London: Zed Books, pp. 14–29.

Dobson, Andrew. 1998. *Justice and the environment: conceptions of environmental sustainability and dimensions of social justice.* Oxford: Oxford University Press.

EPSRC. 2017. Whole energy systems. Engineering and Physical Science Research Council, London. Available online at www.epsrc.ac.uk/research/ourportfolio/researchareas/wholesystems/

IPCC 2014. Climate Change 2014 Mitigation of climate change: Working Group III Contribution to the Fifth Assessment Report of the Intergovernmental Panel on Climate Change. Cambridge University Press. Avilable online at www.ipcc.ch/pdf/assessment-report/ar5/wg3/ipcc_wg3_ar5_full.pdf

Parkhill, K., C. Demski, C. Butler, A. Spence and N. Pidgeon. 2013. *Transforming the UK energy system: public values, attitudes and acceptability – synthesis report.* London: UKERC.

Pulido, L. 1996. *Environmentalism and social justice: two Chicano struggles in the southwest.* Tucson, AZ: University of Arizona Press.

Schlosberg, D. 1999. *Environmental justice and the new pluralism: the challenge of difference for environmentalism.* Oxford: Oxford University Press.

Sovacool, B.K. and Dworkin, M.H., 2014. *Global energy justice.* Cambridge: Cambridge University Press.

Timmons Roberts, J. and B. Parks. 2006. *A climate of injustice: global inequality, North–South politics, and climate policy.* Cambridge, MA: MIT Press.

Wisner, B., P. Blaikie, T. Cannon and I. Davis. 2003. *At risk: natural hazards, people's vulnerability and disasters.* Abingdon and New York: Routledge. Second edition.

第五章　能源贫困和脆弱性

学习要点:

- 理解全球燃料和能源贫困的主要驱动力和相应后果的思辨性与综合性。
- 理解解决这些问题的做法和政策。
- 通过案例研究，将有关能源贫困地理的知识应用到当前的政治或政策辩论中。

能源对人类福祉至关重要，无法充分获得能源服务会导致严重后果。本章考察了世界上不同地区能源匮乏模式的产生条件和过程，特别关注家庭和社区的环境，介绍了迄今为止研究能源供应不足问题的主要框架（能源和燃料贫困、脆弱性），同时指出它们之间的差异和联系，强调了如何理解这些问题的地域差异。除了对能源贫困和脆弱性的应对策略进行思辨性分析之外，本章还考察了能源服务获取不足（在不同地理区域）的不同后果，进一步讨论了能源公平与生活质量的关键决定因素之间的关系，以强调充分利用能源所带来的好处。我们对能源贫困和脆弱性的分析，是在对发达国家和发展中国家边缘化的政治、制度和基础设施的更广泛的背景下进行的。我们认识到使用发达/欠发达、富裕/贫穷、发达国家/发展中国家等二元论所带来的问题。然而，替代性概念（如中低收入国家）也有很大的局限性。因此，我们在本章和整本书中用发达国家和发展中国家概念来描述全球范围内持久的结构性不平等［关于标签政治的反思，参见 Silver（2015）］。

总的来说，本章旨在将能源匮乏的原因和后果与当前全球范围内的发展联系起来，以家庭能源服务为主，概述了导致能源消费不平等的关键因素，包括能源获取、能源负担能力、能源效率和家庭需求等问题。本章还讨论了燃料和能源贫困的主要定义，概述了它们的比较优势和缺点。世界不同国家能源匮乏问题的情况截然不同。出于对这一问题的敏感，本文旨在超越简单化的二元论（发达国家/发展中国家）对能源不平等的潜在驱动因素和经济社会影响的理解。因此，本章建立在第三章提出的家庭能源利用的多重节奏和技术的概念之上。

能源获取（energy access）

能源获取是缓解能源贫困的一个关键前提。对能源获取的理解主要取决于提供不同类型能源的有组织的基础设施系统的可用性。能源获取通常取决于电气化，电气化本身与将电力引入给定位置有关。从历史上看，电网的发展一直被视为能源获取的关键工具。最近围绕能源获取的思考延伸到提供分散式离网发电和电力存储的解决方案上。

能源可负担性（energy affordability）

能源可负担性是燃料和能源贫困的主要因素之一，可以用家庭收入与能源价格之比来衡量。与家庭收入相关的能源价格上涨使能源可负担性降低。另一个衡量单位是"能源负担"，即家庭能源支出在其总收入中所占的百分比（有时用"等价"计算，即再除以加权家庭成员年龄）。更高的能源负担是燃料和能源贫困的标志。

燃料和能源贫困（fuel and energy poverty）

在英国，政府最初将燃料和能源贫困家庭定义为那些需要将家庭总收入的10%以上用于购买燃料以将房屋供暖保持可接受的水平的家庭。一个更新的定义认为，如果家庭的燃料成本高于平均水平，而且在扣除这些燃料成本后，其剩余收入低于官方贫困线，则称其为燃料和能源贫困。对燃料和能源贫困的更一般理解认为，这种情况是指家庭无法获得社会和物质方面必需水平的能源服务。

一　能源贫困的维度和脆弱性

在发达国家，家庭能源匮乏问题最常通过"燃料贫困"框架来描述。Boardman（1991）在她的开创性著作《燃料匮乏：从寒冷的家到负担得起的温暖》中确定了燃料贫困的基本特征、驱动力和后果。Boardman 的方法基于这样一种观念：燃料贫困是一般收入贫困的补充，因为它涉及家庭建筑结构的能源效率，包括墙壁、屋顶、窗户、电器和供暖系统。这是因为燃料贫困的家庭正在购买"负担不起"的暖气，因为在家庭中发生的从燃料输入到最终能源消费的转换过程中会损失"有用"能源。Boardman 的研究与许多后继者一样，主要研究地区集中在英国和爱尔兰。由于收入不平等和建筑结构的能源效率低下，这些国家的燃料贫困率很高。在这些国家，燃料贫困的家庭往往居住在"难以取暖"的房屋中。这一历史遗留问题可以追溯到 19 世纪中叶，当时建筑物的建造质量标准较低，并且建造重点是通风而不是热舒适。值得注意的是，直到 20 世纪，空心墙体保温才在英国得到普及，直到 1994 年，双层玻璃才成为明确的建筑标准，尽管这从 1857 年开始就一直是公认的有效保温措施。

从本质上讲，对燃料贫困的学术研究有助于挑战将困境归结为收入、价格或其他经济因素的说法，20 世纪 80 年代英国官员的声明就是一个代表："人们不谈论'衣服贫困'或'食物贫困'，我认为谈论'燃料贫困'也没有用。"（Campbell，1993：58）能源效率和燃料贫困之间存在密切关系，突出了存量住房特征的重要性，因为保温水平和供暖系统的性质在很大程度上取决于房屋建筑的年龄、类型和质量。这使人们关注到家庭能源贫困在不同地域之间的区别。尽管燃料贫困主要发生在家庭范围内，但其深度和范围受到住房和基础设施结构的影响，这些条件在各地存在显著差异。住房质量在社区、城市、区域和国家尺度上的差异可以由燃料贫困的地理不均匀分布反映出来，其中住宅与更广泛的社会不平等和能源价格模式相结合，形成了家庭能源贫困的独特空间分布。燃料贫困可能集中在低收入家庭集中或住房质量差的特定地区，也可能扩散到相对富裕的城市或城郊地区。

最近关于燃料贫困驱动力的辩论集中在收入和住房以外的更广泛的方面。人们越来越关注家庭能源需求，这是家庭能源脆弱性的核心。当居住者的取暖、照明和其他能源需求得不到满足时，就会发生家庭能源贫困（见表5.1）（Bouzarovski & Petrova，2015）。因此，很明显，对能源需求量高于平均水平的家庭可能会发现自己更容易受到家庭能源贫困的影响比如有老人或有小孩的家庭。此外，能源需求在很大程度上是在社会和空间构建的，与对什么才是"状况良好的家庭"的期望有关。这意味着在特定情况下，维持一个在经济和技术上都难以达到的消费标准也可能会导致脆弱性。能源需求与存量住房之间的不匹配可能导致燃料和能源贫困现象的出现，即使经济状况较好的家庭居住在保温效果良好的住宅中，情况也是如此。如果房屋在基础结构上硬连接到特定类型的供暖系统中会增加能源成本，同时又无法满足相关居民的特定需求，则更是如此（参见示例1）。

能源脆弱性（energy vulnerability）

能源脆弱性是指一个实体因缺乏能源供应而面临的风险。这可以指民族国家、地区、城市、家庭缺乏足够的能源服务，通常与燃料和能源贫困以及停电或电力不足有关。

表 5.1　不同能源服务类型与家庭能源贫困的相关性的研究现状

能源服务类型	与家庭能源贫困的相关性
供暖	主要是寒冷气候中的家庭面临的问题。在发达国家，这包括低收入群体以及生活在低能效住宅中的人。在发展中国家则表现为获得更有效、更舒适或更高效的家庭供暖方式。这两种问题可能会在冬季相对温暖的发达国家同时出现，因为这些国家的家庭没有足够的供暖系统，比如塞浦路斯和葡萄牙等国家的冬季死亡人数最多
水加热	尽管这项服务是发达国家能源消费的重要组成部分，但主要讨论与发展中国家有关的影响
空间冷却	生活在夏季炎热气候中的家庭，尤其是城市地区家庭的能源相关问题，与气候变化有关的热浪加剧了这一问题。服务的不足和使用方式都可能是一个问题。对发展中国家相应情境仅有定量研究
照明	与全球家庭能源贫困相关的挑战。主要在发展中国家的情境下进行研究，与缺乏电力供应和与可负担性问题相关的室内照明空间减少有关
烹饪	大多数文献探讨了这项服务与发展中国家能源贫困的关系，缺乏电力供应是发展中国家经济发展和福祉增进的主要障碍
烘干	很少与能源贫困有关，尽管在较冷的气候中缺乏足够的设施来提供这项服务（无论是否由网络基础设施提供），这会带来不利的健康影响
制冷、电器、信息技术	这些服务与电力基础设施的可负担性和可用性直接相关，因此可以在世界各地找到。消费水平受到文化和社会条件的限制，这意味着贫困的"阈值"是与特定情境高度相关的

资料来源：Bouzarovski 和 Petrova（2015）

对能源需求、基础设施和脆弱性的担忧使得发达国家关于能源贫困的讨论超越了英国和爱尔兰这些该种讨论的发源地，扩展到更广泛的地理范围。在这种情况下，"能源贫困"一词取代了"燃料贫困"，表明关注点已从燃料供应转向更广泛的家庭能源供应系统和网络。特别值得注意的是东欧国家情况，由于燃料价格上涨、住房能效低下和政策支持不足，家庭能源贫困普遍存在。在美国，能源贫困取决于支离破碎的公用事业市场的法律和监管安排，生活在高能源价格地区的家庭尤其脆弱。

许多美国住宅建于化石燃料廉价的时期，因此在物质和社会安排方面不利于家庭注重节能和效率（Harrison，2013）。德国和奥地利等国也存在能源贫困问题，平均而言，这些国家的存量住房是世界上能源效率最高的。在这些国家，能源贫困的情况往往会影响在支付能源账单方面发生拖欠和有欠债的低收入家庭。

示例 1：能源脆弱性和基础设施锁定

由于住房安排和日常需要，家庭可能会发现自己陷入能源贫困的境地。建筑物结构中的技术限制或物理障碍可能会阻止家庭转向更实惠或更高效的能源。例如，仅配备夜间蓄热式取暖器的公寓楼中的住户经常发现自己面临高于平均水平的能源成本，同时又无法改用更便宜的供暖方式。另一个问题是，夜间蓄热式取暖器不太适合那些能量需求在白天达到高峰的家庭，因为白天取暖器释放有用能量的能力下降。如果区域供热系统以仅向有限用户提供控制机会的方式配置，那么可能会导致能源贫困的加剧（Tirado Herrero & Ürge-Vorsatz，2012）。

能源贫困的概念也被用来描述发展中国家面临的情况，这些国家的居民经常面临为家庭提供现代能源服务的基础设施匮乏。这个问题被一些人称为"其他能源危机"，一直是国际发展组织和捐助机构议程上的重要议题，同时也受到越来越多欠发达经济体政府的政治和经济关注。联合国"人人享有可持续能源"议程证明了这一点，该议程强调了在地方尺度提供能源服务的国际和地方努力的影响，同时强调了以综合思维解决气候变化、自然资源稀缺性和全球收入不平等问题的必要性（Mahama，2012）。该议程的制定，部分是为了补充 2000 年制定的联合国千年发展目标（MDGs）对能源的遗漏。随后，通过在 2015 年国际社会商

定的 17 项可持续发展目标（SDGs）中纳入一项针对负担得起的清洁能源的具体目标（可持续发展目标 7），这一缺失问题得到了解决。

现代能源服务（modern energy services）

联合国"人人享有可持续能源"议程（Sustainable Energy for All，SEforALL）和针对能源的可持续发展目标 7 都希望到 2030 年为全球所有人提供现代能源服务。关于如何定义这些现代能源服务存在一些争论。可持续发展目标将现代能源服务定义为：（1）电力接入（家中电力连接的可用性或使用电力作为照明的主要能源）；（2）获得现代烹饪解决方案（主要依靠非固体燃料进行烹饪）。这些定义留下了未解决的重要问题，即获得这些现代能源服务的可及性、可靠性以及确保充分获得这些现代能源服务的成本。

全球能源扶贫努力解决估计仍有 12 亿人在家中无法获得电力供应以及 28 亿人被迫依靠传统生物质燃料来做饭和取暖的情况。全球范围与能源贫困相关问题的地图显示，非洲和亚洲在电力供应和清洁烹饪设施的使用方面存在一定程度的差异（见图 5.1）。鉴于造成这种情况的现代基本能源供应系统的不足（见图 5.2），能源贫困政策历来侧重于扩大和改善能源供应以及建设新的大型基础设施。特别是，扩大国家电网系统覆盖范围和离网解决方案都强调了现有电网无法覆盖的区域的电气化。全球发展中国家成功改善其电力供应的经验表明，电气化可以帮助农村地区的居民摆脱贫困，消除改善生计的一些主要障碍，同时提升人们受教育的机会和改善整体生活质量（尽管也有许多反例证明社会经济成果与获得电力之间的关系要远比这复杂得多）。世界银行、亚洲开发银行、非洲开发银行和美洲开发银行等国际金融机构继续在"人人享有可持续能源"议程下发起电气化倡议，通常作为支持经济增长的更广泛计划的一部分，并在能源部门内推广私营部门主导的解决方案。

世界地图

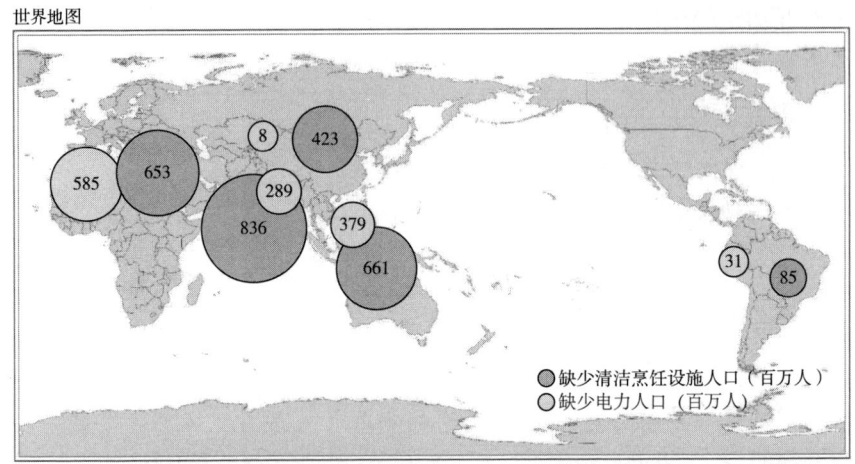

基于自然资源部标准地图服务网站审图号为GS（2016）1665号的标准地图制作，底图边界无修改

图5.1　全球范围内能源获取的不平等（IEA，2011）

　　然而，发展中国家传统的以电力供应为导向的逻辑，即依靠集中式发电和电力分配网络，被批评为有利于大公司和政治精英的利益，未能满足弱势群体的日常需求。例如，有人认为，旨在提高发展中国家电气化率的发电技术（如水电站）的扩张，往往会给地方社区带来有害的社会和环境影响［参见 Lee 等（2016）和示例 2］。即使社区能够连接到国家电网，支付高昂的连接费用仍然是社会最贫困阶层面临的挑战。最贫穷的社区也经常被迫忍受最差的服务和最严重的供应中断。在传统的能源发展模式中，性别因素也没有得到足够的重视，尽管有很多证据表明，能源贫困的经济、劳动力和健康负担不成比例地由不同年龄的妇女承担（Pachauri & Rao，2013）。

　　正是出于这些原因，科学和政策的注意力越来越多地转向微型发电和可再生能源投资的减贫潜力，这通常是更广泛的能源跃迁过程的一部分。为当地社区提供作为自上而下电网扩张替代方案的投资工具和开发知识的实际努力，伴随着对发展中国家家庭能源如何向现代能源转型的认识加深而不断增加，这在很大程度上取决于文化和政治因素。正如一

图 5.2　在印度新德里一座灯火通明的地铁站下，一个 200 人的社区处于
能源极度贫困的状态，一条非法线路将电力引入一个帐篷
（图片来源：Marilyn J. Smith）

些关于性别对离网计划的影响的研究所揭示的那样，这些因素对离网计划的可持续性的影响与对电网扩展计划的影响一样大（Standal，2016）。越来越多的人认为，如果不考虑支持社会能源流通或不流通的更广泛的制度和权力关系，以及分配和程序正义的相关维度，就无法解决获取现代能源的问题。因此，对能源贫困的理解已经从只注重投资于基础设施的以供应为主导的方法转变为关注使得能源贫困长久存在的系统性力量（Sovacool，2012）。

能源跃迁（energy leapfrogging）

能源跃迁是一种乐观的假设，即由于获得过去能源转型期间无法获得的节能技术，发展中国家可能更容易转向低碳形式的能源。人们的期望是，来自发达国家的技术和专有技术的转让将使这些国家走上低碳发展的轨道，而无须首先增加经济的能源强度。欧洲和亚洲的曾实行计划经济的国家适用于这一模式，这些国家历史上形成了高水平的公共交通、供热基础设施，城市化就绪高。因此，在向市场经济转轨的过程中，可以直接采用更可持续的能源形式。

示例 2：发展中国家的电网

近年来，国际社会已经明显地意识到解决能源贫困的重要性。这方面的证据包括国际社会对电气化、脱碳和清洁烹饪技术传播的承诺，以及将解决能源贫困作为联合国"人人享有可持续能源"议程和可持续发展目标的一部分。许多国家政府仍然坚持将国家电网扩展作为实现能源获取目标的最有效战略。然而，有研究揭示了这种策略的局限性，强调即使电网扩展到农村社区，接入仍然非常有限。例如，Lee 等（2016）对肯尼亚电气化的研究表明，"即使在人口密度高、电网覆盖面广的看似理想的环境中，电气化率仍然很低，农村家庭平均为 5%，农村企业平均为 22%"。研究人员强调了这种排除的程度，"未接入"电力的家庭中有一半直接位于输电线正下方，或聚集在距离低压输电线仅 200 米的范围内。国家天然气输送管道和"天然气管网"的发展也出现了类似的模式。例如，俄罗斯东部社区居民的普遍抱怨是，在当地开采或通过管道运输的天然气，实际上绕过了他们，去服务其他地方的需求。

将发达国家和发展中国家对家庭能源贫困的观点整合起来的一个可能切入点是，普遍（即无论地点或情景如何）的匮乏会削弱家庭获得能源服务的安全性。能源服务是"能量载体为人类福祉带来的好处"（Modi et al.，2005：9），承认人们需要的不是能源本身，而是寻求能源可以为日常生活带来的好处，包括移动性、供暖、烹饪、制冷、照明、

信息、娱乐和使用机械的动力（见第一章），强调家庭能源服务将政策辩论的重点从能量载体（煤炭、石油、电力或天然气）的数量交付转移到质量上，以服务于特定的家庭需求。然而，能源服务本身取决于主观因素（Petrova et al.，2013），涉及对能源需求的理解，如上所述，这些需求本身是由文化和社会决定的。此外，向家庭提供能源服务的系统涉及"能源、技术、人力、物质资本以及环境资源（包括自然资源）的不同投入"（Haas et al.，2008：4013）。简而言之，能源服务涉及技术和最终用户之间的复杂交互。它们可以被视为混合的"拼装"，由不同的技术、材料和社会成分构成，并跨越多个尺度和地点运行，超出了能源的范围（Bouzarovski & Petrova，2015）。因此，旨在减少或消除能源贫困的政策需要考虑一系列更广泛的政治、经济和文化因素，这些因素会影响家庭中有用能源的生产以及能源的用途。因此，解决能源贫困问题可以在不同情况下带来不同的社会经济结果。

能源服务的理念是能源阶梯和能源堆叠模型的核心。这种被广泛使用的模型表明，家庭使用燃料的技术先进程度与家庭收入密切相关（见图5.3）。这一模型的含义是，能源减贫政策的目标应该是实现向特定能源利用类型的单向转型。但是，简单的能源阶梯概念因未能捕捉到家庭环境的多样性而受到批评。这些环境很重要，因为它们通常意味着由于社会偏好、负担能力或效率水平，家庭中同时使用不同的燃料。例如，虽然使用薪柴炉灶是低收入家庭的特征，但收入较高的家庭可能仍会选择保留这种燃料和能量转换技术。薪柴炉灶可以提供一种舒适的感觉，并提供视觉焦点以及更传统的功能，如取暖、加热水、烹饪、烘干和照明。此外，城市中的富裕家庭可能会继续使用传统炉灶和更现代的燃料，因其适合不同类型的食物，还涉及口味偏好问题（Mekonnen & Köhlin，2008）。同时，与模型中的不同部分相关的能量载体通常在一个家庭中提供类似的能源服务。例如，照明可以来自蜡烛、油灯、动物粪便或电。因此，能源阶梯已被能源阶梯和能源堆叠模型所取代，该模型旨在捕捉不同收入水平的燃料和技术组合。

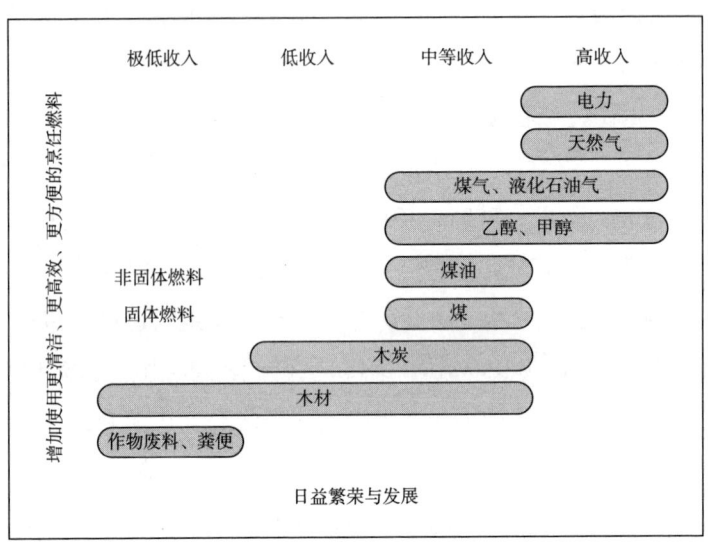

图 5.3　能源阶梯和能源堆叠模型

能源阶梯与能源堆叠（energy ladder and stacking）

　　能源阶梯与能源堆叠是一种理论模型，假设家庭以及它们所属的城市、区域和国家将随着收入的增加而逐渐使用技术更先进的能量载体（见图5.3）。这种想法的必然结论是家庭燃料转型与经济发展有关。与此同时，有人认为，收入较高的家庭也倾向于通过依赖更多种类的能量载体来实现能源堆叠。

二　福祉、健康和经济发展：家庭能源贫困及其影响

　　能源和燃料贫困的有害影响主要表现为对人类健康和福祉的影响。能源贫困会对家庭生活质量产生巨大影响（见图5.4）。室内空气是将能

源贫困与健康状况不佳联系起来的主要环境因素，主要是因为能源贫困会影响家中的环境温度水平和空气质量。在寒冷气候下，世界卫生组织建议起居室的最低温度为21°C，所有其他居住空间的最低温度为18°C。暴露在低于这些阈值的室内温度水平下会导致人体血压和血液化学变化（Liddell & Morris，2010），从而增加发生心脑血管疾病（如中风、心肌梗死和肺栓塞）的风险。在寒冷天气里保护措施不充分也会损害免疫系统，增加感染的风险。在更系统的层面上，寒冷的居住环境会影响人体循环系统和呼吸系统。已能确定的是，室内温度长期过低的环境使人更易患上流感、肺炎、哮喘、关节炎和发生意外。供暖不足的房屋（见图5.5）还会加剧风湿病等疾病。因此，寒冷的房屋是冬季额外死亡现象背后的主要驱动因素之一。

图 5.4　传统烹饪方法造成的室内空气污染

（图片来源：Actual Action/Crispin Hughes）

图 5.5　匈牙利布达佩斯一栋房子里作为唯一热源的煤炉

（图片来源：Neil Simcock）

冬季额外死亡（excess winter deaths）

冬季额外死亡是指冬季发生的死亡人数与之前四个月和随后四个月的平均死亡人数之间的差异。这个数字在气候寒冷的国家很重要，因为大约五分之一到四分之一的冬季额外死亡是由于能源贫困。因此，具有较高冬季额外死亡率的国家也可能存在更大的能源贫困问题。近年来，英国的冬季额外死亡已超过 3 万人，而美国已超过 10 万人。

室内过热是全球发达国家和发展中国家的一个主要问题。众所周知，在炎热的夏季，如果室内温度超过特定限制且长时间持续，会对健康造成重大影响。在美国，几十年来，室内过热一直是与天气相关的死亡的主要原因。室内过热问题与区域高度相关，因为已经有研究表明与热相关的健康影响与区域收入差异有关（Uejio et al.，2011）。虽然对此主题的研究有限，但法国、澳大利亚和英国等国在热浪期间死亡人数的激增证明除了空间供暖之外，还需要足够的空间冷却——由于气候变化，随着平均气温升高和极端天气的增加，对空间冷却的需求可能会增加。有证据表明，能源贫困也会导致焦虑和抑郁等心理健康问题。由于学校或家中室温过高，儿童的受教育程度也受到不利影响。能源服务不足的影响在发展中国家尤为明显。在这里，匮乏的影响超出了家庭的范围，涵盖了社区，涉及一系列基础设施、社会和经济服务。能源贫困会使教育、经济都受到影响。

能源贫困也通过室内空气污染影响健康，这个问题在发展中国家尤其明显。在这些国家，家庭可能使用明火或炉灶，但是没有烟囱和通风罩。据估计，与生物质不完全燃烧相关的空气污染导致每年超过 150 万人过早死亡。这主要是由于颗粒物以及一氧化碳、硫氧化物、氮氧化物、醛类、苯和多环芳烃化合物等有害物质的过度排放。同时，固体燃料收集本身除了有时间机会成本外，还会带来许多健康和安全风险。对生物质的依赖会加剧当地森林砍伐、土壤侵蚀、生物多样性丧失和水污染，从而导致土地退化。这一过程可能会改变现有的疾病传播模式，从而对人体健康产生进一步影响。然而，在没有固体燃料的地方，家庭可能会转而使用塑料或其他废物，它们的燃烧会释放出一系列完全不同的有毒污染物。近年来国际机构和非政府组织大力推广的改进型炉灶也没能像预计的那样减少对健康的负面影响 [参见 Mortimer 等（2017）以及 Batchelor（2015）关于电动烹饪替代品潜力的论述]。

能源服务对日常生活的核心重要性意味着能源贫困对健康和福祉的影响不限于环境温度和空气污染。能源贫困会限制获得社会必需的资源和便利设施的机会，如家用电器（电视机、收音机等）和信息通信技术（ICT）。除了需要获得可靠的电力供应外，此类设备和系统的运行还取决于一系列需要大量技术投资的基础设施。在特定的地理环境中缺乏这些条件助长了"数字鸿沟"——通常指能够利用信息通信技术优势的人和地方与那些利用受到限制或无法利用的人和地方之间的差距。数字鸿沟已被证明存在于城市和农村地区的居民之间，同时也取决于社会经济地位、受教育水平和性别。在全球范围内，许多发展中国家发现自己处于这种分裂的不利一侧。即使已经建立了信息通信技术的接入基础设施，由于负担不起更高性能的计算机硬件，缺乏高速互联网连接以及订阅内容可用性有限，这种鸿沟也可能存在。在某些情况下，缺乏信息通信技术和家电可能会加剧能源贫困。例如，在许多能源零售市场自由化的国家（即客户可在不同供应商之间进行选择），最低成本的天然气和电力交易只能通过在互联网上切换不同的天然气或电力供应商来获得。对于不使用或无法获得必要水平的信息通信技术的低收入群体或其他弱势群体来说，这是不可能实现的。因此，解决能源服务中的数字鸿沟不仅可以产生直接的经济效益，还有助于提高识字率、民主参与和社会流动性。

能源贫困影响着全世界的个人和社区，对此有多种应对方法。应对能源贫困的不同策略时的区别，一方面是能否获得电力这样的能量载体（这可能是一种永久性条件或不可靠供应的功能）；另一方面是能源或本可负担性的区别。尽管存在健康影响，无法获得电力供应的家庭通过使用替代燃料和基础设施来克服这一困境。如果负担得起，这些家庭可以购买以汽油或柴油为燃料的发电机用于家庭发电；那些预算有限的人倾向于使用可充电的太阳能灯，在电力供应断断续续或不可靠的情况下配合电池使用（参见案例研究）。与此同时，发展中国家低收入家庭的照明需求绝大多数由蜡烛和石蜡灯满足。瓶装燃气（LPG）、木炭和生物质是此类家庭用于烹饪的主要能量载体。不同燃料之间存在收入梯度，生物质和木炭在不太富裕的群体中更常用；瓶装燃气通常只供高收入家庭使用。一些国家已开展了向农村家庭提供用于烹饪的液化石油气的大规模行动，以取代木炭和生物质等污染更严重和能源密集的燃料。开发大型天然气和电力网络基础设施在财务、组织和技术上具有挑战性，这些措施提供了替代方案。小规模可再生能源提供了摆脱能源贫困的途径，同时为能源跃迁提供了机会。然而，与电网供电的补贴成本相比，此类计划的成本可能使农村贫困人口支付的电费高于电网供电社区。离网能源为改善生计提供真正机会的潜力也不确定（参见生产性使用）。

案例研究：离网生活——孟加拉国的太阳能家庭系统

供稿人：Raihana Ferdous（英国杜伦大学）

孟加拉国是南亚地区用电量最低的国家之一，虽然人均电力消费量（310 千瓦时）在 10 年内几乎翻了一番，但仍不到印度的一半，仅为世界平均水平的 1/10。孟加拉国约有 60% 的人可以用上电，但农村地区的这一比例要低得多。由于设备陈旧、维护不善和能源部门的腐败，与国家电网相连的家庭、办公室和工厂经常遭受电力供应中断和不稳定，停电和电网减载是城市生活的一个特征。

在这种情况下，配备光伏电池的离网"太阳能住宅"作为提供清洁、负担得起和分散的电力的方式，在农村和城市地区已被广泛推广。孟加拉国现在是世界上太阳能家庭系统发展最快的国家之一（Urmee et al.，2016），在离网地区安装了超过 400 万个太阳能家庭系统，这些地区通过电网扩展实现电气化具有挑战性且成本高昂。该项目计划在未来几年支持 600 万户家庭用电，总发电量为 220 兆瓦。离网太阳能家庭系统符合国家政策，即到 2021 年（孟加拉国独立 50 周年）为所有国民提供电力，目标是 10% 的电力来自可再生能源。它还受到联合国可持续发展目标（特别是关于能源获取的可持续发展目标 7）的影响，该项目收到国际捐助组织提供的约 7 亿美元的贷款和赠款。与此同时，政府正在寻求其他更传统的应对措施，以应对电力供应不足和基础设施质量差的问题。孟加拉国电力发展委员会正在大力扩大供电能力（8000兆瓦），包括鼓励建设新的发电站（煤、天然气和核能）和从邻国进口电力。

就安装数量和速度而言，太阳能家庭系统被认为是一个巨大的成功。然而，这种系统具有社会、技术和空间性质的三方面限制。这些限制影响太阳能的用途、对象和地点。第一，太阳能家庭系统无法满足最重要的能源需求之一——烹饪。太阳能无法替代木材和粪便等传统烹饪燃料，意味着穷人继续面临严重的健康和环境后果。第二，电力存储问题限制了太阳能的使用方式和用途。一个典型的太阳能家庭系统带有可使用四个小时的备用电池，足以为几个灯泡和一个手机充电器供电。一些更大（更昂贵）的系统能够为电视等小型家用电器供电。电力存储问题限制了该系统支持离网地区创收的能力。例如，该系统无法提供足够的电力来进行医学检查和手术，甚至无法支持用于储存药品的冰箱。尽管家中或附近社区拥有太阳能，但生活在离网地区的人们仍然需要到外地来获得医疗服务。第三，虽然太阳能家庭系统有多种资金支持，但太阳能发电的价格仍然比并网发电（有补贴）高出4~6倍。因此，很大一部分人买不起这种电，所以太阳能家庭系统对扶贫的影响有限（Bhattacharyya，2006）。

总体而言，离网地区的太阳能家庭系统只与休闲需求相关（Rahman & Ahmad，2013）。该计划成功地在离网地区建立了一个消费群体。它消除了家庭私人空间的黑暗，并通过手机和数字媒体将离网社区与世界其他地方联系起来。但太阳能家庭系统对街道照明、公共安全等公共服务几乎没有帮助。离网地区的街道仍然黑暗，尤其限制了妇女和儿童的行动。太阳能家庭系统的社会、技术和空间限制体现在离网地区的人们区分"太阳能"和"电线"（即电网电力）的方式上。许多使用太阳能家庭系统的人认为太阳能不如电网电力，他们还是想要电线。对他们来说，太阳能不是电网连接的替代品。

一部基于这项研究的纪录短片展示了孟加拉国农村的离网生活，可以在 https://vimeo.com/121374407 在线观看。

生产性使用（productive use）

太阳能家庭系统作为满足发展中国家贫困离网社区能源需求的一种方式，已迅速普及。然而，这一系统被批评通常只提供基本的照明、移动充电和一些家庭娱乐（收音机、电视）功能，而电网或社区规模的微型电网系统可能用于生产用途，如制冷。太阳能家庭系统的电力仅能用于有限的生产用途，导致一些人认为它在解决能源贫困方面的作用有限。目前，人们正在付出相当大的努力使社区能源系统在经济上更加可行，并扩大单个太阳能家庭系统的规模和可以供电的电器范围。

在发达国家冬季供暖场景下（一些发展中国家的城市也有类似），可负担性而非可用性是家庭和社区困难的根源，一套不同的策略正在发挥作用。与此同时，人们越来越认识到空间冷却也是一个重要问题，部分是由于极端天气和气候变化带来的夏季热浪加剧。提高室温，再加上多穿衣服，是家庭"应对寒冷"的主要做法，还可以采取相反的措施来对抗过热。需要很少或不需要投资的节能措施也很常用，包括密封踢脚板、使用防风装置、拉窗帘或关闭窗罩等。可以通过关闭电器而不是让电器待机、拔掉充电器、不使用时关灯、不将水装得太满、烹饪时盖上锅盖、降低暖气温度设置，使洗衣机等家电满负荷运行以及流水线式烘干衣物等方式节省电力。家庭还通过利用社会网络和社区资源来解决燃料贫困问题，包括能源相关商品和服务的非正式交换（如借钱或共享电线），使用公共供暖或供冷空间（如图书馆、酒吧甚至朋友的房子）。在极冷或极热时，政府可能会为弱势个人或家庭提供公共场所庇护。

节能和共享措施可为受家庭能源贫困影响的群体提供即时救济。然而，如果不对建筑物、电器和供暖系统的能源效率进行投资，就无法长期解决这些挑战。可以按照从成本相对较低的步骤（如改用低能耗灯泡和电器）到更雄心勃勃的措施（包括安装更高效的锅炉和阁楼、窗户和空心隔热墙）的顺序。此类活动高昂的前期成本意味着低收入家庭通常无法负担得起，这些群体所居住的住房质量差，公用事业成本高昂，进一步加剧了这种情况。在一些国家，政府或公用事业公司一直在通过有针对性的项目支持弱势群体的能源效率投资，这些项目由一般税收或能源账单征税资助。

三　结论

能源和燃料贫困将众多不同的情境和地域分布联系起来，无论在城市还是农村，在发达国家还是发展中国家，其共性都是能源需求未得到满足。人类对能源服务的渴望部分是由生物学决定的，很多疾病都与不良的室内温度有关，因此提供足够的能源服务往往是生死攸关的问题。对能源服务的渴望也在很大程度上受到社会和文化因素的影响，因为能源与日常生活的行为密切相关。因此，在一种社会情境下被认为足以满足基本能源需求的情况，在另一种社会情境下可能是不够的。本章强调了对能源贫困进行综合理解的必要性，强调了可能造成家庭能源服务不足的社会技术条件，以及从需求角度分析能源系统的研究价值。我们还展示了世界各地的个人和团体如何以多种方式应对能源贫困和脆弱性的挑战，同时介绍了一些相应的政策。

四　供讨论的问题

- 哪些因素导致了能源贫困？
- 发达国家的年轻人在哪些方面经历了能源或燃料贫困？
- 讨论在发展中国家的离网地区扩大能源获取战略是否一定要解决更普遍的能源贫困问题。
- 探索绿色能源投资在多大程度上可以作为应对能源贫困的一种补充措施。
- 能源阶梯和能源堆叠模型的优缺点是什么？

五　活动或潜在研究项目

- 分析关于某一国家能源贫困的证据。
- 选择参与联合国"人人享有可持续能源"议程的某个国家，概述其目标和实现这些目标的现有战略，并考虑可能影响其实现的因素。

六　阅读推荐

■Bouzarovski, S. and S. Petrova. 2015. A global perspective on domestic energy deprivation: overcoming the energy poverty-fuel poverty binary. Energy Research & Social Science 10: 31-40.

这篇文章认为，能源贫困是一种全球现象，需要通过统一的框架进行研究。文章批评了发达国家与发展中国家的二分法，这种二分法是过去对这些问题的理解。文章提出，能源服务和能源脆弱性是地球感性发展的途径。

■Liddell，C. and C. Morris. 2010. Fuel poverty and human health：a review of recent evidence. Energy Policy 38（6）：2987-97.

关于燃料贫困与健康之间关系的最权威和最全面的综述之一。文章借鉴了此前 10 年的一些大规模研究，关键创新之一是强调心理健康而不仅仅是身体健康。该论文主要关注发达国家。

■Pachauri，S. and N. Rao. 2013. Gender impacts and determinants of energy poverty：are we asking the right questions? Current Opinion in Environmental Sustainability 5（2）：205-215.

这篇文章探讨了我们对女性福祉与能源贫困关系的理解。文章详细阐述了女性对现代能源服务的体验，及其在采用现代能源服务方面的决策权。为帮助改善女性生活，文章还分析了现有的性别不平等如何破坏当前能源项目的潜力。

■Sovacool，B. 2012. The political economy of energy poverty：a review of key challenges. Energy for Sustainable Development 16：272-282.

这篇文章全面讨论了本章所涉及的两个辩论——关于能源贫困和能源阶梯概念的辩论，特别是，文章探讨了能源贫困如何与发展的其他方面（如公平、性别平等、健康和环境退化的方面）相关。文章还阐述了能源贫困与当代全球能源系统关键要素的关系。

参考文献

Batchelor, Simon. 2015. Solar electric cooking in Africa in 2020 a synthesis of the possibilities. Available online at www.evidenceondemand.info/solar-electric-cooking-in-africa-in-2020-a-synthesis-of-the-possibilities.

Bhattacharyya, S.C. 2006. Renewable energies and the poor: niche or nexus? *Energy Policy* 34(6): 659–663.

Boardman, B. 1991. *Fuel poverty: from cold homes to affordable warmth.* London: Bellhaven.

Bouzarovski, S. and S. Petrova. 2015. A global perspective on domestic energy deprivation: overcoming the energy poverty–fuel poverty binary. *Energy Research & Social Science* 10: 31–40.

Buzar, S. 2007. *Energy poverty in Eastern Europe: hidden geographies of deprivation.* Aldershot: Ashgate.

Campbell, R., 1993. Fuel poverty and government response. *Social Policy & Administration,* 27(1): 58–70.

Haas, R., N. Nakicenovic, A. Ajanovic, T. Faber, L. Kranzl, A. Müller and G. Resch. 2008. Towards sustainability of energy systems: a primer on how to apply the concept of energy services to identify necessary trends and policies. *Energy Policy* 36: 4012–4021.

Harrison, C. 2013. The historical–geographical construction of power: electricity in eastern North Carolina. *Local Environment* 18: 469–586.

International Energy Agency 2011. *World energy outlook.* Paris.

Lee, K., E. Brewer, C. Christiano, F. Meyo, E. Miguel, M. Podolsky, J. Rosa and C. Wolfram. 2016. Electrification for 'under grid' households in rural Kenya. *Development Engineering* 1: 26–35.

Liddell, C. and C. Morris. 2010. Fuel poverty and human health: a review of recent evidence. *Energy Policy* 38(6): 2987–3097.

Mahama, A. 2012. 2012 International year for sustainable energy for all: African frontrunnership in rural electrification. *Energy Policy* 48: 76–82.

Mekonnen, A. and G. Köhlin. 2008. Determinants of household fuel choice in major cities in ethiopia, environment for development. Discussion Paper Series. Available online at www.rff.org/files/sharepoint/WorkImages/Download/EfD-DP-08-18.pdf

Modi, V., S. McDade, D. Lallement, and J. Saghir. 2005. *Energy services for the Millennium Development Goals.* Washington DC: The International

Bank for Reconstruction and Development/The World Bank/ESMAP. Available online at www.cabdirect.org/abstracts/20083156488.html.

Mortimer, K., C.B. Ndamala, A.W. Naunje, J. Malava, C. Katundu, W. Weston, D. Havens, D. Pope, N.G. Bruce, M. Nyirenda, and D. Wang, D., 2017.. A cleaner burning biomass-fuelled cookstove intervention to prevent pneumonia in children under five years old in rural Malawi (the Cooking and Pneumonia Study): a cluster randomised controlled trial. *The Lancet* 389(10065): 167–175.

Pachauri, S. and N. Rao. 2013. Gender impacts and determinants of energy poverty: are we asking the right questions? *Current Opinion in Environmental Sustainability* 5: 205–215.

Petrova, S., M. Gentile, I. Henrik Mäkinen and S. Bouzarovski. 2013. Perceptions of thermal comfort and housing quality: exploring the microgeographies of energy poverty in Stakhanov, Ukraine. *Environment and Planning* A 45: 1240–1257.

Rahman, S.M. and M.M. Ahmad. 2013. Solar Home System (SHS) in rural Bangladesh: ornamentation or fact of development? *Energy Policy* 63: 348–354.

Silver, M. 2015. If you shouldn't call it the Third World, what should you call it? Available online at
www.npr.org/sections/goatsandsoda/2015/01/04/372684438/if-you-shouldnt-call-it-the-third-world-what-should-you-call-it

Sovacool, B. 2012. The political economy of energy poverty: a review of key challenges. *Energy for Sustainable Development* 16: 272–382.

Standal, K. 2016. The globalising effects of solar energy access on family and gender relations in rural India. *Asia in Focus*, Autumn 2016. Available online at www.asiainfocus.dk/

Tirado Herrero, S. and D. Ürge-Vorsatz. 2012. Trapped in the heat: a post-communist type of fuel poverty. *Energy Policy* 49: 60–68.

Uejio, C., O. Wilhelmi, J. Golden, D. Mills, S. Gulino and J. Samenow. 2011. Intraurban societal vulnerability to extreme heat: the role of heat exposure and the built environment, socioeconomics, and neighborhood stability. *Health & Place* 17: 498–507.

Urmee, T., D. Harries and H. Holtorf. 2016. *Photovoltaics for rural electrification in developing countries: a road map*. Switzerland: Springer.

第六章　能源消费、低效和过剩

学习要点：

- 了解能源消费和相关碳排放模式的复杂性。
- 了解对能源需求趋势和模式的竞争性解释之间的区别，例如关注对宏观层面变量之间关系的解释与强调将能源嵌入日常生活的解释之间的区别。
- 探索减少能源需求的替代方法的主要特征，并对占主导地位的能源效率范式提出批判。

所有资源开采、能源生产技术和基础设施构成了能源系统的很大一部分，它们变能源消费成为可能——手机的充电、汽车引擎的发动、霓虹灯的闪烁、工厂生产线的供电、学校的供暖。即使我们认识到能源系统可能有其他组织逻辑来维持它们，为最终用途提供动力和随之而来的消耗，仍然是能源系统的目的和存在的基础。

能源利用已经以多种不同的方式成为功能性的和预期性的，并嵌入现代技术驱动的社会中。从历史上看，如第二章所述，国家或地区层面的能源消费总量与经济增长的趋势和模式密切相关。因此，更多的能源供应和更多的能源需求被视为一件好事，是进步的指标。然而，正如本书的许多其他部分所阐明的那样，这样一个简单的平衡存在很大的问题。能源生产和消费与一系列重大环境问题和健康风险，以及世界各地的地缘政治斗争和冲突密切相关。此外，正如第五章所明确指出的，虽然确保获得能源服务对福祉和生活质量很重要，但在获得和负担能力方面存在严重的不平等，这往往被消费总量所掩盖。因此，从这些角度来看，更多的能源消费不仅仅是可以进一步提高生活水平的好事。事实上，消费正日益成为本书所关注的许多全球性问题和挑战的根源。Urry（2010）遵循这一分析路线，认为前所未有的能源利用水平是碳社会"黑暗遗产"的核心，而碳社会的影响才刚刚开始显现。

　　本章的目的是对能源消费和支撑能源消费的需求进行思辨性理解，能源利用被视为过度的和浪费的，以及陷入加速社会变革、商品化和全球化的不可持续动态中。正如我们将看到的，为思辨性地处理能源消费，需要仔细考虑能源的用途，以及能源需求是如何产生和再生产的，而不是简单地将其视为经济和社会发展的结果。还需要解决能源供应和能源需求之间的关系问题，认识到能源供应和基础设施系统创造和维持能源需求的方式。因此，供应不仅仅是满足需求。

　　本章的第一部分考虑了一系列问题，这些问题涉及我们如何衡量和追踪能源消费模式的变化。很明显，选择涉及了能源和碳数据的表示方式，以及由此揭示的模式。第二部分探讨了概念化能源需求的不同方式，以及能源需求如何以及为什么会发生变化。还特别强调了一种将能源需求视为日常实践的方法。第三部分考虑了低效率和浪费的概念如何在能源消费评估中占据主导地位，由此产生了旨在通过技术创新、激励措施和标准制定来提高能源效率的政策，以消除能源"浪费"的政策。最后一部分考虑了仅关注效率的局限性，以及当前能源消费水平和支撑这一水平的需求动态可能面临的更根本性挑战。

一　能源消费模式与动态：不同视角

　　毫无疑问，在人类发展的历史上，能源在日常生活中的表现方式发生了根本性的变化。我们可以通过定量方法来了解这种转变，但需要注意的是，当试图衡量像"能源利用"这样的分散式和差异化的东西时，对于不同的度量单位、指标类型以及具体计算的内容，得出的结论也不一样。

回顾很长的时间尺度，没有可靠的数据可以提供关于不同时间段总共消耗了多少能源的信息。分析师必须根据他们汇总的数据和假设进行估算。例如，Fouquet 和 Pearson（1998）试图通过汇集部分（不完整）历史数据来跟踪英国一千年中能源利用的变化，涉及经济活动模式、各种商品的价格、人口动态和通过不同形式的技术获得能源服务的历史转变。Sørensen（2012）更加雄心勃勃，对北欧从尼安德特人时期开始 10 万年的能源利用情况进行了分析。研究的时段包括必须依赖非常零星的考古记录的时期，还得通过气候条件和其他间接指标的建模来推断人类的能源需求。

最近数据的重点是商品化和能源贸易，能源消费统计数据来自能源资源买卖交易的证据以及电网监控系统。尽管存在这些指标，在能源消费涉及非正式收集的木材和生物质的地方，以及使用地方贸易系统或者能源生产"离网"的地方，通常很难了解所有的消费情况，并且很难有意义地进行汇总（例如，在跟踪国际能源获取目标取得的进展方面增加了复杂性；Bhatia & Angelou，2015）。

主要的全球数据库（联合国、国际能源署提供的数据和《bp 世界能源统计年鉴》）只能追溯到 20 世纪 50 年代，而且在早期阶段往往非常不完整。如表 6.1 所示，这些数据库使用了不同的度量标准，不仅给出了绝对能源消费的不同指标，还给出了消费随时间的百分比变化。这里显然有可供选择的选项，即可选择表示能源消费变化的尺度，而不是复制简单的"事实"。

表 6.1　全球能源消费变化的替代措施

来源	全球度量	1973	2012	变化
国际能源署	最终能源消费总量	4661 mtoe*	9117 mtoe	196
bp 世界能源统计年鉴	一次能源消费总量	5692 mtoe	12633 mtoe	221

注：* mtoe＝百万吨油当量。一次能源消费总量包括在供应系统之内转化的能源，例如在使用天然气发电方面。最终能源消费总量不包括此类转换，仅估算能源系统之外的最终用途。

这些总量通常分为国家、个别国家、部门（工业、交通、家庭）等组别，但也可按人均统计，将这种消费的相等比例分配给相关地理单位的每个人。人均数字可以提供与绝对数字截然不同的印象，并且在有关碳排放的辩论中特别有影响力和争议性。如图 6.1 和图 6.2 所示，不同国家之间的碳排放责任取决于是考虑绝对数据还是人均数据。尤其是中国，其总排放量高但人均排放量相对较低。然而，如果考虑过去几十年或几个世纪累积的历史排放总量，而不仅仅是当代的排放，我们的观点可能会再次改变。选择关注的指标不仅仅是一个技术问题，在围绕国际气候变化谈判的政治中一直存在很大争议（Friman & Hjerpe，2015）。

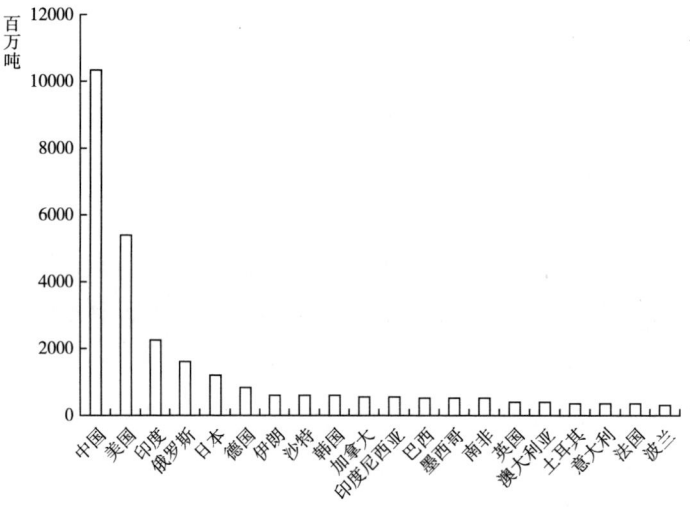

图 6.1　2016 年部分国家碳排放总量

虽然有些人以正义的理由认为人均数据最适合作为国家间碳排放目标分配的指南，但这种划分排放量的统计方法反过来又会被批评为忽略了各国内部的变化。实际上，就人们在家中实际消耗的能源而言，人们在碳足迹等方面对碳排放的责任并不相同。例如，研究表明，在英国，

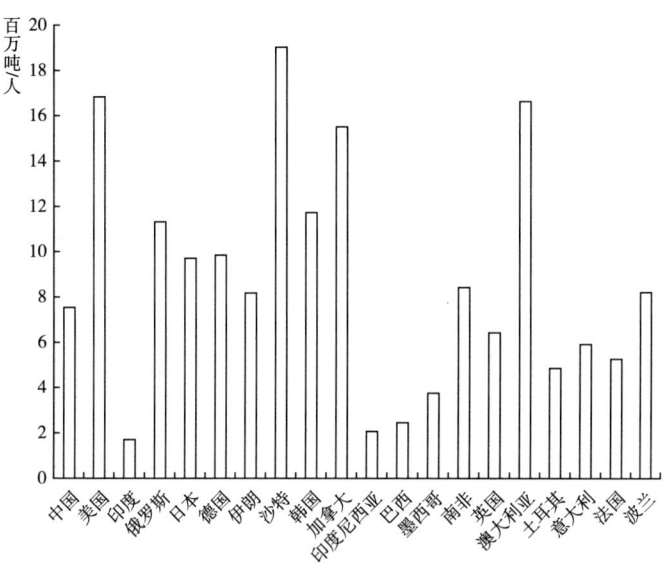

图 6.2　2016 年部分国家人均碳排放量

能源消费和碳排放在不同家庭之间存在显著差异，遵循阶级和收入差异。高收入者的能源消费足迹远高于低收入者（Brand & Boardman，2008）。Preston 等（2013）在对家庭和个人旅行能源利用的分析中计算出，英国最富有的 10% 的家庭所排放的碳是最贫穷的 10% 的家庭的三倍。发展中国家可能存在更大的差距，那里的人均数字很低，但社会精英和富裕阶层的生活方式可能是碳密集型的。同样值得怀疑的是，与某些数据集的情况一样，以按人来平均分配来自工业、政府、零售和类似活动的碳排放是否合理，这使得个人似乎以某种方式对所有形式的排放负责，而不仅仅是那些与他们的日常生活更直接相关的碳排放。

通过改变进行计算的边界，我们可以再次得到不同的图景。隐含能源的概念强调所有生产、运输和销售的物品在生产、运输和销售过程中都需要消耗能源。这种计算对于我们如何看待能源消费模式和碳排放责任的重要性在于，较富裕的国家消费的大部分产品现在是在世界其他地方生产的。随着几十年来生产模式的逐渐转变，外包和离岸外包已经改变了全球经济的地理格局，意味着生产和消费空间之间存在重大错位。有必要询问应该将消耗的能源和碳排放分配到何处以及分配给谁，是留在生产国（例如，一个以生产出口消费品为主的国家），还是留在那些购买和消费这些产品的国家？

隐含能源 （embodied energy）

隐含能源是指与任何物品或商品的生产和供应相关的所有过程所消耗的能源。例如，对于建筑物而言，包括用于建造建筑物的材料（如砖块、金属梁和混凝土）的生产、运输和加工过程中使用的能源。

离岸外包 （offshoring）

离岸外包是指将商业活动从一个国家转移到另一个国家，通常是从商业成本较高、标准和法规更严格的国家转移到成本较低、法规不太严格的国家。

同样，问题的表述方式可能会发生重大变化。研究表明，全球二氧化碳排放量的 20% ~ 25% 来自国际贸易产品的生产（Davis & Caldeira，2010）。图 6.3 是对英国进行的一项研究（Barrett et al.，2013），显示了三种不同条件下的温室气体排放趋势。"本土排放"，这是将排放分配到与它们有物理关联的国家传统方式；"生产"，增加了超出任何国家领域的国际航空和航运，将其分配给旅游经营者的国家或旅客的所在国；"消费"是将排放分配到最终消费者所在的国家。英国的趋势差异非常显著，"本土排放"和"生产"排放指标 1995 ~ 2009 年基本在下降，而基于"消费"的衡量指标则明显朝着相反的方向发展。

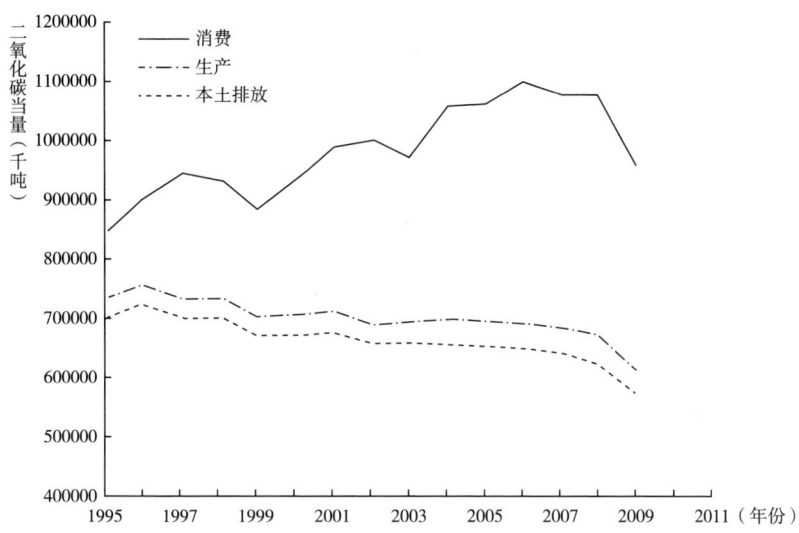

图 6.3 英国温室气体排放量在消费、生产和本土排放的计算方法之间存在差异

很明显，批判性地思考能源消费和碳排放数据是如何产生的以及代表了什么是很重要的。毫无疑问，全球能源消费在历史上一直在增长，并且继续呈上升趋势。但在全球范围内，变化的模式非常不同，对此可以从许多不同的角度看待。在这方面，关于未来能源需求的主张可能在政治上存在争议，尤其是在它们被用来证明有争议的能源供应项目扩张的正当性的情况下（Walker，2016）。

示例 1：运动型多用途汽车（SUV）的营销

在 1990 年代，出现了一些关于日益流行的运动型多功能车（SUV）的重大争议，围绕 SUV 的环境影响、宣传广告活动及所代表的生活方式展开。汽车制造商推广 SUV 是因为它们的利润率明显高于紧凑型轿车和厢式轿车。SUV 在美国市场上规避了乘用车的联邦燃油经济性标准。出于监管目的，基于皮卡车或商用车的底盘，SUV 被归类为"轻型卡车"。鉴于它们的燃油效率低下［当时的研究表明，驾驶 SUV 比驾驶普通汽车在一年内多产生 8000 磅（3600 公斤）的二氧化碳］，那些驾驶 SUV 的人被认为体现了轻率的高能耗的消费主义和"环境文盲"。驾驶者成为直接抗议的对象，从传单活动到对 SUV 经销商的纵火袭击。针对 SUV 的愤怒源于其糟糕的环保表现与宣扬 SUV 能够方便进入未受破坏的自然和荒野的营销活动之间的不协调。正如 Aronczyk（2005）所说："即使是这些车辆的名称，如路虎（Land Rover）的发现（Discovery）和神行者（Freelander）、斯巴鲁（Subaru）的森林人（Forester）和傲虎（Outback）、福特（Ford）的远足（Excursion）、征服者（Expedition）和锐际（Escape），都强调驾驶者的旅程与自然环境的密切联系。"随着时间的流逝，由于制造商已经进行了创新，解决了早期车型的一些大问题，SUV 在某种程度上已经脱离了政治敏感性。例如，福特较早推出了混合动力版本的 SUV，市场上有新的电动 SUV 上市，传统 SUV 的燃油经济性有了很大的提升。2000 年代初的高油价降低了 SUV 销量，但随后又反弹，如今 SUV 代表了全球汽车市场的最大细分市场。尽管早些时候存在争议，但汽车行业继续强调 SUV 能够按需接近未受破坏的自然环境，而且没有任何讽刺意味。如果有的话，当代广告加大了赌注，将 SUV 驾驶者塑造为具有环保意识的人，并做出负责任的选择。广告宣传 SUV 驾驶者在保护自然，制造商赞助以环境为主题的活动，还用环保口号装饰轮胎外罩等。因此，尽管 SUV 在燃油效率方面通常仍然是表现最差的车辆，但它们的受众被明确地定位于那些希望自己被视为具有环保意识的人。Rollins（2006：711）总结了 SUV 现象：

"认为 SUV 吸引了许多消费者与自然世界互动的强烈渴望，并

在一定程度上证明了后现代时代特有的环保意识大大增强。使 SUV
如此离谱的原因在于，它是不断发展的环境意识的一种扭曲表达，
一种能量的扭曲，现在可能共同构建了更可持续的东西。"

二　理解能源需求动态

虽然上一节中讨论的数据类型具有广泛的指导意义，但数据本身并
没有什么解释力。我们可以（通过不同的衡量标准）了解能源消费（或
碳排放）在何处更高或更低，哪些部门正在增长或收缩，哪些特定的燃
料正在被简单化，但无论如何都无法解释所显示的模式。

许多关于能源利用与社会变革之间关系的解释性框架只在宏观层面
上起作用（Shove & Walker 2014），侧重于笼统地理解"因素"之间的
相互关系，例如技术创新、能源成本、人口增长和经济发展与改变。回
顾历史的研究使用了相当线性的模型，重点关注主要燃料的转变（Hirsh
& Jones，2014），并以简单的方式看待因果模式。一个明显的例子是
White（1943：338）对能源和"文化的进化"的经典研究，他说："当
每年人均能源利用量增加时，文化就会发展，或者是随着用能量去做功
的技术手段的效率提高，或者是这两个因素同时提高。"

这种确定性（和性别化）的语言今天较少使用，但即便如此，能源
消费仍然包含在不可避免的变化过程中。随着经济和人口的增长、新技
术的出现和在空间中平稳和可预测的扩散、城市化和全球化的发展，人
们假设能源需求将相应地做出反应并增加。

这种简单化的理解受到了各种挑战。例如，Hirsh 和 Jones（2014）
对历史经验连续性的假设提出异议，认为过去和现在之间的类比可能会
产生误导，因为这暗示了宏观变量之间明显的紧密而一致的关系。
Wilhite（2008）认为，文化差异在这种思维中尤其缺乏。对创新和转型

过程的更复杂的理解也得到了发展，强调所涉及的变化中的不同速度和规模，以及某些能源路径可能被锁定而其他能源路径受到抵制的方式（Araújo，2014）（见第九章和第十章的进一步讨论）。

正如本书第三章和其他地方所强调的那样，毫无疑问，技术进步促进了能源利用设备的更新，但技术总是嵌入社会过程中而不是独立于社会过程。Shove 和 Walker（2014）基于这种思维方式，认为只有通过关注能源的用途才能正确理解能源需求的动态。他们认为，需求来自社会实践，即使用能源来实现有价值的日常活动——吃烹饪的食物，去商店购物，在晚上阅读或做作业，通过网络与他人交流，以及日常生活中许多其他一般的社会活动（参见示例 1）。因此，他们认为能源需求完全植根于不断进行中的社会再生产和转型，并认为"了解能源需求（以及供应）的趋势和模式，本质上是了解社会实践如何发展、变化和交叉的问题。"

能源供应和分配的安排（见第三章讨论的基础设施）直接涉及能源需求的产生和持续再生产。基础设施使能源需求成为可能，并在日常生活中对能源消费实践的产生持续发挥作用。因此，如第三章所述，基础设施参与需求的产生，而不是简单地提供需求。例如，可以从新的文献中看出，一旦家庭初步获得电力供应，发展中国家的原离网客户对电力的需求逐渐增长（Scott & Miller，2016）。

为了进一步地说明这些想法，我们可以考虑室内空调的情况（见图 6.4）。空调诞生于 20 世纪初的美国（Cooper，1998；Ackermann，2002），现在已经遍布世界各地，增加了能源消费并产生了前所未有的能源需求。空调在日常生活中越来越常见，并在全球范围内持续增长，被视为对能源需求和碳减排目标的主要威胁，尤其是在世界其他地方复制美国标准的空调密度的情况下（Sivak，2009）。然而，空调空间的演变在地理上以不同的方式发挥作用，例如对亚洲不同地区经验的研究指出了相似性和独特性的模式（Wilhite，2008；Sahakian，2011；Hitchings & Lee，2008）。根据这些证据，Shove 等（2014）对空调兴起的解释并非一个与日益繁荣相关的技术传播的简单故事，而是关于在众多场合，空调已融入办公室工作（Hitchings，2011）、护理、享受豪华假期、在温暖的天气下开车或待在家里等实践中。空调通常是这些实践活动的背景，但现在被视为其中的一部分。

图 6.4　中国台湾的家用空调（图片来源：Gordon Walker）

Walker 等（2014）以英国一家医院作为案例，解释了医院空调设备数量的惊人快速增长。他们得出的结论是，空调的普及是重复性需求的结果，即在特定建筑物内存在多种明显的需求模式，需求的产生与这些建筑物的用途及用途变化密切相关。医院建筑内空调的使用越来越密集，在护理、交流和餐饮等环节引入新的制热和热敏技术，以及医院管理中日益"规避风险"的文化，都与他们得出的详细解释有关。

能源利用如何融入日常实践动态的另一个很好的例子来自信息和通信技术（ICT）的快速变化，如与朋友保持联系、火车旅行、在路上工作、根据在线食谱做饭、交易股票、观看橄榄球比赛等，现在都是利用 ICT 的实践。Røpke 等（2010：1764）将 ICT 技术应用的急剧上升描述为"新一轮家庭电气化"，以新的观看、通信、搜索、订购和预定模式使用多种设备，有时是同时使用，在发达国家已经变得完全正常和普遍（在许多发展中国家，尽管远未普遍，但也越来越多）。这不仅对相关设备本身直接消耗的能源有影响，对互联网、服务器、云存储等扩展基础设施也有影响，这些设备通过基础设施进行数字连接（Wiig，2017）。传输和存储的每个字节数据都是对能源的需求（包括通过空调将分布在世界各地的庞大服务器机房维持在运行温度下，参见第二章中瑞典北博滕的案例研究）

根据实践和基础设施之间的关系来概念化能源需求，对于深入了解能源需求的时间模式也很重要。特别是电力使用高峰和低谷已经成为能源政策中需要解决的问题（见第三章）。一种分析每日、每周和季节性能源需求动态的实践方法强调，这些动态是由社会同步模式造成的，人们在相似的时间做相似的事情。因此，可以在总体层面上观察整个社会的节奏，但它们是由个人和组织的许多实践构成的，随着时间的推移，重新生成类似的协调活动模式。正如 Walker（2014：52）描述的：

"在典型的工作日，经典的电力需求的时间模式有早高峰和晚高峰。这些反复出现的峰值是通过将能源实践（跨多个空间）的社会群体同步到同一时间段而产生的。这可能意味着将相同的实践（如烹饪）同步到同一高峰时段，或者将多个相互关联的实践捆绑到同一高峰时段。例如，做饭、看电视、使用电脑、开灯、运行洗碗机、吸尘，所有这些都发生在晚上高峰期，因为那个时间段有很多家庭活动。各个单独的实践不一定是精确同步的（如每个人都同时洗碗），但是在同一个傍晚高峰期，存在各种形式的能源消费实践的共同模式——这种共享模式对于理解实践本身及其与其他实践的时间可能是不可或缺的。"

　　这种对能源需求如何融入社会时间结构的理解，对降低高峰强度、"负载转移"和根据需求对高峰期用电定价和类似的"智能"计划等方面有启示（Torriti，2016）。在许多发展中国家的国家电网系统效率低下且经常过载的情况下，也可能出现不同的含义。例如，影响缺乏电烹饪设备的主要因素，以及在整个撒哈拉以南非洲地区电烹饪作为燃烧生物质的真正"清洁"替代品（不含南非；Brown et al.，np）。对"减载"（暂时关闭部分电网）的恐惧一直影响着撒哈拉以南非洲地区，当地缺乏电烹饪设备，电烹饪作为燃烧生物质的真正"清洁"替代品推广潜力有限。

三　问题是效率低下和浪费

　　如前所述，想要更多地了解能源需求及其构成的一个关键原因是，我们应该采取措施减少能源需求。这一目标可以与许多政策问题相匹配，如增强能源安全、避免对新生产和发电的投资、减少污染和碳排放、降低商业成本和解决燃料贫困，对某些人来说，使其成为当代能源战略最重要和最常识的焦点。

　　迄今为止，减少能源需求的主要方式是专注于提高能源效率和减少浪费。事实上，减少需求和提高能源效率的行动常常被视为完全同义的。还包括"节能"和"减排"等术语，虽然可以对这些术语进行技术区分，但它们本质上都有为了在实现相同目标的过程中消耗更少能源的想法（详见下文）。

能源效率（energy efficiency）

能源效率通常被定义为以较少的能源投入提供相同的能源服务

或达成相同的结果。例如，通过改善隔热和防风措施或安装新的更有效的供暖系统，以用更少的能源将房间加热到一定温度。

更广泛地说，效率是一个概念，Lutzenhiser（2014：142，143）指出，其与"总体上的现代性（有关）和……更深入地与新教世界观有关"，自20世纪70年代第一次能源危机以来，围绕这些想法出现了大量的能源效率产业。他将这个行业描述为包括"公用事业公司、政府机构、商业公司和非营利性组织在将能源效率作为产出的过程中所进行的协调行动"。他补充说，这种产出相当特别，因为它缺少一些东西（能源流动并没有发生），不是有形的物体或服务。

当然，对通过提高能源效率可以实现的目标的预期已经变得很高，并且可以发现与特定的技术、个人和家庭、整体住房存量、城市、产业、经济以及全球能源系统有关。表6.2中列出了一些示例。通常，这种估算背后的驱动力是指向"节约"能源而不是生产和消费能源的巨大潜力。在这些术语中，提高效率已被视为供给的替代方案，可以通过投资获得比建造新发电站更高的回报率。负瓦特（negawatts）的概念（Lovins，1990）把握住了这一逻辑——通过实现数千瓦的效率增益来避免兆瓦级的生产。

表 6.2　能效政策和提案的示例

能源效率政策	提高效率的潜力
欧盟关于提高建筑物能效的政策	欧盟委员会建议建筑物占欧盟能源消费的40%和二氧化碳排放量的36%，这主要与加热有关。虽然"新建筑通常每年每平方米需要不到3~5升取暖油，但旧建筑平均消耗大约25升。有些建筑物甚至需要高达60升"。他们估计，欧盟大约三分之一的建筑物至少有50年的历史，通过"提高建筑物的能源效率，可以将欧盟的总能源消费降低5%~6%，并将二氧化碳排放量降低约5%"。 来源：https://ec.europa.eu/energy/en/topics/energy-efficiency/buildings

能源效率政策	提高效率的潜力
联合国"人人享有可持续能源"议程	联合国"人人享有可持续能源"议程旨在到 2030 年实现现代能源服务的普遍可及。为了确保实现这一雄心勃勃的目标不会与全球碳减排目标相矛盾，这一承诺伴随着另外两个目标：一是将可再生能源在全球能源结构中的份额提高一倍；二是将全球能源效率提高一倍。能源效率委员会在 2014 年向"人人享有可持续能源"议程咨询委员会提交的报告中估计，这将需要全球"在能源效率措施方面的投资在最近的每年 1800 亿美元的基础上增加大约 1300 亿美元，以实现'人人享有可持续能源'议程的目标"
英国国家能源效率战略	2012 年，英国的能源与气候变化部启动了一项国家能源效率战略，建议到 2020 年将英国的能源利用量减少 11%。该战略致力于克服提高能源效率的四个主要障碍：市场不完善、信息缺乏、激励机制薄弱，以及实施效率提升措施的实际困难。报告认为，为克服这些障碍而提出的投资计划可以在 2020 年之前为英国节省 196 亿千瓦时电力，相当于 22 个发电站的输出量

负瓦特（negawatts）

负瓦特是一种表达节能效果的方式。负瓦特是度量通过投资能源效率和减少浪费来避免电力消耗的单位。

为了提高能源效率，各国政府已经制定和实施了许多不同类型的政策措施，包括提供有关节能潜力的信息、制定技术效率标准（关于电器、房屋、汽车等）、投资于研发、禁止低效技术、用税收和补贴来提供激励，有时还免费提供或补贴安装更高效的设备。Lutzenhiser（2014）认为这些已有措施都属于"物理–技术–经济模型"（PTEM）的框架，具有以下四个特征。

• 几乎只关注设备和成本，很少考虑社会系统、作为社会参与者的消费者或其他非技术和非经济的方面。

• 能源效率投资的货币化成本和收益是最重要的；经济回报需要成本效益。

● 消费者是理性的参与者，他们对经济成本和回报有着内生的兴趣，他们寻求信息、善于计算并知道他们使用能源的目的。

● 通常基于平均值的测量和假设来考虑消费者，这些平均值表明他们的行为方式是普通的和正常的。

理性行动者（rational actors）

理性行动者这一术语与政策干预中的一般假设有关，即人们在选择备选方案时，将遵循明确的经济和自利逻辑。这被批评为对决定人类行为的因素理解不充分和过度简化。

回顾过去，按照这些逻辑去提高效率和消除浪费的尝试已经确定实现了一些效率提升。例如，近年来投入清洁炉灶（见图 6.5）行业的数百万美元资金通常被认为对健康有益（参见 Mortimer et al.，2017），并且还在此类炉灶效率提高的基础上得到推广（据说清洁炉灶在使用生物质燃料方面的效率比传统炉灶高 30%～60%）。全球清洁炉灶联盟 2016 年的报告表明，"自 2010 年以来，已累计分发了 8200 万个炉灶和燃料，其中包括 5300 万个清洁和高效的炉灶"。

关于能源效率的文献也充满了对困境的讨论，在解决"能源效率差距"的过程中，在技术上可实现且经济上明显合理的方面，发现了广泛的问题。随后的回应保持相同的思维方式，强调需要更好地沟通，找到让人们的行为更理性的方法，消除阻碍创新传播的市场障碍，并制定更有效的经济激励措施（有关在清洁烹饪转型背景下对这些陷阱的精彩讨论，请参阅 Crewe，1997）。

然而，更具思辨性的观点已经采用了 PTEM 框架的假设，认为这些假设与社会现实相距甚远，特别是在关于消费者作为主要理性参与者的假设方面，与部署（或未部署）它们的社会过程和情境分开（Lutzenhiser，2014；Shove，1998）。社会—技术视角挑战此类假设，重点关注能源利用设备如何在人们的日常工作中以复杂的方式陷入困境，各种往往相互矛盾的理性和框架是如何起作用的（而不仅仅是经济因素），实现变革的力量的分布不均，还有很多其他因素使 PTEM 的假设成为"能源效率幻想"（Lutzenhiser，2014：148）。越来越多的研究采纳了这些想法。案例研究提供了一个例子，解释了在养老院中可持续能源技术的有限使用。

图 6.5　尼泊尔的改进型炉灶和排烟罩

（图片来源：**Actual Action/Prabin Gurung**）

其他观点指出，即使成功实施，效率提升也可能被其他持续的动态淹没，这意味着效率对总能源需求的影响并不像看起来那么重要。"杰文斯悖论"和密切相关的"回弹效应"（Chitnis et al.，2013，另见第九章）已经用于刻画通过使用较少的能源而出现的资金节省，最终可能用于其他能源利用活动的方式（例如，驾驶更节能的汽车时，用同样多的汽油行驶得更远）。这种动态的思考方式在很大程度上停留在人类行为的经济框架内，但更多的社会学分析进一步指出了许多正在进行的社会变革，这些变革可以与逐步提高能源效率同时发挥作用。例如，人口动态的变化（更多的单身家庭）、技术使用模式的变化（如家里有更多的电视导致更长的看电视时间）以及技术设计的其他特征（如更大和更重的汽车），将其融入日常实践可能会推高总能源需求，从而抵消效率提升。在一项针对瑞典的分析中，Bladh（2012：386）评论说："存在……抵消更纯粹的社会性质的倾向，这些倾向在更纯粹的技术意义上部分超过了效率的提高。人口增加、人均汽车数量增加以及普通家庭人口减少都是这种趋势的例子。它们在总能量消耗中发挥着重要作用，可能比能源回弹效应更重要。"

案例研究：养老院中的可持续加热技术

在一项关于在养老院实施可持续加热技术的研究中，Neven 等（2015）展示了将新技术集成到特定环境中的复杂性，尽管在提高效率和节省能源费用方面取得的明显收益似乎显而易见。从技术和经济角度来看，养老院的特点表明它们可能特别适合实施更可持续的加热技术。养老院对空间供暖和热水的需求相对较高，通常 24/7 全天候供应，尤其是在英国，人们认为提供温暖的环境是照顾老年人的核心。然而，有许多考虑因素，包括通用的和与情境相关的，通常会影响技术吸收的过程，对于养老院，需要考虑特定的机构质量。

养老院按建筑用途和室内环境可分三类空间，一是长期居住空间，二是护理空间，三是工作空间，养老院介于家庭、工作、公共空间和私人空间的传统分类之间（Walker et al.，2015c）。养老院也有非常不同的建筑形式，有些是旧建筑，有些非常新（有的是新旧结合）。有些是大型连锁企业的一部分，有些则由地方当局经营（尽管数量在下降），有的是由居住在当地的业主或经理经营的个人住宅。这些在养老院的案例研究的结果中非常重要，养老院侧重于管理者和员工的观念和经验，而不仅仅是技术问题。

出现了两个关键主题。第一个主题涉及通过新技术投资实现的成本节约与进入不熟悉的技术领域给企业带来的风险之间的平衡。在成本方面，节省是可以理解的，但即使能源价格上涨，与经营养老院的总成本相比也微不足道。在风险方面，有一些不同的观点，但主要是对任何可能导致养老院运营中断或损害其作为护理提供者的声誉的事情都非常敏感。正如研究人员评论的那样，通过这种方式，养老院的声誉可以被视为依赖于看似平凡和模糊的东西，比如修理一个损坏的地源热泵的可用部件。

第二个主题涉及对老年和弱势居民护理实践的影响，强调它们的重要性，但也强调某些技术安排可能带来的好处，有时甚至是坏处，特别是那些促进更稳定的热环境的技术安排。再次使用地源热泵和地板采暖的例子，可以拆除散热器并为护理实践提供更强的安全性和灵活性，实现能源和成本的节约。但是硬地板、清洁和气味管理问题也会带来负面影响。因此，评估技术不仅仅要根据其节能潜力。

最终，该研究得出的结论是，如果养老院所有者认为其运营面临的各种潜在风险很大且不易控制，并且收益不确定和微不足道，他们将毫不奇怪地坚持他们已经知道的东西。当在用于持续照顾弱势老年居民的建筑物中进行基础设施改造的机会非常有限时，情况更是如此。他们得出的结论是，尽管存在明显的技术潜力，但养老院仍然不太愿意接受可持续性创新，这项评估清楚地表明了技术潜力实现的复杂性。

杰文斯悖论（Jevons paradox）

杰文斯悖论指的是一种反直觉的方式，通过技术变革获得的效率最终会增加（而不是减少）资源消耗。英国经济学家威廉·杰文斯（William Jevons）注意到了这一现象，他观察到蒸汽机效率的提高是如何导致该国煤炭消耗量急剧增加的。效率的提高降低了作为总成本的一部分的燃料成本，从而有可能消耗更多燃料。

我们再次看到将能源利用视为一种社会问题的重要性，它深深植根于社会变革的持续动态之中，而不是与它们分离。也可以通过政治经济视角来看待能源和碳效率的提高。例如，能源供应商并不一定认为减少能源消费符合其利益，政府经常从能源生产和消费（如燃料销售）中得到大量税收，此外负责执行监管标准的公司也对其利润可能受到的负面影响很敏感。英国最近的一个例子证实了这一分析，英国所有新住房的零碳标准是在近 9 年的合作过程中制定的，在住宅行业保守派的游说下，政府于 2015 年取消了这一标准（Walker et al.，2015a，2015b）。因此，未能实现能源效率潜力，以及在能源政策优先事项中忽视"需求侧"，反映了政治权力在广泛的利益相关者和参与者之间不平等的分配。

零碳（zero carbon）

零碳是为特定空间（如房屋、工作场所或城镇）或活动（如火车旅行）设定的目标，目标是大气中的碳不净增加。这可以通过使用可再生能源来实现，或通过诸如植树等方式来抵消碳排放。"零"的确切计算方法既复杂又充满争议。

四　消费与需求的问题

已经讨论过的更关键的论点既指出了将能源效率概念化的既定方法的不足之处，也指出了将提高效率作为减少能源需求的一种方法的局限性。在许多人呼吁减少碳排放的速度和程度的背景下，这些限制变得更加明显（Walker，2016）。另一种减少需求的方法就是把需求本身的基础问题化，即目标不是使能源利用更有效率，而是首先解决能源的用途。这意味着一是要关注能源密集型社会的既定生活规范，二是要关注商业和政府行为体的行动。这些组织改进能源的消费形式，并维持高耗能经济增长［包括增长最快的发展中经济体的行动，参见 Rafey 和 Sova-cool（2011）关于南非能源开发话语的讨论］。

这一领域涉及讨论社会如何实现幸福或"美好生活"（Sayer，2011），以及认为必须履行减少和控制碳排放的责任的观念（见示例2）。这不仅仅是说应该全面减少能源消费，因为国家之间和国家内部的能源利用模式存在严重的不平等，显然需要将能源获取和更优质的能源服务带入许多没有能源的人的生活中（见第二章）。但是，谁能说出基本能源利用、浪费、不必要和过度使用之间的界限在哪里？

Walker 等（2016）分析了一系列焦点小组讨论（从 2008 年到 2014 年每两年一次），这些讨论涉及公众，并聚焦于英国最低限度的体面生活标准。他们研究哪些使用能源的项目包含在这些群体预期的生活方式中。核心能源的使用，如供暖、照明、烹饪和娱乐，贯穿整个小组讨论。其他的则是随着时间的推移，由人们对日常生活中习以为常的事物的认识逐渐演变而来，比如电脑、大屏幕电视和适合大家庭的汽车。这表明，相对于当前的社会背景，人们对"什么是必要的"的理解确实会随着时间的推移而发生变化，能源依赖和消费的规范也会不断升级。

就获得幸福和体面生活所需的能源消费水平而言，关于"什么是必要的"的辩论，反映在对能源获取项目的发展影响的讨论中。例如，对于现代能源服务的"获取"构成存在争议，因此在 2030 年实现全民能源获取的"人人享有可持续能源"议程的实现情况方面存在争议。正如全球发展中心的 Todd Moss（2015）所指出的，目前由国际能源署、联合国和世界银行使用的现代能源获取的定义是，每个城市家庭每年使用

500 千瓦时电力，农村家庭为 250 千瓦时。这意味着现代能源获取的国际定义为每人每年 50~100 千瓦时。这是一个典型的美国人在不到三天的时间内使用的能源。这一标准反为全球平均水平的 3%，只够为手机充电和每天使几个灯泡运行几个小时。这显然不是现代的标准。

这种类型的"底线"方法偶尔会在捐助者资助的项目中引起某种程度的施惠态度，这些项目的家庭系统经过设计，只提供照明和手机充电，但不能使用像电视或收音机这样的电器，这些电器被视为无足轻重，与社会进步无关。Gent（2014：178）在尼加拉瓜的一个主要非政府组织运营的项目中探讨了这个问题，该项目的 SHS 方案中不包括支持交流设备的逆变器，因为该组织不认为资助电视机的使用是对国际发展援助资金的适当使用。可以想象，在大多数情况下，当地社区成员已经对系统进行了改造，以便能够将系统用于此类目的。

示例 2：无购物日

无购物日（Buy Nothing Day，BND）起源于 20 世纪 90 年代初的加拿大，随后作为一种反对消费主义的国际集体行动形式传播到 60 多个国家。自 1997 年以来，BND 的组织是为了配合"黑色星期五"（美国感恩节后 11 月底的促销活动）无购物日设在"黑色星期五"的后一天。BND 直接反对了零售商和广告商加速和扩大消费的努力。

BND 的重点是鼓励个人做出承诺，在某一天不购买任何东西。这一直是一些批评的根源，因为可以说它所做的只是将消费转移到不同的日子。然而，BND 更广泛的意图是质疑围绕购物和消费的规范、欲望和行为，并加强对我们（想要）购买什么的决定因素的理解。为此，BND 得到了一系列组织的支持，例如总部位于温哥华的广告克星（Adbusters）是一个由艺术家、作家、音乐家和设计师组成的全球组织，旨在扰乱、颠覆和改变既定的消费规范。正如广告

> 克星网站所说："BND 不仅仅是改变你一天的习惯，而是关于重新发现自由生活的意义。如果你要购买，选择本地的商品、独立的，或者自己做一些东西。让我们找回自己的生活，停止消费主义购买。"
>
> 　　最终目标是培育"一种经济和文化，减少消费会变得很酷"（Revkin，2011）。

　　这反映了捐助者、项目开发商和最终用户在满足贫困社区的能源需求方面应该扮演何种角色的不同假设。Gent（2014：177）借鉴了 Escobar（1995）的观点，认为当前满足普遍能源"需求"（无论这些需求是如何定义的）的驱动力可以有助于使"人们的需求没有问题"，而实际上，个别社区表现出了与能源利用相关的不同需求、愿望和优先事项。正如她认为的那样，这种话语可以提供"以援助或技术援助形式进行干预的合法性"，将"外部（发达国家）规范和期望强加给其他社会"，拒绝其他劣等的生活方式。

　　这让我们重新考虑更多关于能源需求的政治争论，这些争论不是基于提高当前能源消费水平的效率，而是通过挑战全球现代政治和经济话语中受增长约束的动态来质疑这种需求本身的基础。近年来，出现了一系列社会运动，既挑战了继续推动当前能源需求模式的主导政治和经济力量，又提出了或多或少涉及某种拒绝的替代生活方式。将这些替代方案进行概念化的一种越来越有影响力的方式来自"去增长"的观点，正如 Martinez-Alier 等（2010：1741）所说，这种想法正在成为"一个与社会和环境运动有关的旗帜，以及学术界和知识界的新兴概念"。在行动主义者中，"去增长"和相关的概念，如"a-growth"（Jeroen et al.，2012）帮助巩固了对立的乌托邦主义，或围绕着迄今为止看似本地化斗争的一系列不同的批评思想和政治行动的"汇合点"，特别是在整个欧洲（D'Alisa et al.，2013；Kallis & March，2015）。

去增长（degrowth）

去增长是一种新的政治和社会想象，它与经济增长意识形态相对立，后者继续主导着当代政策话语。这起源于法国的去增长（décroissance）运动，近年来在欧洲和美洲的影响力越来越大。它有时会与其他相关概念形成对比，例如"增长"（a-growth）、"后增长"（post-growth）或"反增长"（anti-growth）。

五 结论

本章重点介绍了能源的使用方式和原因。我们特别强调了以下复杂性。（1）衡量全球能源需求的模式及其随空间和时间的变化。（2）降低能源消费水平以应对气候变化、安全问题和能源成本日益增长的压力。自始至终，我们都强调了处理能源需求动态的重要性，不要将其在很大程度上归结为技术或金融问题，而是作为嵌入能源消费的复杂社会实践的一种表达。因此，我们在结束本章时思考了减少全球能源需求的机制和最主要办法的局限性（例如，技术创新、激励措施的使用和国家或国际标准的制定）。相反，我们强调需要将这些干预措施置于涉及能源需求的更基本问题的情境下，例如在提供能源服务的背景下对"需求"的定义，以及正在出现的试图阐明以其他方式取代霸权式增长取向的尝试。

六 供讨论的问题

- 如何定义能源的基本需求？这在世界各地不同社会背景之间有何不同？

- 仅将减少能源需求的重点放在提高能源效率上有哪些局限性？
- 在推动去增长议程方面，有哪些挑战？
- 在领域、生产和消费方面，将碳排放分配给国家的最合适方式是什么？
- 为什么"改进的"、更高效的炉灶的推广潜力相对有限？

七 活动或潜在研究项目

- 与年长的人讨论，了解他们自童年时代起对能源的使用和依赖发生了怎样的变化。他们家里的供暖、照明、电器等的能源需求是什么样的？他们描述的是怎样的社会和技术变革过程？未来可能如何发展？
- 考虑获取"现代"能源服务的标准或"基本"水平的几种不同定义。选择这些定义之一，并根据所涵盖的服务，证明你的选择是合理的。选择来自两个对比鲜明的不同发展中国家，比较它们目前的基本能源获取水平。在努力应对到 2030 年为两国全体人口提供基本能源获取的全球挑战时，可能会遇到哪些困难？概述可在两国实现这些目标的替代战略，并评估其有效性。

八 阅读推荐

■Escobar, A. 2015. Degrowth, postdevelopment, and transitions: a preliminary conversation. Sustainability Science 10: 451-462.

这是一篇有趣的论文，以创新和引人入胜的方式讨论了本章中的一些主题。作者试图在关于"去增长"和"后发展"的独立文献之间发起对话，他认为这些文献共同拒绝了持续追求增长和发展的核心假设，并专注于阐明激进的、社会和生态可持续的替代愿景。

■Lutzenhiser，L. 2014. Through the energy efficiency looking glass. Energy Research and Social Science 1：141-151.

考虑到通常嵌入在政策和"能源效率行业"中的能源利用和节能的狭隘模型，这篇文章对能源效率的处理是批判性的。文章认为，标准的技术经济模型在概念上是有问题的，这种模型限制了气候行动的范围，阻碍了最佳努力，并误导了政策关注。

■Pachauri，S. 2011. Reaching an international consensus on defining modern energy access. Current Opinion in Environmental Sustainability 3（4）：235-240.

这篇文章探讨了采纳普遍能源获取目标的日益增长趋势，考虑了"获取"的替代定义，以及从操作角度可以利用哪些标准来衡量获取。文章反映了可能包含在任何基本需求定义中的能源服务组合、设定最低阈值所涉及的困难，以及过渡到最低基本能源服务水平的家庭的成本影响。

■Walker，G.，N. Simcock and R. Day. 2016. Necessary energy uses and a minimally-decent standard of living in the UK：energy justice or escalating expectations? Energy Research & Social Science 18：129-138.

这篇文章探讨了在英国界定最低限度的体面生活标准的问题上，公众是如何将能源利用纳入讨论结果的。人们认为，能源利用被认为是获得多种有价值的能源服务所必需的，而且与健康、社会参与、发展和实际生活有关。虽然可以将公开讨论必需品问题作为确定最低标准和燃料贫穷政策范围的合理依据，但这些讨论也可以揭示能源依赖规范的升级。

参考文献

Ackermann, M.A. 2002. *Cool comfort: America's romance with air conditioning*. Washington DC: Smithsonian Institution Press.

Adbusters 2017. Buy Nothing Day. Available online at www.adbusters.org/bnd/

Araújo, K. 2014. The emerging field of energy transitions: progress, challenges, and opportunities. *Energy Research and Social Science* 1: 112–121.

Aronczyk, M. 2005. 'Taking the SUV to a place it's never been before': SUV ads and the consumption of nature. *InVisible Culture: An Electronic Journal for Visual Culture* (IVC), Issue 9. Available online at www.rochester.edu/in_visible_culture/Issue_9/aronczyk.html

Barrett, J.R., G. Peters, T. Weidmann, K. Scott, M. Lenzen, K. Roelich and C. Le Quere. 2013. Consumption-based GHG emissions accounting in climate policy: a UK case study. *Climate Policy* 13 (4): 451–470.

Bhatia, M. and N. Angelou. 2015. *Beyond connections: energy access redefined*. ESMAP Technical Report; 008/15. Washington DC: World Bank. Available online at https://openknowledge.worldbank.org/handle/10986/24368

Bladh, M. 2012. Energy consumption and stocks of energy-converting artefacts. *Energy Policy* 43: 381–386.

Brand, C. and B. Boardman. 2008. Taming of the few – the unequal distribution of greenhouse gas emissions from personal travel in the UK. *Energy Policy* 36: 224–238.

Brown, E., J. Leary, G. Davies, S. Batchelor and N. Scott. forthcoming. eCook: what behavioural challenges await this potentially transformative concept? *Sustainable Energy Technologies and Assessments*, ISSN: 2213–1388.

Chitnis, M., S. Sorrell, A. Druckman, S.K. Firth and T. Jackson. 2013. Turning lights into flights: estimating direct and indirect rebound effects for UK households. *Energy Policy* 55: 234–250.

Cooper, G. 1998. *Air-conditioning America: engineers and the controlled environment, 1900–1960*. Baltimore, MD: John Hopkins University Press.

Crewe, E. 1997. The silent traditions of developing cooks. In *Discourses of development: anthropological perspectives.* R.D. Grillo, and R.S. Stirrat (eds). London: Berg.

D'Alisa, G., F. Demaria and C. Cattaneo. 2013. Civil and uncivil actors for a degrowth society. *Journal of Civil Society* 9 (2): 212–224.

Davis, S. and K. Caldeira. 2010. Consumption-based accounting of CO2 emissions. *Proceedings of the National Academy of the Sciences* 107(12): 5687–5692.

Escobar, A. 1995. *Encountering development: the making and unmaking of the third world.* Princeton, NJ: Princeton University Press.

Escobar, A. 2015. Degrowth, postdevelopment, and transitions: a preliminary conversation. *Sustainability Science* 10: 451–462.

Fouquet, R. and P.J.G. Pearson. 1998. A thousand years of energy use in the United Kingdom. *Energy Journal* 19(4): 1–41.

Friman, M. and M. Hjerpe. 2015. Agreement, significance, and understandings of historical responsibility in climate change negotiations. *Climate Policy* 15(3): 302–320.

Gent, D. 2014. *Governing energy in Nicaragua: the practices and experiences of off-grid solar energy technologies.* PhD dissertation. Loughborough University.

Hirsh, R. F., and C.F. Jones. 2014. History's contributions to energy research and policy. *Energy Research & Social Science* 1: 106–111.

Hitchings, R. 2011. Researching air-conditioning addiction and ways of puncturing practice: professional office workers and the decision to go outside. *Environment and Planning A* 43(12): 2838–2856.

Hitchings, R. and S.J. Lee. 2008. Air conditioning and the material culture of routine human encasement: the case of young people in contemporary Singapore. *Journal of Material Culture* 13(3): 251–265.

Jeroen, C. J., M. van den Bergh, and G. Kallis. 2012. Growth, a-growth or degrowth to stay within planetary boundaries?. *Journal of Economic Issues* 46(4): 909–920.

Kallis, G. and H. March. 2015. Imaginaries of hope: the utopianism of degrowth. *Annals of the Association of American Geographers* 105(2): 360–368.

Lovins, A.B. 1990. The negawatt revolution, *Across the Board* XXVII(9): 21–22.

Lutzenhiser, L. 2014. Through the energy efficiency looking glass. *Energy Research and Social Science* 1: 141–151.

Martinez-Alier, J., U. Pascual, F.D. Vivien and E. Zaccai. 2010. Sustainable de-growth: mapping the context, criticisms and future prospects of an emergent paradigm. *Ecological Economics* 69(9): 1741–1747.

Mortimer, K., C.B. Ndamala, A.W. Naunje, J. Malava, C. Katundu, W. Weston, D. Havens, D. Pope, N.G. Bruce, M. Nyirenda and D. Wang. 2017. A cleaner burning biomass-fuelled cookstove intervention to prevent pneumonia in children under 5 years old in rural Malawi (the cooking and pneumonia study): a cluster randomised controlled trial. *The Lancet* 389(10065): 167–175.

Moss, T. 2015. SDG seven: update the 'modern' in universal modern energy access. Available online at www.cgdev.org/blog/sdg-goal-seven-update-modern-universal-modern-energy-access

Neven, L., G. Walker and S. Brown. 2015. Sustainable thermal technologies and care homes: productive alignment or risky investment? *Energy Policy* 84: 195–203.

Pachauri, S. 2011. Reaching an international consensus on defining modern energy access. *Current Opinion in Environmental Sustainability* 3(4): 235–240.

Preston, I., V. White, J. Thumim and T. Bridgeman. 2013. *Distribution of carbon emissions in the UK: implications for domestic energy policy.* York: Joseph Rowntree Foundation.

Rafey, W. and B.K. Sovacool. 2011. Competing discourses of energy development: the implications of the Medupi coal-fired power plant in South Africa. *Global Environmental Change* 21(3): 1141–1151.

Revkin, A. 2011. The ad man behind Occupy Wall Street and 'Buy Nothing Day'. *New York Times*, 25 November 2011.

Rollins, W. 2006. Reflections on a spare tire: SUVs and postmodern environmental consciousness. *Environmental History* 11 (October 2006): 684–723.

Røpke, I., H.C. Toke and J.O. Jensen. 2010. Information and communication technologies – a new round of household electrification. *Energy Policy* 38(4): 1764–1773.

Sahakian, M. 2011. Understanding household energy consumption patterns: 'When West is best' in Metro Manila. *Energy Policy* 39(2): 596–602.

Sayer, A. 2011. *Why Things matter to people: social science, values and ethical life.* Cambridge: Cambridge University Press.

Scott, A. and C. Miller. 2016. Accelerating access to electricity in Africa with off-grid solar: the market for solar household solutions. Overseas Development Institute. Available online at www.odi.org/publications/10200-accelerating-access-electricity-africa-off-grid-solar

Shove, E. 1998. Gaps, barriers and conceptual chasms: theories of technology transfer and energy in buildings. *Energy Policy* 26, 1105–1110.

Shove, E. and G. Walker. 2014. What is energy for?: energy demand and social practice Theory, *Culture and Society* 31(5): 41–58.

Shove, E., Walker, G. and Brown, S. 2014. Transnational transitions: the diffusion and integration of mechanical cooling. *Urban Studies* 51(7): 1504–1517.

Sivak, M. 2009. Potential energy demand for cooling in the 50 largest metropolitan areas of the world: implications for developing countries. *Energy Policy* 37: 1382–1384.

Sørensen, B. 2012. *A history of energy: Northern Europe from the Stone Age to the present day.* Abingdon: Earthscan.

Torriti, J. 2016. *Peak energy demand and demand side response.* London: Routledge.

Urry, J., 2010. Consuming the planet to excess. *Theory, Culture & Society,* 27(2–3): 191–212.

Urry, J. 2013. *Societies beyond oil: oil dregs and social futures.* London: Zed Books.

Walker, G. 2014. Dynamics of energy demand: change, rhythm and synchronicity. *Energy Research and the Social Sciences* 1: 49–55.

Walker, G. 2016. *De-energising and de-carbonising society: making energy (only) do work where it is really needed.* Friends of the Earth Big Ideas Series. Available online at www.foe.co.uk/sites/default/files/downloads/de-energising-society-102383.pdf

Walker, G., E. Shove, and S. Brown. 2014. How does air conditioning become 'needed'? A case study of routes, rationales and dynamics. *Energy Research and Social Science* 4, 1–9.

Walker, G., A. Karvonen and S. Guy. 2015a. Zero carbon homes and zero carbon living: sociomaterial interdependencies in carbon governance. *Transactions of the Institute of British Geographers* 40(4): 494–506.

Walker, G., A. Karvonen and S. Guy. 2015b. Reflections on a policy denouement: the politics of mainstreaming zero-carbon housing. *Transactions of the Institute of British Geographers* 41(1): 104–106.

Walker, G., S. Brown and L. Neven. 2015c. Thermal comfort in care homes: vulnerability, responsibility and 'thermal care'. *Building Research and Information* 44(2): 135–146.

Walker, G., N. Simcock and R. Day, 2016. Necessary energy uses and a minimally-decent standard of living in the UK: energy justice or escalating expectations?. *Energy Research & Social Science* 18: 129–138.

White, L.A. 1943. Energy and the evolution of culture. *American Anthropologist* 45: 335–356.

Wiig, A. 2017. Charging smartphone batteries, powering the internet: conceptualising the conjoined energy infrastructures of mobile, digital connectivity. In *Demanding energy: space, time and change*. A. Hui, R. Day, and G. Walker (eds), London: Palgrave Macmillan.

Wilhite, H. 2008. New thinking on the agentive relationship between end-use technologies and energy-using practices. *Energy Efficiency* 1: 121–130.

World Economic Forum. 2015. *The global information technology report 2015*. Geneva: World Economic Forum.

第七章 能源争议与冲突

学习要点:

- 了解与不同能源生产和供应系统相关的重大健康、环境、经济和格局影响。

- 了解为什么这些影响在不同空间尺度（局部到全球）上分布不均，以及它们如何反映社会权力和影响的不对称性。

- 展示关于能源系统和能源格局的争议和冲突如何涉及关于证据和科学知识的话语主张以及通常根深蒂固的伦理和规范原则。

- 探索对与能源系统相关的冲突的替代解释以及其他反应方式。

争议和冲突是世界各地能源格局的普遍现象。从气候变化导致海平面上升、低洼岛屿缓慢下沉，到能源相关重大灾害的突然发生，与能源相关的福祉和危害分布不均是显而易见的，其有争议的和内在的政治性质也是如此。围绕在特定地点实施能源捕获和转换技术的具体计划，例如页岩气钻探、风电场、天然气管道或核电站，可能会爆发冲突，有时甚至非常激烈。冲突也可能把重点放在国家能源系统的未来规划过程上，以及在战略上支持的技术或治理模式上，或侧重能源系统转型的计划成本和速度。冲突也可能集中在能源生产、分配和消费的直接和局部后果上，如采矿作业、石油泄漏和城市交通污染，由碳排放引发的气候变化在空间和时间上的远期后果，以及通过快速能源系统转型减轻潜在灾难性影响的必要性。争议和冲突似乎在能源格局中无处不在，不仅是其历史发展的一部分，政治紧张和矛盾仍然是当今如何想象和塑造未来能源格局的核心。

　　批判的社会科学方法不仅要关注争论的话题，还要关注话题背后的社会不平衡。能源领域总是有赢家和输家，尽管它们的分布会随着时间而改变。通常，能源系统问题的后果会影响现有的社会和环境不平等和不正义模式，并反映更广泛的权力。冲突的特点通常是不同行为者可用的权力、影响力和资源明显不对称。强大的国家和行业参与者通常致力于开发、维持和复制特定形式的能源系统。能源在更广泛的新自由主义进程中的中心地位，意味着对能源系统或其发展规划过程的破坏很难被容忍。因此，寻求挑战现有利益并提供替代能源的社区和激进主义运动可能会很难，因为它们通常可以使用的资源较少，影响力也较弱。

　　对能源问题的普遍争论和激烈程度，部分反映了关于与能源有关的污染模式、风险和对人类健康和环境变化的其他形式影响的科学调查结果，以及这种调查一般会带来的不确定性和复杂性。无论是现在还是未来，争议也取决于关于公平和正义的不同观念，以及足够安全和可持续的能源系统的构成。因此，在本章中，我们将解释能源争议如何涉及延伸到证据和知识问题的主张形式，包括具有更明显的伦理、规范和政治特征的诉求。因此，争议和冲突不仅仅是要避免的问题，也是审议和民主政治进程所固有的，并且可以在讨论如何发展能源系统和确保在决策过程中进行适当审查方面发挥着富有成效的作用。

　　本章分为三个部分。第一部分考虑能源系统不同部分的主要争议主题，涵盖健康、环境、经济和格局影响，以及能源和碳问题。示例展示了不同空间和时间尺度上的多重关注，以及这些如何结合在一起，并在特定的物理、政治和文化环境中出现。第二部分介绍了"诉求"的概念，并考察了贯穿能源争议的各种诉求形式，从科学知识诉求的"边界工作"，到参与和承认权利的伦理和政治诉求。第三部分反映了围绕能源问题的社会冲突形式的潜在过程，考虑了相互竞争的解释（从邻避主义到对新自由主义增长模式的批评）以及提出的反应和预测的替代形式。在能源设施选址过程中使用"志愿服务"机制的举措被用来举例说明所涉及的一些紧张局势，并与本书第三篇讨论的转型过程建立了联系。本章包含了各种形式的争议和冲突的案例。在本书中还有许多其他示例表明能源格局是争议的主题，因此本章内容也可以应用于分析其他情境和案例。

一　能源争议的特点

Boucher（2012：149）将能源争议定义为"行动者、参与者……卷入政治上重要的话语冲突的情况"。它们是能源格局固有的一种或多种社会政治紧张局势的公开表达，这些"情况"可能是空间集中和有界的，或者延伸到许多不同的位置和环境中。它们也可能是相对短暂的，冲突得到相对迅速的集中和解决（或至少结束）；或者也许是在知名度和政治声望的起伏之后，长时间持续和未解决。

Walker 等（2011）通过案例研究，描述了当地公众和项目开发商之间相互作用的一般框架，考虑了时间动态，特别是可再生能源技术，例如风力发电场和生物质发电厂。他们的框架（见图 7.1）基于不断发展的迭代循环，即项目和过程的期望、参与策略与行动（如公开会议或抗议游行）以及在行动后被重塑的公众和过程的期望。这些互动随着时间的推移而建立，被关键事件和决策阶段打断。他们指出，对于有争议的项目来说，即使是导致特定空间集中的"是或否"决策，也可能需要很多年才能做出。例如，随着时间的推移，他们追踪的来自生物质开发的能源总共需要五年时间，这样的时间与大规模和快速实现低碳能源的供应相矛盾。

生物质能源（energy from biomass）
生物质是有机物质的总称，例如植物和来自农业系统的废物。

存在多种从生物质中提取能量的方法，包括通过焚烧形式发电、将生物质转化为可用作汽油或柴油替代品的生物质燃料、将生物质转化为沼气。从生物质中提取能量已被宣传为可持续和低碳的，但这些宣传一直受到挑战和争议。

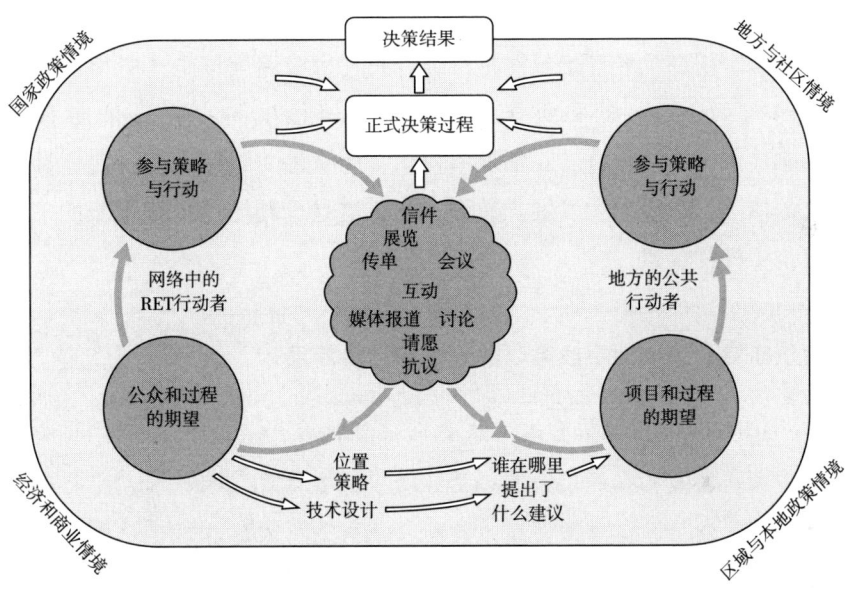

图 7.1　了解公众参与可再生能源项目动态的框架（Walker et al.，2011）

争议和冲突经常被贬低，因为它们会使能源系统的规划和实施复杂化并延迟，而达成共识和协议往往是首选。然而，这种逻辑受到政治理论家的挑战，他们认为在民主制度中，人们可以预料到截然不同的观点，并积极加以利用。例如，政治理论家 Chantal Mouffe 认为，"虽然我们希望结束冲突，但如果我们希望人民获得自由，我们就必须始终考虑到冲突出现的可能性，并提供一个可以解决分歧的舞台。民主进程应该提供这个舞台"。在这种情况下，我们预期相关争议会持续更长时间，而不是容易解决。

关于核能利弊的激烈辩论就是一个长期争议的例子，这种争议已经在时间和空间上广泛延伸。自从 20 世纪 50 年代核能开始民用以来，尽管争议的形式和模式随着时间的推移发生了重大变化，但这些问题一直存在，特别是在应对事故和放射性物质泄漏方面。例如，1986 年的切尔诺贝利（Williams & Baverstock，2006）和 2011 年的福岛（Wittneben，2012）。核辩论在空间上也存在很大差异。由于公众的强烈反对，德国等一些国家现在已经开始反对核能，并正在积极淘汰核能（见第九章）；而其他国家，如法国和英国，正在寻求将核电纳入低碳能源政策（Pidgeon et al.，2008）。许多规模较小、持续时间较短的争议在这种更广泛的核争议中爆发和发展。总而言之，这是一幅描绘持续不断的争论的复杂多样的情景。

案例研究：深水地平线溢油的影响和社会后果

2010 年 4 月，在墨西哥湾美国一侧离岸约 40 英里（约 60 公里）处进行勘探钻探的一处石油钻井平台发生了重大井喷，爆炸使深水地平线钻井平台上的压力控制系统失效，火球吞没了平台并导致 11 名工人死亡。该石油钻井平台由全球最大的海上钻井承包商之一越洋钻探（Transocean）所有，并与总部位于伦敦的英国石油公司管理的马孔多（Macondo）石油勘探区签约。火灾无法立即扑灭，在 89 天内，估计有 490 万桶石油不受控制地释放到墨西哥湾，这是美国历史上最大的环境灾难和世界上最大的海上泄漏事件。深水地平线的灾难和后果影响深远，并引起了很多争议。

在灾难发生后的那段时间里，人们对到底泄漏了多少石油有不同的评估，所有估算数字都有很大的不确定性。对于石油在海洋环境中的分布及影响范围也有不同的评估结果。在危机初期，一个使用卫星图像收集全球人类活动对环境影响证据的非营利组织 SkyTruth 成功地挑战了英国石油公司和美国官方对石油泄漏量的估计。他们的挑战导致修正后的估计值高出了 5 倍（Cart, 2010）。许多当地人也不信任官方对石油上岸和对野生动物影响的模拟评估，以至于部署了由公民主导的替代证据收集流程。在开放技术与科学公共实验室（Breen et al., 2015）的协调下，当地团体使用安装在风筝和气球上的相机拍摄了大量泄漏影响区域的照片。其他项目积累了当地人收集的有关鸟类被石油污染影响的实例的数据。这些团体收集的替代证据讲述了关于环境破坏程度的不同故事，并促进了关于生态灾难和经济后果的公开辩论。

泄漏的经济后果迅速波及沿海渔业社区以及相关行业。漏油事件给企业和居民带来的收入损失一直是分歧和争议的主要来源，并导致了旷日持久的官司。路易斯安那州、密西西比州和阿拉巴马州的许多沿海社区因灾难发生后的捕捞限制而遭受收入损失，在经济上已经处于不利地位，因此事件的影响不成比例地落在那些经济选择有限的人的身上（Safford et al., 2012）。深水地平线漏油事件还提出了石油开采活动监管和现有标准执行方面存在差距这一重要问题，包括利润凌驾于健康、安全和环境问题之上，以及追求"极限能源"的后果（见第一章）。批评人士指出，在能源行业的某些领域，企业的社会责任被框定了，但经常被忽视。英国石油公司因"漂绿"而受到广泛批评。在积极扩大化石能源储备的同时，宣传向可再生能源转变的形象，显然是为了达到生产目标而走捷径（Matejek & Gossling, 2014）。2015 年，英国石油公司同意支付 187 亿美元的罚款，这是美国历史上最大的企业赔付。该公司的总账单，包括与联邦和州政府、财产所有者和股东的多项协议，超过 600 亿美元。BP 在计算其年度纳税义务时能够将其中一些成本作为正常业务费用扣除，这意味着美国纳税人有效地补贴了公司的清理费用，这一事实一直是另一个争议来源。

潜在的能源冲突有很多不同的来源。表 7.1 列出了一组可以提供"话语冲突"焦点的通用类别。该表确定了一些主要的和经常出现的争议和冲突主题，但并不详尽。我们在下面分别讨论这些主题，但重要的是要认识到它们通常是相互结合和相互关联的。它们出现的地点和方式也取决于争议的特定焦点（如所涉及的技术和地点）、参与话语交流的参与者的概况、争议的规模以及随后的传播和它们所处的更广泛的政治或经济背景。示例 1（关于海洋空间的能源开发）、示例 2（关于智利的水电和冲突）以及关于深水地平线漏油事件的案例研究都体现了这些想法。

鉴于健康在人类福祉基本层面的重要性，健康后果可能是能源争议中最激烈的焦点。它们可以出现在能源系统的所有不同组成部分，并跨越空间和时间。因此，能源系统会对许多不同的人群产生健康影响，包括：

● 参与一次能源（煤、石油、天然气和铀）开采的工人面临的风险。

● 发电厂污染排放对健康的影响。

● 沿输配电系统分布的健康风险，例如来自高架电线或主要天然气管道的健康风险。

● 贫困人口使用劣质燃料做饭的健康后果；

● 供暖不足导致的冬季死亡人数过多（见第五章）。

在气候影响方面，健康也是一个主要问题（Levy & Patz，2015）。在许多情况下，有争议的不仅仅是特定的健康影响或风险，而是它们在特定地方和特别容易受到伤害的人群中的积累。能源系统的这些累积和负面影响越来越多地被解释为环境不正义问题（Walker，2012；Bickerstaff et al.，2013）。这种框架突出表明，特定地区（如能源基础设施集中的地区）的人们，或者更广泛地说，穷人、政治上被边缘化的人或者来自少数族裔社区的人们所承受的健康负担是不相称的和不公平的。

环境正义 （environmental justice）

环境正义的概念于 20 世纪 80 年代首次出现在美国，当时是为了抗议废物和有毒场所的社会空间分布不均。它随后在世界许多其他地方演变和发展为政治议题。对于 Walker （2012） 而言，这是"环境和社会差异的交织"，其中可能包括许多与能源相关的不同问题（如污染、气候变化、矿产开采和燃料贫困），以及许多不同形式的社会差异，包括收入、族裔、性别和年龄。

表 7.1 与能源系统相关的争议和冲突主题的示例

类别	阐释	示例
健康后果	对人类健康的影响，包括身体和心理的影响，通常来自污染、风险或污染的形式	化石燃料或核电站的污染，天然气生产和分配系统内的事故风险，燃烧造成的室内污染，对矿产开采工人的影响
环境和生态后果	对动植物、生态系统、生物多样性以及大气系统的影响	能源生产造成的污染，采矿造成的格局破坏，石油泄漏对海洋环境的影响，拦河坝对潮汐环境的影响
经济后果	对经济增长、就业和能源价格的影响	石油生产或水力压裂投资创造的新就业机会，风电场对旅游业和房价的影响，低碳技术补贴对能源价格的影响
格局及视觉影响	对格局质量和与有价值格局相关的地方感的影响	风电场和电力塔的格局及视觉影响，露天采矿和水电大坝的格局后果
公民自由和人权	对自由、政治参与和自决权的影响	监禁和暴力侵害抗议者，与核工业有关的保密，智能电表数据的所有权和安全性
能源绩效	产生能量的多少和可靠性，生产成本的比较以及能量损失或浪费的模式	太阳能或风能发电的间歇性，从天然气到电力转换的能量损失，包括长期废物处理在内的核电全部成本
碳绩效	与不同能源系统和政策相关的碳生产	碳捕获和储存的有效性，整个核循环的碳足迹，生物质燃料的碳平衡

环境和生态后果有时与健康问题密切相关，是一个独特的争议类别，对动植物、生态系统、生物多样性以及更广泛的自然系统功能的影响存在争议。从资源开采到废物处理，能源系统的所有组成部分都会对

环境和生态产生影响。这些因素来自对特定生态空间和物种的局部的影响；对区域和跨国的影响，例如流域规模的影响或大规模水电计划的延长输电线路影响（Schaeffer & Smits，2015）；全球范围内的生态变化、干扰和破坏（如已经经历的和预测的与化石燃料燃烧密切相关的气候变化的结果）。应该重视什么、对谁来说以及为什么重视这些冲突的问题，常常是这些冲突的核心，将环境保护主义者"以生态为中心"的关切，与那些明显"人类中心主义"、关注能源系统对生计和经济发展的贡献的人对立起来。

人类中心主义的（anthropocentric）

在字面意义上，这意味着"以人为中心"，用来表达一种看待世界的方式，这种方式强调了人类和社会的福祉与利益。它常常与"以生态为中心"的世界观形成对比，后者要么同等重视非人类生命体（如动物、植物），要么在某些情况下将它们置于人类利益之上。

示例 1：海洋空间的能源开发

海洋环境正成为新能源投资和一系列能源基础设施发展的重要空间。Roberts（2013）研究了英国近岸海洋环境中三个具有争议的能源开发计划的例子——海上风电场、波浪能测试设施和二氧化碳地下储存。这些活动聚集了各种各样的当地、区域和国家行为者，包括开发商、监管机构、渔民、冲浪者、商会和当地政界人士。对环境影响的关注尤其集中于具有商业价值的海洋生态系统和依赖它们的行业上。例如，对于海上风电场，关注的重点是已建成渔场对海床的破坏以及对海景的视觉影响。对于波浪发电设施，关注点集中于波浪模式变化、渔场和航运安全。碳储存计划的主要问题是碳

泄漏的不确定风险和后果，更一般地说，这是在本应为子孙后代保护的环境中倾倒某种形式的"废物"。正如 Roberts（2013：126）所指出的，近海海洋空间的开发并不"否定考虑利益相关者或公众接受度的必要性"。他的研究发现，即使这些空间距离人们居住的地方有一段距离，人们对当地海洋空间的强烈认同也是非常有价值的。人们对海洋空间的重视往往反映了多年来海洋环境已成为他们工作和娱乐、生活的一部分。

无论是积极的还是消极的方面，能源系统的经济后果往往成为争议的焦点。非常规石油和天然气开发（如石油和天然气的压裂开采，见图7.2）的支持者就会提出关于创造就业机会、税收收入（地方和全国）和降低能源价格的论点（Cotton，2016）。在欧洲，美国水力压裂行业积极的经济经验已被用来支持这种说法；而反对者则反驳说，美国的情况非常特殊，在地质和土地利用权都存在显著差异的欧洲无法轻易复制，而且经济预期被过度夸大（Bomberg，2017a）。正面经济影响的前景也常常与现有就业和收入损失可能产生的负面经济后果相对立（见示例1）。对从事渔业和旅游业者生计的关注经常出现在有关海上能源开发的辩论中，而且鉴于陆上能源基础设施通常位于农村，对农业和旅游业的潜在影响可能尤其有争议。

格局和视觉影响还与能源基础设施所在的特定空间有关。这些影响通常是局部的，并且经常是遇到技术和基础设施入侵的地区，其重要性在于其格局质量（或海景质量，见示例1）和地方感。例如，陆上风电场需要位于风速高的地区，通常是开放的地区和农村地区，如沿海或丘陵地区，这些位置因素解释了一些关于选址的深刻争议（Van der Horst & Toke，2009；Devine-Wright，2009）。同样，露天煤矿开采和山顶移除等采掘技术是对预先存在格局的彻底侵入，改变了地表特征并创造了完

图 7.2 伦敦反对水力压裂开采的抗议者（图片来源：Gary Knight）

全重新设计的格局形式。由于类似的原因（见示例 2），大型水电项目在冰岛和智利巴塔哥尼亚引发了争议，因为它们淹没了高地山谷景观，并且还需要广泛连接的基础设施来向远处的消费者供电（见图 7.3）。·

公民自由和人权在更有限的能源争议和冲突中占有一席之地。然而，它们可能是特别有争议的问题，吸引了一系列国内和国际非政府组织及其他行为者。尼日利亚三角洲地区的石油开采经验表明，为保护能源投资而采取的措施严重损害了社区组织和其他相关团体的自由（Omerje，2005；Watts，2004）。三角洲地区发生了骇人听闻的直接暴力事件，Nixon（2011）将其描述为格局、文化和生活方式逐渐被破坏的缓慢暴力行为。损害原住民土地和生计的能源开发项目一再被视为侵犯人权和暴力使用国家或公司权力。例如，美国的原住民抗议者认为，北达科他州管道将侵犯他们神圣的土地，并且威胁了他们水资源的纯洁性（Levin，2016）；其他例子包括为加拿大原住民领域提议的核废料倾倒场

图 7.3　"巴塔哥尼亚无水坝"运动海报

（Stanley，2008），以及气候变化引起的海平面上升导致几个小岛国被淹没。在这里，由于能源系统脱碳失败，历史、文化和身份的存在正受到威胁。

慢性暴力（slow violence）

Nixon（2011）使用慢性暴力来描述暴力是如何缓慢地、逐渐地、在看不见的地方以一种随着时间和空间分散的方式实施的。这与通常理解的突然而直接发生的暴力形成了鲜明对比。例如，通过土地退化、空气和水污染对地方和社区的影响，以及气候变化的长期后果，形成各种形式的慢性暴力。

在能源系统的需求侧，最近在智能电表进入人们的家中以及预计伴随智能电网运行而来的信息流方面，公民自由问题变得有争议（见第十章）。谁拥有家庭能源数据并有权使用它，以及在什么基础上可以远程控制家用电器作为需求响应措施的一部分，已成为备受争议的问题（Naus et al.，2014）。

智能电表（smart meters）

数字电表能够比传统模拟电表更精确地记录电流，并通过数字系统和无线传输系统来传输这些数据。在某种程度上，它们还可以远程管理和控制。许多国家正在实施在家庭和企业中安装智能电表的计划，以便在智能电网中引入分时定价和智能的实时供需平衡。

能源绩效似乎是一个相对技术性的问题，但争论（包括不同专家之间的争论）集中在能源供应的成本、可靠性和安全性问题以及不同基础设施系统损失或浪费的能源量上。很多争论都集中在各种形式的可再生能源的间歇性上（见本章后面的讨论），批评者认为不能依靠风力涡轮机或太阳能电池板在最需要的时候提供能源。然而，其他人认为，在分散的电网中会发生一些间歇性的平衡（此处没风但彼处有风），并且每种形式的能源供应都需要被视为替代能源组合的一部分。

间歇性（intermittency）

受风、太阳辐射或波浪运动等强度的影响，某些形式的可再生能源发电是间歇性运行的。与煤炭或核能发电的稳定性相比，一些人认为这是一个问题。虽然现在可以在一个集成的智能能源系统中很好地预测和管理这种间歇性，但在多大程度上可以依赖这种间歇性存在很多分歧。

特定技术和政策的碳绩效是能源辩论中一个相对较新的焦点。碳越来越成为评估能源系统的关键指标。将一项技术或政策框定为低碳或高碳，可能会产生重大后果，因此碳绩效已成为争论和挑战的主题。在过去十年中，核电的支持者在将核电重新定位为低碳甚至零碳发电形式方面取得了很大进展（见本章后面的讨论）。反对者质疑核电的低碳资质，指出了采矿、运输和加工铀燃料、建造发电站和处理废物涉及温室气体排放（Sovacool，2008）等问题。以生物质形式存在的生物质能源提供了另一个例子，说明低碳燃料一直是争议的中心。在 21 世纪初，生物质燃料最初被宣传为"解决环境、能源安全和农村发展问题的灵丹妙药"（Boucher，2012），并特别强调了其具有全球性重要意义的碳绩效。如果在燃烧过程中排放的 CO_2 与在原料生产过程中从大气中吸收的 CO_2 之间存在平衡，则生物质燃料可以实现碳中和。然而，碳平衡的假设越来越受到挑战。批评者指出，为生物质燃料生产而清理土地会产生"碳债务"，并且使当地的粮食安全、土壤和水资源退化问题产生了连锁反应（Palmer，2014），包括在亚马孙河流域等地区（Walker，2012）。

二　诉求与冲突：科学、正义与政治

在研究了一些非常激烈的争论话题之后，我们可以看到为什么能源系统经常成为冲突的焦点。然而，在各种争议中，许多反复出现的"诉求"正在发挥作用。在本节中，我们将更详细地分析各种诉求类型，以及相关行为者的策略如何塑造这些诉求。先前提供的争议定义清楚地表明，争议通过话语表现出来，包括文字、文本和图像的产生、流动和流通。通过这些论述，人们可以对前面讨论过的各种影响和后果的规模及重要性提出诉求，也可以对其他相互竞争的声音提出的证据的可靠性和做出决定的依据提出主张。因此，诉求是关于事实和知识（关于事情是怎样的）的竞争性解释，但也与规范性问题（事情应该如何）以及它们之间的相互作用有关（Walker，2012）。

在下面的讨论中，我们将展示提出诉求如何涉及各种战略选择。诉求提出者可以试图让"科学"站在自己的一边，声称科学知识作为"真理"通常具有可靠性。Gieryn（1983，1999）将此称为"边界工作"，参与者试图在其中划定科学与非科学、理性与非理性之间的界限，有时在好科学与坏科学之间划定界限。参与者还可以根据诉求的规模做出战略选择，以获得支持。争议的各方可以使用"尺度转移"作为一种策略，把看似地方性的问题变成全国性或国际性的问题，有时也可以反过来（Kurtz，2002）。关于如何看待现有的决策过程，也有一些战略选择，即是否尊重这些过程，是否利用可供不同利益攸关方参与的机会；还是批判所遵循的程序，并质疑所做决定的合法性，甚至可能完全退出参与。无论选择何种策略，知识主张的传播方式通常都受到传统新闻网络和社交媒体的极大影响，它们以特定的方式选择性地吸收和放大话语。下面的例子说明了这些观点。

气候变化很好地说明了如何利用全球范围内关于科学知识主张的争议，来推进国家和地方范围内关于能源政策方向的争议。Barr（2011）、Stoll-Kleemann 等（2001）和 Whitmarsh（2009）说明了围绕气候变化和气候科学存在几种不同的话语。这与一些政策制定者、政治家和政治附属机构对气候变化的持续怀疑和否认有关，特别是在 2009 年年底东英吉利大学气候研究部门披露数据和通信之后。这些似乎表明气候数据受到了操纵，但随后经过调查发现这一指控是没有根据的。这被称为"气候门"（Leiserowitz et al.，2013），这一事件在一段时间内极大地破坏了公众对同行评审气候科学的看法，并为那些反对减缓气候变化措施的人提供了新的理由，即使 IPCC（2014）最新报告中对于人类活动对气候的影响有明确的发现。"气候门"说明了尺度转移的过程，因为科学界的一组内部电子邮件对话变成了全球化的知识争议。

关于气候变化的知识主张是基于同行评议的关于人类活动对气候的影响的科学，以及快速应对气候变暖的政策和彻底改变的必要性。Barr（2011）的研究强调公众对气候研究人员做法的怀疑如何导致公众对科学过程的信任全面下降（Leiserowitz et al.，2013）。然而，意识形态也发挥着作用，这可以从大众媒体对气候变化的宣传方式中看出。Carvalho（2007：223）对英国"优质"报纸的气候变化报道的分析发现："意识形态被理解为……一组思想和价值观，使行动纲领相对于给定的社会和政治秩序合法化。意识形态在决定什么是科学新闻，即什么是相关'事实'时，是一种强大的选择工具，决定了谁才是科学事务当中'权威的代理人'。"

这里的重点是，在传达特定主张时，传统媒体和社交媒体对科学家的工作进行了不同的解释。在这样做的过程中，它们重新划分了被认为是合理的和有问题的科学实践形式（Gieryn，1999），以及研究结果对经济决策影响和政治决策影响之间的界限。因此，Carvalho（2007：223）认为"科学知识的表达对于评估政治计划和评估政府和公众在应对气候变化方面的责任具有重要意义"。关于气候变化的公众争议反映了不同行为者对用于制定和实施政策的科学提出主张的方式，以及在更广泛的社会中解释科学知识的方式。关于科学知识的主张很容易被用来支持或反对特定的能源政策。例如，英国中右翼的《每日邮报》（*Daily Mail*）巧妙地调动了其对气候变化问题的怀疑立场，强烈反对可再生能源的发展，理由是可再生能源是不必要的，且代表着基于"糟糕的"科学向英国公民征收"绿色税"。

许多知识争议可能具有全球性，但通常是在特定地点解决的，并且通常与能源设施的选址或扩建有关。近年来，页岩气钻探、风力涡轮机、太阳能发电场、水力发电厂和潮汐拦河坝的选址在全球各地引发了广泛的争议和冲突。总而言之，这些争议的案例突出了与能源选址争议相关的知识主张的不同特征，还有它们如何经常围绕科学数据的使用、合法性和治理问题以及与特定格局相关的价值的竞争主张展开。在一项关于风能的公众信仰研究中，Devine-Wright 等（2006：243）发现许多不同的团体都利用科学数据来支持自己的论点，但在这样做的过程中，每个团体也承担了各种类型的"边界工作"。例如，风能发展的支持者和反对者都关注能源供应可靠性问题，尽管怀疑论者使用不可预测性和不可控制性的概念以及工作优于闲暇的概念来攻击风能的间歇性；而支持者则提到可变性和波动性。尽管存在两极分化的观点，但具体的主题表明，间歇性的社会表征有一个共同的基础结构，集中在与电网的兼容性、对天气的看法、风能的独特性以及事实胜于神话的美德。

通过这种方式，两方都利用了研究数据表明风力涡轮机的能源供应将是间歇性的，但这是以不同的方式表达的。

除了相互竞争的知识主张之外，争议还可能源于与受影响社区缺乏有意义的接触（Lesbirel & Shaw，2000）。例如，风能项目的选址通常要么借助分配土地的立法，要么采用简单的市场原则进行场地开发，选择的是可能产生最高价值投资回报的区域。这些方法可能导致场地开发商和当地社区团体之间的对峙，其中明显的二元选择（支持与反对）过度简化了辩论，并使协商过程变得不充分。事实上，风能项目治理不善导致开发商将某些社区组织和政治参与形式置于其他形式之上，从而使开发新的可再生能源产能的过程完全失去合理性。通常情况下，知识获取和知识共享的过程是不平等的。因此，许多人认为是不正义的。因此，当地社区通常认为项目是外部"强加"的。

示例 2：智利巴塔哥尼亚的水电冲突

　　智利的能源系统在制度上非常集中，由垄断发电和配电的大公司主导，中央政府深度参与重大基础设施项目。2005 年，巴塔哥尼亚的人们了解到在该地区建造由五座大型水坝组成的新水力发电设施的计划。"巴塔哥尼亚国防委员会"（Consejo de Defensa de la Patagonia）成立，并立即开始积极反对这一计划。反对大坝建设的"巴塔哥尼亚不要大坝"社会运动发展起来，并一直持续到 2014 年。激烈的抗议活动虽然局限于当地，但吸引了智利国内和国际很多社区团体和非政府组织，包括国际河流组织、自然资源保护委员会和绿色和平组织（Schaeffer & Smits，2015）。反对该计划的理由不仅是高价值格局和本地物种将会被直接破坏，运动还反对建设长达 2300 公里的输电基础设施，这些设施将连接智利北部的区域电网系统和将成为电力主要消费者的大型矿业公司（见图 7.3）。因此，这些项目被视为主要是为了公司和国家的利益，而不是为了当地社区的利益。反对者最终取得成功，政府于 2014 年以破坏环境为由拒绝批准改项目。这场冲突催生了地方行动，其重点是制定一条可持续的绿色能源替代路径，体现地方决策和参与，并独立于中央政府（Walker & Baigorrotegui，2016）。

　　与可再生能源发展相关的价值冲突常常是二元对立的。例如自然环境与工业建设，因为不同的利益相关者在讨论社会和经济必要性的同时，也在讨论环境价值。然而，问题往往比这种二元论话语所能够讨论的要复杂得多，正如 Jackson（2011）对葡萄牙水电站大坝和英国潮汐堰坝的研究所表明的那样。这两个案例说明了地方层面的自然保护价值观（如对生物多样性和栖息地丧失的担忧）与通过实施大规模可再生能源计划减少碳排放的国际要求之间的差异可能导致冲突。Jackson（2011）的研究和其他许多研究一样，强调了围绕能源开发的冲突常常将知识争议、公众参与过程的辩论和基本价值问题结合在一起。

除了特定地点的冲突外，能源争议也可以在国家和超国家的尺度上看到。Bomberg（2017b：115）对美国和欧盟推动页岩气水力压裂开采的尝试进行了分析，说明了能源问题的政治"框架"如何对天然气水力压裂开采技术的应用结果产生根本性的影响。

美国水力压裂技术的支持者成功地提出了保障性框架，以保证监管政策较为宽松。他们不仅优先考虑这一信息，而且通过反复提及美国在钻井和创新技术方面的丰富经验来强调其可信度。与此相反，欧洲反水力压裂开采技术的组织却成功地利用了欧洲公民对气候变化的更大关注，以及欧盟想在全球气候问题上发挥作用的制度性愿望，美国水力压裂开采技术的支持者最初比欧洲同行更成功，因为他们在合适的时间（在环境问题出现之前）提出了一个强有力的论据（可见的经济收益）。

因此，以国家或超国家话语为参照来制订能源开发的计划，以及动员不同立场的行动者的方式，会对结果产生根本影响。这证明了支持话语和社会技术想象（见第四章）在解决地方性能源争议方面的重要影响。

本节中讨论的诉求示例说明了不同的行动者试图调动各种类型的知识和证据，以根据他们自己的议程塑造能源系统和格局。本节还展示了如何利用论述策略将能源开发与更广泛的社会目标联系起来，以及用诸如重新调整尺度等策略以不同方式强调地方、区域和全球层面的能源问题。在本章的最后一节，我们研究了这些不同形式的诉求如何揭示能源冲突可能带来的社会政治紧张局势。

三 能源冲突的替代解释和应对措施

关于能源战略和基础设施选址的主张揭示了当前和未来能源系统可

能出现的冲突的一些关键特征。然而，正如风能的案例所示，其中一些冲突比关于特定方法的科学价值或直接经济和社会成本的争论更广泛。相反，此类冲突通常与价值观的根本差异有关，代表了社会治理方式与以特定方式推进能源政策的主导经济范式之间的紧张关系。

风能的案例（见图 7.4）很好地说明了支撑不同诉求的叙述。Devine-Wright（2005；2009）为通常被称为邻避（或"不要建在我家后院"）症候群的现象提供了另一种叙述。至关重要的是，邻避被认为是一种矛盾或自私的表现，人们抵制自家后院的开发，但很高兴看到其他地方的开发。

邻避（NIMBY）

邻避（Not in My Back Yard，NIMBY）症候群通常被用来解释当地社区的一些人对被认为具有明显负外部性的开发项目的反应。邻避通常被用来简单地解释地方反对者的行为，暗示反对者自私的动机，而不是关心更大的利益。然而，这个词的使用受到了广泛的批评。抗议者可以对他们居住的地方的变化有相当合理的担忧，同时他们往往关心更广泛的问题，而不仅仅是地方性的问题，他们可能还反对做出决定的方式和开发提案本身的性质。

近年来，邻避概念已经引起了强烈的批评。许多评论专家认为这个术语缺乏学术可信度，在社会科学理论和证据方面缺乏明确的基础。因此，研究人员试图对地方上的反应和反对提供更持续和复杂的分析。Devine-Wright（2009）提出了一种通过社会心理学的视角来检查这种反应的替代方法，探索地方依恋和地方认同，引用了心理学中的两个关键概念："地方依恋"，指的是个人对特定地方产生依恋的过程，以及这种依恋的影响；"地方认同"，它与一个地方的物质和象征属性以及它们如何连接和影响人的自我意识有关。Devine-Wright（2009）认为，主要的

图 7.4　海上风电场

基础设施和能源项目在心理上扰乱了地方依恋和地方认同，在这样做的过程中，地方破坏的过程被制定，当地人意识到开发的存在，解释开发对地方的潜在影响，评估这种影响，考虑如何应对变化并最终采取相应的行动。这样，地方依恋和地方认同的社会心理学解释遵循了社会心理学研究的传统，即关注个体对变化的反应。

　　重新解释邻避的另一种方法采取了更具社会学规范性的视角，探索民主、参与和环境正义等问题。与之前描述的社会心理学方法相反，Gross（2007）等对重大项目如何给不同群体之间带来社会冲突感兴趣，这通常是决策过程的结果。Gross（2007）通过对澳大利亚新南威尔士州69个风力发电机开发项目进行案例研究，强调了这些项目决策过程中出现的讨论，开展了一系列半结构化访谈。研究表明，确定最终结果的程序缺乏公正性，这一点至关重要。居民们声称，他们的社区在这一过程中被"分裂"，特别是因为这一过程利用激励措施和其他策略使不同群体相互竞争，从而产生了"赢家"和"输家"。Gross（2007）认为存在明显的"程序不正义"，这体现了民主进程在调和竞争利益方面面临的许多挑战。事实上，考虑到这一过程产生的不同群体，Gross（2007）认为"分配正义"是一个关键特征。研究者需要意识到决策过程对特定社区内感知到的公平和正义的影响，以及这些不同的决策过程如何产生长期的社会影响。Lesbirel 和 Shaw（2000）也强调了这一主题，他们认为社会科学家和实践者需要找到处理分配正义问题的新方法。他们主张从纯粹的"自上而下"的能源开发过程（通常涉及象征性协商和参与的形式）到审议形式的能源治理和嵌入式社区参与，这可能涉及志愿服务的各个方面。此类程序和观念问题贯穿于能源相关冲突的许多其他例子中，包括那些被认为与气候正义问题有关的例子。

社区主导的可再生能源项目是直接挑战现有权力和知识等级制度的一个例子，它促进了新形式的能源民主（Kunze & Becker，2014）。以直接让当地居民参与决策并在当地分配利益（如通过当地合作所有制）的方式推进能源开发，而不是将利益分配给遥远的法人团体和股东，可以被视为一种"伸张正义"的途径，并从根本上改变在地方尺度上实施能源治理的方式。这些项目并不一定会免遭反对（Walker et al.，2010；Simcock，2014），但通常更有可能得到当地居民的积极参与和支持（Walker & Cass，2007）。

审议（deliberation）

围绕能源冲突进行有效对话和讨论的主要障碍之一，是能源开发商为获得公众同意而采用的传统机制，这些机制往往依赖于协商和自上而下的治理机制。Burgess 等（2007）强烈主张采用"审议式的"方法来处理知识争议。审议的形式各不相同，但本质在于在不同群体之间建立"知识层次结构"，使辩论和决策透明，并被所有参与者一致接受。

自愿（volunteering）

自愿是指将审议方法纳入以社区为中心的能源设施选址决策框

架中。这是一个积极的公众参与过程，其中有关能源设施选址的成本、影响和效益的知识是通过与受影响的社区合作获得的（即知识的共同生产），包括公民科学、社会学习和审议的潜在要素。这样做的目的是使各个社区感到有充分的权利自愿接纳设施，包括诸如核废料场之类存在严重争议的设施（Bickerstaff，2012）。

气候正义（climate justice）

气候正义是一种规范性立场，承认气候变化的原因和后果分布不均，并寻求纠正这种不平衡。更富裕的群体和碳密集型经济体对碳排放负有更多的责任，特别是考虑到历史排放时，而气候变化预计对穷人和发展中国家的影响最为严重。气候正义通常侧重于国际层面，但也可以关注国家内部的公平性，包括关注谁来支付减缓气候变化的成本。

能源民主（energy democracy）

将能源系统转向地方、社区和市政所有和控制的形式，被解释为能源民主的主张。能源民主呼吁挑战已建立的中央、国家和企业所有和控制的能源基础设施模式，旨在让更多的公民参与可持续、社会和环境正义、包容性能源转型的发展。

能源开发造成社区内外广泛的冲突，人们需要对此类项目有更深入的社会科学理解。能源民主可以与对这些冲突的根本性回应更好地结合起来（见第八章）。

在发达经济体中，一个反复出现的主题是能源或燃料贫困问题（见第五章）。正如 Walker 和 Day（2012）所强调的那样，燃料匮乏与家庭照明、烹饪、供暖等关键能源服务的可负担性有关。在英国，这个问题近年来引起了相当大的政治兴趣，部分原因是经济紧缩和相对收入下降，但也因为缺乏对能源公司的有效监管，以及公众对高管获得巨额奖金和国内能源价格上涨的强烈抗议。Walker 和 Day（2012：74）呼吁从根本上改变研究人员和政策制定者考虑弱势群体需求和权利的方式，这不仅与国家能源政策的有限性有关，而且与低碳化的世界中不断变化的地理格局有关。

燃料贫困干预措施可能主要发生在民族国家的范围内，但国家能源政策的影响会扩展到更大的范围，与全球资源流动相关并直接改变全球大气。这样，随着碳减排措施对能源战略和能源价格的影响，燃料匮乏者的（不幸）命运正越来越显著地融入气候正义框架中。

因此，我们可以将能源冲突视为层次化的和规模化的冲突。它们显然代表着对特定计划或特定价格的狭隘和局部化的争议，但本节介绍的研究从根本上突出了特定能源争议与更广泛的社会、气候和能源不平等问题之间的联系。

四　结论

由于我们在本章中所讨论的原因，能源政策和开发项目的冲突无疑会持续下去。能源系统许多不同组成部分所产生的后果和影响的多样性和强烈性，以及这些影响在社会和地理上的分布不均，意味着没有可以避免争论和分歧的简单解决方案。争议和冲突是正常运转的民主制度的必要组成部分，当异议被国家或企业权力压制时，就会产生严重的问题——就像世界各地与能源相关的一系列争议一样。对科学知识、人类健康和生态完整性的权利，以及在利用能源促进社会进步和相关负面后果之间的平衡需要进行辩论。审议方法和参与式治理有助于决策形式的优化。但是，正如我们将在第十章中进一步讨论的那样，某些形式的未来能源系统更适应民主进程，现在的能源系统所特有的根深蒂固的冲突和不平等或将得到改变。

五　供讨论的问题

- 为什么冲突和争议可以被视为能源系统发展的积极特征而不是消极特征？
- 你能识别哪些与能源相关的"边界工作"示例以及相关团体或组织？
- 为什么环境正义是理解能源冲突和争议的相关概念？
- 资源和能源地理分布的变化可能会带来哪些冲突和社会影响？

六　活动或潜在研究项目

- 考虑你所在地区能源冲突的原因和后果，例如关于风能开发、管道或电塔的布线，或者石油和天然气勘探的反对声音。支持和反对开发的主要论据是什么？谁在提供这些论据？如何评估这些论据的相对优点及其对当地社区生活的影响？
- 考虑由于人为气候变化和化石燃料供应的变化，未来能源压力将如何变化？谁将受到影响？如何以及为什么会受到影响？从本地开始思考，例如油价上涨会对你所在的社区产生什么影响？考虑直接和间接压力。

七　阅读推荐

■ Bickerstaff, K. 2012. 'Because we've got history here': Nuclear waste, cooperative siting, and the relational geography of a complex issue. Environment and Planning A 44 (11): 2611-2628.

根据当地历史、经济和文化及其与核工业的密切联系，分析了英国西坎布里亚郡自愿承接放射性废物处置设施的合作过程经验。在撰写本文时，该地区是唯一有兴趣承接此类设施的地方。这篇文章分析了在放射性废物管理具有激烈冲突和争议的背景下自愿行为发生的逻辑，以及在特定的地理情境下自愿行为是如何发生的。

■Devine-Wright，P. 2009. Rethinking NIMBYism：the role of place attachment and place identity in explaining place-protective action. Journal of Community & Applied Social Psychology 19：426-441.

这篇文章对邻避概念进行了批评，这个概念已经应用于一系列有关能源发展的公共辩论，最近的是可再生能源的基础设施。Devine-Wright在文中回顾了批评邻避概念过于简单的关键学术文献，并利用他对地点和身份的研究来论证"地方保护"行动。这种行动基于以地方为基础的一系列阶段，在个人到社会文化，从不同的尺度上看待认识、解释、评估、应对和行动的过程。

■Leiserowitz，A.A.，E. W. Maibach，C. Roser-Renouf，N. Smith and E. Dawson. 2013. Climategate，public opinion，and the loss of trust. American Behavioral Scientist 57：818-837.

这篇文章以2009年所谓的"气候门"丑闻为例，探讨了如何从心理学角度理解公众对科学的信任。文章使用2008年和2010年美国参与者的代表性样本数据，认为英国和美国气候科学家公布的电子邮件严重削弱了人们对气候变化科学的信任。作者认为那些具有个人主义世界观的群体的信任水平下降最为显著。总体而言，美国人对科学家的信任度仍然高于其他群体。

■Schaeffer, C. and M. Smits. 2015. From matter of facts to places of concern? Energy, environmental movements and place – making in Chile and Thailand. Geoforum 65: 146-157.

这篇文章分析了能源如何变成一个"受关注的事项"，追踪了在能源争议中，环境运动如何经常在对开发项目将产生的后果提出主张方面发挥核心作用。对智利和泰国案例的分析，表明能源争议将村庄、城市或区域本身变成了"受关注的地方"，挑战和破坏了既有的地方感和地方价值观。

参考文献

Barnett, J. and J. Campbell. 2009. *Climate change and small island states: power, knowledge and the South Pacific.* London: Earthscan.

Barr, S. 2011. Climate forums: virtual discourses on climate change and the sustainable lifestyle. *Area* 43(1): 14–22.

Bickerstaff, K. 2012. 'Because we've got history here': nuclear waste, cooperative siting, and the relational geography of a complex issue. *Environment and Planning A* 44(11): 2611–2628.

Bickerstaff, K., G. Walker and H. Bulkeley. (eds) 2013. *Energy justice in a changing climate: social equity and low carbon energy.* London: Zed.

Bomberg, E. 2017a. Shale we drill? Discourse dynamics in UK fracking debates. *Journal of Environmental Policy & Planning* 19(1): 72–88.

Bomberg, E. 2017b. Fracking and framing in transatlantic perspective: a comparison of shale politics in the US and European Union. *Journal of Transatlantic Studies* 15: 101–120.

Boucher, P. 2012. The role of controversy, regulation and engineering in UK biofuel development. *Energy Policy* 42: 148–154.

Breen, J., S. Dosemagen, J. Warren and M. Lippincott. 2015. Mapping grassroots: geodata and the structure of community-led open environmental science. *Acmean International E-Journal for Critical Geographies* 14(3): 849–873.

Burgess, J., A. Stirling, J. Clark, G. Davies, M. Eames, K. Staley and S. Williamson. 2007. Deliberative mapping: a novel analytic-deliberative methodology to support contested science-policy decisions. *Public Understanding of Science* 16: 299–322.

Cart, J. 2010. Tiny group has big impact on spill estimates. *Los Angeles Times*, 1 May 2010.

Carvalho, A. 2007. Ideological cultures and media discourses on scientific knowledge: re-reading news on climate change. *Public Understanding of Science* 16: 223–243.

Cotton, M. 2016. Fair fracking? Ethics and environmental justice in United Kingdom shale gas policy and planning. *Local Environment.* Available online at http://dx.doi.org/10.1080/13549839.2016.1186613

Devine-Wright, P. 2005. Beyond NIMBYism: towards an integrated framework for understanding public perceptions of wind energy. *Wind Energy* 8: 125–139.

Devine-Wright, P. 2009. Rethinking NIMBYism: the role of place attachment and place identity in explaining place-protective action. *Journal of Community & Applied Social Psychology* 19: 426–441.

Devine-Wright, P. and H. Devine-Wright. 2006. Social representations of intermittency and the shaping of public support for wind energy in the UK. *International Journal of Global Energy Issues* 25(3): 243–256.

Gieryn, T. 1983. Boundary-work and the demarcation of science from non-science: strains and interests in professional ideologies of scientists. *American Sociological Review* 48: 781–795.

Gieryn, T. 1999. *Cultural boundaries of science: credibility on the line.* Chicago, IL: University of Chicago Press.

Gross, C. 2007. Community perspectives of wind energy in Australia: the application of a justice and community fairness framework to increase social acceptance. *Energy Policy* 35: 2727–2736.

Intergovernmental Panel on Climate Change (IPCC). 2014. *Climate change 2014: impacts, adaptation, and vulnerability.* Geneva: IPCC.

Jackson, A.L. 2011. Renewable energy vs. biodiversity: policy conflicts and the future of nature conservation. *Global Environmental Change* 21(4): 1195–1208.

Kunze, C. and S. Becker. 2014. *Energy democracy in Europe: a survey and outlook.* Brussels: Rosa Luxemburg Stiftung.

Kurtz, H.E. 2002. The politics of environmental justice as the politics of scale: St James Parish, Louisiana and the Shintech siting controversy. In *geographies of power: placing scale*. A. Herod, and M. Wright (eds), Oxford: Blackwell, pp. 249–273.

Leiserowitz, A.A., E.W. Maibach, C. Roser-Renouf, N. Smith and E. Dawson. 2013. Climategate, public opinion, and the loss of trust. *American Behavioral Scientist* 57, 818–837.

Levin, S. 2016. Dakota pipeline protesters set for 'last stand' on banks of Missouri river. Available online at www.theguardian.com/us-news/2016/oct/31/north-dakota-access-pipeline-protest-last-stand

Levy, B. and J. Patz. 2015. *Climate change and public health*. Oxford: Oxford University Press.

Leiserowitz, A.A., E.W. Maibach, C. Roser-Renouf, N. Smith and E. Dawson, E. 2013. Climategate, public opinion, and the loss of trust. *American Behavioural Scientist* 57(6): 818–837.

Lesbirel, S.H. and D. Shaw. 2000. Facility siting: issues and perspectives. *Challenges and issues in facility siting*. Columbia Earthscape. Available online at www.researchgate.net/profile/Daigee_Shaw/publication/268033474_FACILITY_SITING_ISSUES_AND_PERSPECTIVES/links/55d3c9ee08ae7fb244f58f5c.pdf

Mail on Sunday. 2013. Finally, the hard proof that shows global warming forecasts costing you billions were all wrong. *Mail on Sunday*, 17 March 2013.

Matejek, S. and T. Gossling. 2014. Beyond legitimacy: a case study in BP's 'green lashing', *Journal of Business Ethics* 120(4): 571–584.

Mouffe, C. 1998. *Hearts, minds and radical democracy*. Red Pepper. Available online at www.redpepper.org.uk/hearts-minds-and-radical-democracy/

Naus, J., G. Spaargaren, B.J.M. van Vliet, M. Hilje and D. van der Horst. 2014. Smart grids, information flows and emerging domestic energy practices. *Energy Policy* 68: 436–446.

Nixon, R. 2011. *Slow violence and the environmentalism of the poor*. Cambridge: Harvard University Press.

Omerje, K. 2005. Oil conflict in Nigeria: contending issues and perspectives of the local Niger Delta people. *New Political Economy* 10(3): 321–334.

Palmer, J.R. 2014. Biofuels and the politics of land-use change: tracing the interactions of discourse and place in European policy making. *Environment and Planning A* 46(2): 337–352.

Pidgeon, N., I. Lorenzoni and W. Poortinga. 2008. Climate change or nuclear power – No thanks! A quantitative study of public perceptions and risk framing in Britain. *Global Environmental Change* 18(1): 69–85.

Roberts, T. 2013. Energy siting governance: social and political challenges associated with the development of low-carbon energy in marine environments. T. Roberts, P. Upham, R. Thomas, S. Mander, C. McLachlan, P. Boucher, C. Gough and D.A. Ghanem (eds), *Low-carbon energy controversies*. Abingdon and New York: Routledge, pp. 114–131.

Safford, T. G., J.D. Ulrich and L.C. Hamilton. 2012. Public perceptions of the response to the Deepwater Horizon oil spill: personal experiences, information sources, and social context. *Journal of Environmental Management* 113: 31–39.

Schaeffer, C. and M. Smits. 2015. From matter of facts to places of concern? Energy, environmental movements and place-making in Chile and Thailand. *Geoforum* 65: 146–157.

Simcock, N. 2014. Exploring how stakeholders in two community wind projects use a 'those affected' principle to evaluate the fairness of each project's spatial boundary. *Local Environment* 19(3): 245–258.

Sovacool, B.K. 2008. Valuing the greenhouse gas emissions from nuclear power: a critical survey. *Energy Policy* 36(8): 2950–2963.

Stanley, A. 2008. Citizenship and the production of landscape and knowledge in contemporary Canadian nuclear fuel waste management. *The Canadian Geographer* 52(1): 64–82.

Stoll-Kleemann, S., T. O'Riordan and C.C. Jaeger. 2001. The psychology of denial concerning climate mitigation measures: evidence from Swiss focus groups. *Global Environmental Change* 11(2): 107–117.

Van der Horst, D. and D. Toke. 2009. Exploring the landscape of wind farm developments; local area characteristics and planning process outcomes in rural England. *Land Use Policy* 27(2): 214–221.

Walker, G. 2012. *Environmental justice: concepts, evidence and politics*. Abingdon: Routledge.

Walker, G. and G. Baigorrotegui. 2016. Energycoop Aysen. In *Cultures of community energy: international case studies*. N. Simcock, R. Willis, and P. Capener (eds), London: The British Academy, pp. 65–68.

Walker, G. and N. Cass. 2007. Carbon reduction, 'the public' and renewable energy: engaging with sociotechnical configurations. *Area* 39(4): 458–469.

Walker, G., S. Hunter, P. Devine-Wright, B. Evans and H. High. 2010. Trust and community: exploring the meanings, contexts and dynamics of community renewable energy. *Energy Policy* 38: 2655–2733.

Walker, G. and R. Day. 2012. Fuel poverty as injustice: integrating distribution, recognition and procedure in the struggle for affordable warmth. *Energy Policy* 49: 69–75.

Walker, G., P. Devine-Wright, J. Barnett, K. Burningham, N. Cass, H. Devine-Wright, G. Speller, J. Barton, B. Evans, Y Heath, D. Infield, J. Parks and K. Theobald. 2011. Symmetries, expectations, dynamics and contexts: a framework for understanding public engagement with renewable energy projects. In *Renewable energy and the public: from NIMBY to participation.* P. Devine-Wright, (ed.), London: Earthscan, pp. 1–14.

Walker, R. 2011. The impact of Brazilian biofuel production on Amazônia, *annals of the Association of American Geographers* 101(4): 929–938.

Watts, M. 2004. Resource curse? Governmentality, oil and power in the Niger Delta, Nigeria. *Geopolitics* 9 (1): 50–80.

Whitmarsh, L., 2009. What's in a name? Commonalities and differences in public understanding of "climate change" and "global warming". *Public Understanding of Science* 18(4): 401–420.

Williams, D. and K. Baverstock. 2006. Chernobyl and the future: too soon for a final diagnosis, *Nature* 440: 993.

Wittneben, B. 2012. The impact of the Fukushima nuclear accident on European energy policy. *Environmental Science and Policy* 15(1): 1–3.

第八章 能源安全

学习要点：

- 了解能源安全的概念及其主要构成要素。
- 识别在整个供应链中和不同的地理范围内，试图确保能源安全的不同实践。
- 通过了解能源安全的机制，探索传统能源安全账户的局限性。
- 研究能源在不同物质场所变得不安全的一些不同方式。

本章介绍并批判性地评估了"能源安全"概念。在许多发达国家和发展中国家，关于能源供应安全的担忧处于媒体关注和政策辩论的最前沿。能源安全受到的政策关注反映了当代全球经济及其所依赖的能源系统的性质。经济增长的主流模式需要大量、不间断的能源投入，其中大部分需要通过跨国生产网络和国际贸易网络提供。能源生产链的远距离延伸意味着能源消费地点通常位于与资源供应地点不同的政治管辖范围内。这造成美国、波兰和韩国等严重依赖进口化石能源的国家"能源独立"的背后，隐藏着依赖性和脆弱性。解决国内资源有限国家的能源安全问题的政策强调在一国范围内使能源供应形式多样化，减少能源需求，并建立外交和经济网络，以减少关键能源供应链中断的风险。

总体而言，在政府和媒体的主流讨论中，能源安全概念中的一部分内容和相关行动具有优先性。能源安全主要被视为国家尺度的跨境资源供应问题（见第四章）。然而，安全和能源的联系不仅限于国家层面，也在其他层面发挥作用。家庭、社区、城镇和区域也可能受到能源供应与成本的长期和短期影响。确保能源安全的做法往往不局限于国家尺度，涵盖私营部门，涉及一系列复杂的政治和经济战略。

本章探讨了能源问题安全化，即将能源问题转化为安全问题（与环境可持续性、减贫或民主等问题不同）。为此，本章以能源安全目前在政治辩论中所扮演的角色为背景，提供了另一种理解方式，审视能源安全概念及其应用的一些复杂性。本章重点介绍了在实践中确保能源安全的一些不同方式，从战略规划背景一直到各个家庭为确保能源供应而采取的行动，比如一系列促进绝缘和微型化能源生产的具体激励措施。最后，本章通过从国际到个人的不同分析尺度，详细审视了能源不安全的原因和影响。通过这些例子，我们考虑了个人和区域变得脆弱的方式，尤其是因为能源嵌入在不同的经济和社会实践中所导致的脆弱性。自始至终，我们都强调在国家能源供应的传统框架之外思考能源安全的价值，以及寻求能源安全的机制的价值。

能源安全化（energy securitisation）

能源安全化描述了特定群体确定并长期维持所期望的能源安全水平。能源安全化是一种重要的安全化方法，以"为谁"的问题为中心，并探索个人、社区和国家为实现其期望的能源安全水平而采取的战略。这些过程可能具有政治性质，涉及将社会中的一个群体置于另一个群体之上；对其也可以在经济和空间上进行定义。

安全化的能源（securitising energy）

能源供应安全现在是许多国家的核心政策问题。能源与安全之间的联系看起来似乎显而易见，但这并不是微不足道的。它将能源问题提升为政府的优先风险和战略问题，将其与恐怖主义、网络攻击和有组织犯罪等对国家和国际安全的其他威胁相提并论。一旦能源被界定为国家安全问题，就可以以保护国家免受威胁的名义进行广泛的能源行动和干预，从国内能源资源开发和大型能源基础设施项目建设，到绕过或缩短公众咨询过程并限制抗议、工会或罢工的权利（Bridge，2015）。

主流政策对能源安全的关注，在很大程度上取决于为经济关键部门提供动力的化石燃料在长期和短期内的持续可用性。交通、住房和工业等部门特别容易受到供应中断的影响。例如，石油和天然气进口的短期中断可能导致经济和社会生活受到严重干扰。这种破坏的影响在 20 世纪 70 年代得到有力证明，当时两次重大地缘政治事件造成石油市场不稳定，并导致石油价格大幅上涨。当代对能源安全的政策兴趣起源于这一时期，许多关于能源独立重要性的流行话语也是如此。在 20 世纪 70 年代的第一次石油危机中，由于美国在赎罪日战争中对以色列的支持，石油输出国组织（OPEC）中的阿拉伯国家宣布禁止向北美、日本和欧洲部分地区运送石油。全球油价大幅上涨（从每桶 2 美元升至 10 美元），包括美国在内的一些国家实行石油配给制度。在此期间，许多驾驶者都经历了燃料短缺的情况。1979 年伊朗革命导致油价再次大幅上涨，中东的石油产量下降，市场对严重短缺的前景感到恐慌。这两个重大事件持续影响着人们对能源安全的传统理解，即应对国际化石燃料供应网络中断威胁的能力（Boyle et al.，2003）。

从长远来看，煤炭、石油和天然气的供应也可能受到限制。这些可能性来自实际供应方面的限制，例如常规石油产量的"峰值"。"石油峰值"论断言，持续扩大常规石油实物供应的能力存在地质限制。并且认为，原油产量不可避免的最高点即将到来（或实际上可能已经过去），常规石油产量将下降。对于许多"石油峰值论者"来说，石油产量的下降从环境角度来看并不是值得欢迎的事情，而是令人担忧的问题。他们认为，石油短缺和价格上涨将加剧经济和政治的紧张局势，并在极端情况下引发社会崩溃的世界末日情景。然而，这样的预测尚未成为现实。

非常规石油产量的快速增长（见第四章）抵消了常规石油产量的下降。与此同时，越来越多的证据表明，全球石油产量的峰值并非来自供应短缺，而是来自对石油需求的减少，部分原因是应对气候变化的行动。尽管如此，石油峰值和物质短缺的前景在一些国家支持能源安全的政策方面发挥了重要作用。

应对气候变化的政策行动可能会对化石燃料的实际可用性造成限制，特别是那些侧重于"封闭"（shutting in）化石燃料的政策行动。即不开采已知储量的煤炭、石油和天然气。这种供应侧行动目前在缓解气候变化的政策当中仅处于边缘地位，而减缓气候变化主要针对消费和需求。然而，在这个方向上有一些值得注意的举动表明，化石燃料的可用性可能会遇到"碳约束"（carbon constraint）。中国政府于 2017 年宣布暂停新建燃煤电厂并关闭效率低下的煤矿，是这种供给侧行动的一个代表（尽管这些行动不仅仅是因为空气质量或气候变化）。抑制碳密集型燃料需求的举措以及气候因素对燃料供应造成限制的可能性日益增加，意味着工业社会迫切需要找到替代目前由石油、煤炭和天然气在一次能源总量中占主要份额的方法。

除了上述对能源供应的地缘政治和现实威胁之外，能源安全问题还集中在投资问题和一些具体的技术挑战上。对资源开发、发电能力以及传输和存储基础设施的投资不足可能会损害供应的可靠性。提供储备容量和多样性供应也可以增强能源安全（Bahgat，2006）。有效存储大量电能的困难是一个特定的技术问题。许多消费者已经开始习惯于无论何时何地只需轻按一下开关即可获得电力。因此，无论整体需求的短期和长期波动如何，企业和政府的首要任务是确保持续可靠的电力供应。因此，电力的流动和储存特性经常成为未来能源安全威胁争论的一个特征。大众媒体经常援引"灯熄灭"（lights going out）的可能性来强调供应投资水平不足或基础设施管理不善。停电和非自愿减载（以及因降低电压以减少电力系统负载而造成的电力中断）的社会、经济和技术后果，已成为许多国家强调解决能源安全的必要性和紧迫性的核心。

　　能源安全作为一项政策问题，越来越多地与气候变化联系在一起。能源安全既是气候变化的原因（例如，许多国家和企业承诺保护化石燃料发挥主导作用的能源系统），也是气候变化的结果（例如，面对气候变化带来的巨大环境不确定性，希望确保未来的能源供应）。旨在减少温室气体排放的政策集中在将化石燃料在供应结构中的主导地位转移给可再生和低碳形式的能源。然而，在与碳氢化合物发电相同的社会技术条件下，电力不能由可再生资源提供。这主要是由于可再生能源的能量密度较低，这意味着与化石燃料相比，发电需要更大的土地面积（见第一章）。可再生能源在时间上也是间歇性的，由于能源生产者无法直接控制的因素，可再生能源的能源流动是可变的。它们的生产在空间上是分散的，通常涉及分布在广泛地理区域的多个小规模供应商。因此，需要新建用于电力储备和传输的基础设施，以确保这些资源的稳定和可靠供应。此外，由于地球环境的物理和社会变化，气候变化将对能源供应产生直接影响。其中包括水资源供应减少，在水电是能源结构重要组成部分的地区，这将影响水力发电（例如巴西最近发生的一系列季节性干旱），以及由于气候变化导致的能源需求模式（如制冷）的短期和长期变化。

　　由于地缘政治、物理、技术等不同方面的突发事件，能源安全主要被理解为能源供应问题，并被视为国家政府的战略问题。事实上，"保障能源"（securing energy）一直是世界上许多地方建立国际政治网络和地缘政治关系的重要理由。例如，由经合组织于1974年成立的国际能源署，是当今卓越的能源治理多边机构。国际能源署的目的是在中东石油供应减少后，成员国就石油供应安全开展战略合作。同样，欧盟正在巩固共同的能源政策方针，并推进基础设施项目，以加强其28个现27个成员国领土的能源安全。欧盟的目标是创造一个可以共享基础设施、进口和储存能力的空间，由此减少供应中断的可能性。在其他地方，对能源安全的担忧在支持国内碳氢化合物生产方面发挥了关键作用，包括美国、英国、澳大利亚和南非的非常规天然气开发，以及波兰和土耳其的新煤矿开采。

一 扩展国家能源安全的定义

随着时间的推移，能源安全的含义不断扩展，据估计，现在有 40 多种不同的能源安全定义（Sovacool，2013）。如此广泛的理解在一定程度上反映了围绕几个单独的政策议程出现的"保障能源"话语的方式。三个观点尤其突出（Cherp & Jewell，2011）。一是主权观点，以地缘政治风险和保护跨境流动的必要性为中心。二是从处理日益增长的需求或应对极端自然事件的能力来看，将能源安全视为基础设施的"稳健性"。三是将安全理解为应对不可预测、复杂和耦合的社会和自然系统的弹性。其中，主权观点在能源安全的主流观点中占主导地位。尽管电力在全球能源供应结构中的地位日益突出，但一个核心问题是确保石油和天然气进口的稳定性，注意力集中在与国际能源贸易相关的地缘政治关系上，特别是在管理石油市场的必要性方面。一个优先事项是确保不间断地获取关键能量载体（特别是石油和相关燃料），其战略旨在使所涉及的能量载体组合和能源供应的地理区域实现供应多样化。战略应对还集中于在能源系统中嵌入冗余和流动性，使它们能够抵御外部冲击，并保障能源的自给自足（Chester，2010）。

冗余和流动性（redundancy and liquidity）

冗余和流动性被视为国家尺度上能源安全的普遍原则。前者是指在能源系统中安装备用容量，可以包括扩建进口基础设施、提供额外的发电和输电网络容量以及建设补充存储设施。后者是指竞争性市场的发展，在该市场中能源可以在监管或政治障碍尽可能少的情况下进行交易。

示例 1：从结构性挑战的视角理解能源安全问题

英国政府估计，2014 年英格兰有十分之一的家庭生活在燃料贫困中，相当于超过 230 万个家庭（DECC，2016）。在旧房屋、用实心墙建造的建筑物、没有锅炉和无法使用燃气管网的房屋中，燃料贫困状况可能更严重。因此，燃料贫困不仅仅是个人支付能力的函数，它还与存量建筑有关。欧洲经济咨询集团 Frontier Economics（2015）提出说服力的观点。他们将能源效率重新概念化为基础设施问题，认识到家庭空间在影响燃料贫困方面所起的关键作用，以及寒冷潮湿的生活条件对健康和福祉的影响。他们建议将能源效率"构建"为国家基础设施的系统化方法，即使不考虑健康和福祉效益，也可以获得与建设第二条国家高速铁路线相当的可量化效益。这些论点批判性地重新定位了燃料贫困问题，从关注个人"支付能力"（ability to pay）的论点转向承认燃料贫困者面临的结构性不正义（Walker & Day，2012）。

对能源安全的主流理解经常强调市场对能源供应的核心作用。这意味着稳定可靠的实物能源供应并不是确定一个国家或地区能源安全水平的唯一标准，可获得能源供应的价格也很重要。这种可用性和可负担性的结合是能源安全的大多数传统定义的核心，例如"在任何时候都可以以各种形式、充足的数量和可负担的价格获得能源"（Umbach，2004：142）。国际能源署提供了一个类似但更简洁的定义，即"以合理的价格提供定期能源供应"。强调价格和可负担性的能源安全方法指出，能源市场的自由化（见第二章）意味着能源安全现在越来越由市场力量决定。因此，能源供需匹配机制对于维护能源安全至关重要。以市场为基

础的能源安全形式的支持者认为，由独立监管支持的竞争性且运转良好的市场是关键。然而，另一些人则持不同的观点，他们认为政府干预是必要的，因为仅凭市场"无法确保足够和持续的能源供应安全水平"（Gnansounou，2008：3734）。

在某些情况下，作为能源安全主流观点核心的"主权"观点聚焦在维持能源需求而不是供应上。对于能源出口在支持工业部门和国家预算以及维系政府与其人民之间的"社会契约"（social contract）方面发挥关键作用的国家来说，确保可靠的能源需求非常重要。例如，石油出口收入约占沙特阿拉伯 GDP 的 40%、出口收入的 85% 左右和政府的大部分收入。因此，该国的公共财政与石油出口密切相关。土库曼斯坦在天然气出口（主要是对中国）方面也存在类似的关系，天然气出口收入占该国 GDP 的 30% 左右和工业产值的一半以上；在卡塔尔，石油和天然气出口收入约占 GDP 的 60%、政府收入的 70% 和出口收入的 80% 以上；在俄罗斯，石油和天然气出口收入约占出口收入的 2/3。由于公共财政如此依赖能源出口，这些国家的政府关心的是确保对其碳氢化合物产品的可靠和长期的需求。这些国家通常热衷于减少价格波动。价格足够低时，不会大幅削弱长期需求（通过替代和提高效率），而价格足够高时，实现国家收入目标。对于依靠资源收入扩大政府支出的国家来说，价格安全尤为重要。因此，每年为国家支出提供所需资金的"盈亏平衡"（break-even）的石油与天然气的价格，随着时间的推移而上升（Bridge，2015）。对于沙特阿拉伯、委内瑞拉和卡塔尔等主要能源出口国而言，与石油和天然气出口相关的收入流的长期减少，可能会对政权稳定产生重大影响。这些国家寻求通过延长长期供应合同和保护实物出口路线来确保能源需求，这是其与能源消费国共享的利益。在中短期内确保市场份额是能源出口商的一个典型关注点，即与其他供应商的竞争。但是，人们越来越担心长期"需求消失"（demand destruction）的前景。特别是对于石油而言，人们担心能源利用效率提高、运输燃料转移（如电动汽车的兴起）、可再生能源的快速部署，以及空气质量和气候调节对于石油需求的影响。在这种情况下，能源安全战略随着时间推移，因国家减少对碳氢化合物出口的依赖而延伸到经济多元化政策。例如，沙特阿拉伯于2016年启动的"愿景2030"旨在通过对非石油经济的投资、非石油贸易和收入的增长，以及建立可再生能源部门来减少该国对石油的依赖。

四个方面：可用性、可负担性、可获得性和可接受性

考虑能源安全的有用框架超出了可用性和可负担性的核心问题。所谓的"4A"方法还包括能源供应方面的可获得性和可接受性。这里的可获得性是指与获得能源资源相关的地缘政治方面，而可接受性是指能源生产的社会和环境影响（Kruyt et al.，2009）。对能源生产的环境后果以及能源价格上涨的排他性和社会正义影响的担忧，在能源政策辩论中变得越来越重要。IEA（2017）等主要能源治理机构越来越认识到能源安全的扩展定义，其中包括这些附加问题中的一个或两个。该机构将能源安全定义为"具有可负担的价格和不间断的实际可用性，同时尊重环境问题"。可负担性和可接受性是有趣的标准，因为它们将能源安全的逻辑从一种基本的生存要求［Ciutǎ（2010）称之为"战争逻辑"（logic of war）］转变为包括关于人类福利和可持续发展的深刻道德和伦理问题。它们将能源安全的含义从对供应率（每天供应石油桶数或天然气立方米数）的传统定量关注扩展到对这些流动的社会经济和环境后果的更多定性评估（Bridge，2015）。它们以一种微妙但非常重要的方式扩展了能源安全，以考虑供应与围绕能源服务（如移动、供暖、电力和照明）消费的普遍做法和期望之间的关系。

更加关注谁获得能源服务，以及谁承担保障这些服务的社会和环境成本，促进了将能源安全视为弹性而不是主权问题的观点（Cherp & Jewell，2011）。它引导战略远离管理地缘政治威胁对供给的感知，而转向提高能源系统的灵活性和多样性，及其在面对供应不确定性和多重社

会需求时的适应能力。通过这种方式，扩展能源安全的定义以考虑谁能够获得能源服务以及以什么（经济、社会和环境）成本获得能源服务，使传统的能源安全问题更接近于作为当代能源挑战核心的公平、正义和权力问题（见引言）。在能源经常以一种使维持供应等同于维护国家命运的方式进行"安全化"（securitised）的时代，重要问题是：安全是为谁而来，是为了什么价值，威胁来自哪里？（Cherp & Jewell，2014：415）

通过指标管理能源安全

对能源安全的政策兴趣鼓励通过对安全（跨空间和时间）变化的评估来制定量化措施和指标。例如，英国政府发布了《法定供应安全报告》，向议会传达了关于"满足英国消费者合理需求的电力和天然气供应"的重要信息。"石油脆弱性指数"的发展也顺应了这一趋势。该指数由石油进口与国内生产总值的比率、单位国内生产总值的石油消耗量以及石油在能源供应总量中的份额等指标组成。它还包括各种"风险指标"（risk indicators），例如国内石油储备与石油消费的比率、地缘政治石油市场集中风险的比重、供应来源的多样化以及石油供应国的政治风险水平（Gupta，2008）。正如所表明的那样，能源安全指标通常依赖于有关实物可用性的指标，例如储采比，它强调与现有生产率相关的剩余自然资源存量的规模，以及国内供应在多大程度上满足消费需求（比如进口依赖）。在这种情况下，政府如何估计资源可以转化为有用储量的程度也至关重要（见图 8.1）。

储采比（reserve-production ratio）

在能源安全辩论的背景下，通常会涉及与消耗率相关的特定能源的实际可用性。储采比是一个以年表示的数字，用于量化剩余储量。在全球范围内，目前煤炭的储采比估计超过 150 年，而石油和天然气的储采比在 60 年到 80 年之间。在解释储采比时必须小心，因为它们没有考虑储量会通过新发现、技术和经济条件的变化而实现增长。例如，尽管经常发生产量大幅增长，但石油的全球储采比在过去几十年中几乎保持不变。

进口依赖（import dependency）

进口依赖是指一个国家达到其国内（物质或经济上的）能源供不应求的状态。进口依赖通常被认为是能源的整体现象，但根据新的能源发现速度、市场价格变化和政治不稳定，各种能源之间经常存在差异。

储备和资源（reserves and resources）

储备和资源之间的区别是理解当代能源安全的基础。虽然资源描述了给定来源的全部实物存量，但储备是指在现有经济和技术条件下预计可开采的数量。对于石油来说，储备可以通过采收概率进一步区分：如果这个概率高于90%，它们被称为"已探明"，而术语"很可能"（probable）和"可能"（possible）分别对应于至少50%或者至少10%。储备的初步估计趋于保守，随后随着对采收概率水平和测量方法质量的信心增加而扩大。

构建和使用能源安全指标的一个主要含义是一个国家可以使用社会技术程序积极管理其能源安全水平。能源安全的"4R"（Hughes，2009）是一个管理不安全的框架，涉及四个步骤：审查（了解现有和未来来源、供应商和服务以及基础设施状况，还有能源强度方面的问题）；减少（通过节约和效率使用更少的能源）；更换（通过燃料转换和多样化、更换供应商或引入新的基础设施，这被认为是更安全的来源）；限制（限制对被认为安全来源的额外需求）。然而，像这样的管理方法是依赖于空间和技术组织的特定假设，例如基础设施的连通性，这是实现国民经济所需能源安全水平所必需的。一个基本前提是能源由大型集中式公用事业公司供应和管理，这些公司受政府监管并可以进入全球能源市场。在这种范式中几乎没有空间来理解通过多个小规模和分散的来源提供能源安全。

现有能源安全方法的概念局限性越来越受到学者们的挑战，他们强调需要确保整个供应链中的能源流动，并且低于国家的尺度。这些替代观点涉及焦点的转变，从将能源系统视为具有产生和增强国家安全能力的东西，转向思考能源系统本身暴露于内部和外部风险和威胁的方式。对能源供应的威胁可能以生产能力不足、技术或操作错误以及恐怖袭击或天气事件等突发事件引起的短期直接冲击的形式出现。对新能力的投资不足、现有系统的维护不善、缺乏实物保护和政治动乱会造成长期间接压力。政治信任、制度监管和国际关系的性质问题是冲击和压力的根源（Johansson，2013）。能源供应中断的持续时间、严重程度和地点的不同会产生截然不同的后果。与更靠近供应源的长期压力相比，在靠近能源链末端（即靠近最终消费点）发生的突发事件更有可能造成严重的社会后果。例如，突然停电会导致广泛的经济和社会混乱，而更持久的石油供应危机虽然不会被消费者立即感受到，但可能会引发国家政策的重大调整。

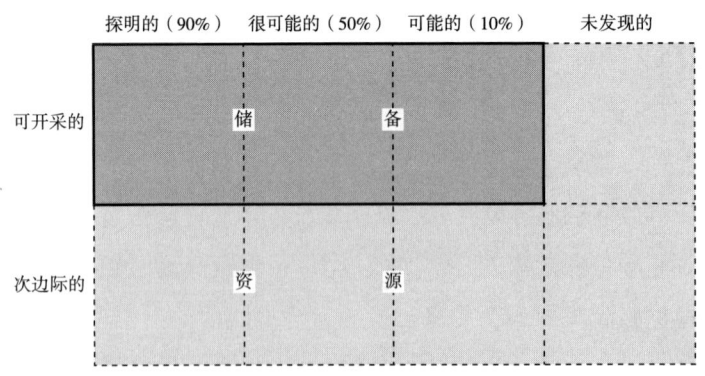

图 8.1　能源储备和资源之间的区别

二　能源安全替代规模

正如国家试图通过一系列政策和经济手段确保能源安全一样，城市、城镇和其他社区也对能源成本上升和供应中断的担忧做出了反应，以确保能源服务的供应（Allen et al.，2012）。这些反应可以大致分为制度性质（由地方领导或支持）的反应和那些"低于"或"超出"国家预期的反应。后者提供了一个可以出现不同能源格局的创意空间，特别是在离网社区中（Walker & Devine-Wright，2008）。

许多新形式的制度化能源安全已经在城市尺度出现。城市和城镇在制定新方法方面起带头作用，地方政府、开发商和非政府组织都参与其中，而且往往在减缓气候变化的背景下发挥作用。这些措施包括在传统的供应商与消费者关系中进行技术改造，以及以富有想象力的方式将供求关系联系起来。现在出现了三种主要的方法。第一种方法，城市地区采用了基于多样性的方法来满足能源需求，理由是供应的多样性可以在一定程度上防止价格和供应波动，并确保可以实现更广泛的气候变化排放目标。这种方法的一个例子是许多欧洲城市采用多样化的公共交通网络以依赖混合能源供应，从传统的碳氢燃料（柴油、石油）到天然气、生物燃料和电力。这反映在不同的交通方式中，这些方式与可持续城市规划相结合，旨在实现 Banister（2008）所说的"可持续交通范式"，即通过减少旅行需求并将流动性视为一套集体而不是个人的运动行为来促进运输系统的可持续发展。这种方法的一个实际例子可以在西班牙塞维利亚看到，那里制定了多元化的公共交通战略，包括几种不同的出行方式（有轨电车、天然气燃料巴士、公共租赁自行车和步行），所有这些都通过对市中心大部分地区进行改造而得到发展。通过这种方式，该市寻求同时扩大其能源供应基础（更加关注光伏发电提供的可再生能源潜力），并实现整体运输能源利用量的净减少（MetroSeville，2014）。

提高能源安全的第一种方法依赖于战略规划框架，并且主要取决于地方政府和相关服务提供商。第二种方法需要在逐个地点的基础上，利用当地政府、开发商和利益团体的不同且往往相互竞争的目标。在许多国家，国内能源供应脱碳的目标使规划者能够坚持要求住房开发项目在设计中纳入一系列可再生能源，同时采取隔热和其他措施减少能源利用。这是通过小规模的示范开发实现的，部分资金由地方政府提供。英国北德文郡的 Oak Meadow 经济适用房计划就是这一过程的一个例子，该计划采取了一系列措施来减少能源消费，并为租户创造健康的生活空间（Gale & Snowden Architects，2014）。另一种更激进的方法是社区能源发电。这挑战了人们普遍接受的观点，提出单个家庭应该通过在家中安装中央供暖锅炉来保证自己的能源服务。社区能源计划采取多种形式，并非全部侧重于能源生产，最普遍的是区域供热系统，它为特定区域内的许多家庭供暖（通常使用可再生能源，例如木屑）。与单独的家用锅炉相比，此类系统可以节省效率，并且还有其他好处，包括减少碳排放，由于没有烟囱和个人家庭内的其他相关固定装置而节省了空间，是一种相对可靠的能源来源（见第三章）。

在许多情况下，能源安全的最后一种制度化形式以单个家庭为中心，并且由于光伏电池和地热能等微型发电技术的最新进展而得以实现（Mendoca，2007）。在欧洲的许多地方，国家最近鼓励单个家庭安装微型发电设备（DCLG，2013），同时对房屋隔热和提高能源效率提供更长期的补贴（见第三章）。此类计划的价值和意义引起了激烈的争论。在实践中，它们经常补贴最有能力进行所需投资的群体，从而引发了能源正义问题（Del Rio & Gual，2006）。

示例 2：在社区尺度确保能源安全

  威尔士彭布罗克郡的 Brithdir Mawr 社区是一个说明一群人如何聚集在一起以可持续的方式生活的案例，重点关注可持续发展的三

个组成部分：环境、人和教育。社区在能源供需方面是自给自足的，利用风能、光伏和水力发电的混合形式来满足他们的电力需求。太阳能热水和木屑锅炉分别提供热水和暖气。Brithdir Mawr 社区是一个以本地为基础、以社区为中心的能源系统的案例，它提供高度安全性的能源，免受电网的价格波动和供应变化的影响。像其他同类案例一样，它说明了如何在微观尺度上实现社区能源安全。一个主要的挑战是如何扩大此类方法的尺度，使其适用于其他空间情境并为更多人服务。详情请参阅：www.brithdirmawr.co.uk/

除了国家和地方政府的行动之外，能源安全的目标也由在国家尺度之外或"低于"国家尺度的社区所追求。这些通常是较小规模的干预措施，就能源供应问题采取行动，与社区围绕自给自足的更广泛社会目标（如在粮食生产领域）保持一致。在微观尺度上，威尔士的 Brithdir Mawr 等社区（参见示例2）具有强烈的社区认同感和共同价值观，其成员聚集在一起，在满足其他物质和精神需求的同时，在能源上实现自给自足（见图8.2）。在更广泛的尺度上，近年来出现的"转型城镇运动"是对气候变化和能源稀缺双重挑战的基层响应，已开始制定依赖当地现有可再生能源的地方能源倡议（Transition Network，2014）。其中一些举措超越了转向可再生能源，而是追求"能源下降"，即作为去增长战略的一部分，随着时间的推移减少净能源利用（见第六章），并从某种程度上体现了自工业革命以来能源投入的增加（见第一章）。最后，离网的社区和单个家庭（见案例研究）必须通过满足自己的能源需求来确保供应安全，无论是否通过化石燃料和可再生能源途径（见图8.3）。在这里，能源安全策略包括采用不同的生活方式，与特定能源的可用性相协调，例如风、光、水或石油和瓶装天然气的输送。

离网社区（off-grid communities）

离网社区是一组按空间定义的、拥有共享能源系统（如集中供暖系统）的且未连接到国家电力或天然气供应网络的单个家庭或社区。个人、家庭和社区为其能源安全制定策略，这些策略可能技术含量低（例如，燃烧木材用于家庭取暖或建筑物内冷藏室制冷），也可能分别利用太阳能光伏板和地热能等新兴技术进行供电和取暖。

图 8.2 威尔士 Brithdir Mawr 社区（图片来源：Brithdir Mawr 社区）

总而言之，社区以多种方式通过许多不同的制度和非国家的解决方案应对能源安全问题。能源安全的讨论主要涉及将供应维持在当前水平，以维持现有的能源服务和"可接受的"生活水平。只有在少数情况下，尤其是在离网社区，这一定义才受到挑战，并提出了使能源投入大大降低的替代生活方式。因此，就目前而言，对能源安全的呼吁在很大程度上使现有的对舒适、有益的生活的定义和期望正常化和稳定化（Walker et al.，2007），以及如何能够实现新形式的能源生产（Foxon et al.，2005）。通过这种方式，能源安全问题通常会产生长期锁定能源需求的效果，并且会导致更广泛的经济、政治和环境不安全状况长期存在。

生活在能源不安全之中

担心失去可靠且负担得起的能源供应是能源安全化尝试的出发点。然而，对许多人来说，能源不安全是一种结构性状况。一些人可能使这种状况变得更加严重，但其他人的努力可以提升自己的能源安全。这通常是决策过程中固有的结构性和社会不平等的结果，这些不平等决定了资源在整个社会中的分配方式和对象（Walker & Day，2012）。

图 8.3　通过储能实现能源安全：家用木桩

能源不安全的现象可以在一系列尺度上观察到。首先，主要经济集团之间的政治紧张局势带来不安全，例如俄罗斯、东欧部分国家和西欧国家之间的政治紧张局势（Klare，2002）。2006年开始的俄罗斯与乌克兰天然气危机就是政治、经济和国家间能源不安全相互交织的例证。2006年和2009年，俄罗斯和乌克兰之间的重大能源争议导致俄罗斯主要天然气供应商Gazprom因与定价相关的争论而停止对乌克兰的供应（Bradshaw，2009）。从俄罗斯进入乌克兰的大部分天然气通过该国转运到其他欧洲市场。在第一次危机（2006年）期间，乌克兰将大部分本应运往其他欧洲市场的天然气截留，给欧洲其他地区造成了能源供应问题。

案例研究：Paks Ⅱ——匈牙利能源安全和社会的动态

供稿人：Brian King，匈牙利布达佩斯中欧大学

匈牙利位于两个具有独特能源历史的地区（东欧和西欧）的接合处。这为能源安全创造了一个独特的区域情境，与国内的社会和政治问题相互交织。直到20世纪80年代后期，匈牙利一直属于苏联阵营，其经济和社会深受苏联影响。能源格局的特点是进口依赖、老化的基础设施和低效的能源系统导致能源贫困发生（Herrero & Ürge-Vorsat，2012；Bradshaw，2013）。2004年，匈牙利与其他六个国家一起加入了欧盟。从那时起，东欧和西欧在能源历史、基础设施和战略目标方面的差异影响了欧盟的内部和外部能源政策（Austvik，2016）。欧盟已寻求为28个成员国制定共同的能源政策，重点是能源市场一体化和脱碳，尽管个别成员国的具体能源情况意味着各国的能源政策仍然存在显著差异（Nosko & Mišík，2017）。

匈牙利最近所做出的增加核电装机量以满足其电力需求的决定饱受争议，清楚地说明了这些系统性问题。位于匈牙利中部的Paks核电站是该国唯一的核电站，提供约40%的电力。它建于20世纪70年代，采用苏联设计方案，于1982年开始运行。2009年，即日本福岛核灾难发生的两年前，匈牙利议会以压倒性多数支持批准扩建Paks Ⅱ核电站。能源安全是匈牙利的一个主要问题，并因俄罗斯与乌克兰天然气危机而加剧。议员们认为，增加核能发电对于减少该国对能源进口的依赖是必要的（Sarlós, 2015）。执政党的批评者以及绿色组织和能源政策智库一致反对 Paks II。2014 年，俄罗斯能源巨头俄罗斯国家原子能公司（Rosatom）从一家俄罗斯国有银行获得了 100 亿欧元贷款，从而获得了两座反应堆的合同，这加剧了人们的怀疑。合同条款和融资细节缺乏透明度引起了欧盟和国际社会的注意，导致欧盟委员会提起诉讼，指控其违反欧盟法律。除了腐败指控外，反对该项目的人还指出，匈牙利政府提交的成本估算和能源利用预测存在严重缺陷。尽管如此，从创造就业机会和技术重要性的角度来看，Paks II 仍然具有国内吸引力（Innes, 2015）。

Paks II 项目体现了许多与中欧和东欧能源安全相关的紧张局势，这些紧张局势集中在欧盟、俄罗斯和各国政府的利益竞争上。Rosatom 协议体现了匈牙利执政党与俄罗斯的密切关系，以及匈牙利更广泛的"转向东方"政策，这直接挑战了欧盟成员国的凝聚力（Isaacs & Molnar, 2017）。Paks II 项目通过增加国内电力生产，在能源安全方面取得明显收益，还与俄罗斯长达数十年的核电支持承诺捆绑在一起。在技术创新和可持续能源政策大幅降低了可再生能源发电成本的时代，对核能的投资也抑制了可再生能源的利用（Sáfián, 2014）。Paks II 项目带来的债务将导致匈牙利对俄罗斯进一步依赖，并可能通过人为提高电价的方式来收回成本，从而使负担间接地落在匈牙利纳税人的肩上。虽然 Paks II 项目仅针对匈牙利，但它体现了中欧和东欧国家面临的能源安全挑战，以及如何努力解决这些问题、推动该地区未来能源与社会的互动。

这场危机揭示了许多欧洲国家存在的更广泛的能源依赖和不安全问题，这些问题已经发展了一段时间。尽管俄罗斯与乌克兰的争议表面上是关于定价的经济争论，但 2006 年和 2009 年的事件都与俄罗斯和乌克兰之间紧张的政治局势相关，包括乌克兰与北约和欧盟的关系更加密切及俄罗斯与格鲁吉亚的冲突等。2014 年克里米亚并入俄罗斯联邦，提升了相关局势紧张程度，对乌克兰乃至西欧大部分地区能源安全产生了深远影响。在这些争议之后，欧盟重新审视了其能源政策，该政策历来严重依赖从俄罗斯进口天然气。一些欧洲国家积极地使其天然气供应多样化，包括更多地使用进口液化天然气（见图 8.4）。

能源不安全可以指发达国家和发展中国家数百万个人能源用户所经历的能源脆弱性，要么是间歇性的供应，要么根本无法负担不断上涨的能源成本（Buzar，2007；Pachauri & Spreng，2011）（见第七章）。家庭和个人层面的能源不安全挑战可以被理解为能源正义问题，因为它反映了社会中影响获得充分能源服务的重大结构性不平等。Walker 和 Day（2012）的研究表明，对于英国的低收入家庭来说，获得足够水平的能源服务（如供暖）可能是一个很大的问题，而且这意味着贫困和能源不安全会相互影响。低收入者往往难以获得购买能源服务所需的资金，这反映出在平均工资增长无法跟上燃料价格上涨的情况下，一小部分收入非常高的人与收入仅为最低工资或接近最低工资的人之间的差距不断扩大。此外，由于收入不稳定，那些支付能力最差的人往往要缴纳最高的电费和燃气费，因此他们需要提供可靠的银行资金证明才能获得电费减免。存量住房方面也存在不平等现象，这意味着一些家庭住在隔热性能差的房屋中，使用的电器效率低下，又往往无法更换（见示例 1）。由于这些不平等，许多低收入家庭无法可靠地获得足够的能源服务。

能源正义（energy justice）

能源正义涉及能源系统以公平的方式分配能源服务的收益和成本，同时提供具有代表性和公正性决策的能力。能源正义研究探索了能源链中出现不正义的地点和位置（Bouzarovski & Simcock，

2017），以及在此过程中仍处于不利地位的社会群体。在法律和政策程序方面出现了一系列研究，以允许识别、补救和减轻能源不正义现象（Walker & Day，2012）。

图 8.4　2014 年，液化天然气（LNG）运输船"独立号"（Independence）抵达波罗的海国家立陶宛（该船有一个浮式储存和再气化装置，能够从全球多个地点向波罗的海国家供应液化天然气）。

三　结论

在本章中，我们探讨了能源安全的概念，并证明了寻求能源安全机制的重要性。将能源问题视为安全问题似乎显而易见，它反映了能源在社会、经济和政治生活中渗透的方式，以及为运输和住房等关键行业提供能源的众多能源运输公司建立的长距离供应链。20 世纪 70 年代石油危机中，这一概念的根源在历史上是非常具体的，石油和天然气跨境流动中断事件的阴影继续左右着当代对能源安全的理解。此外，将能源问题视为安全问题的一部分具有深远的影响，是一种强大的修辞手段，因为这将能源与国家安全所面临的一系列其他威胁置于同一水平。通过防范对现状的破坏，它肯定了现有能源利用的规范，这种规范可以锁定能源需求，忽视当前能源系统在更广泛方面（经济、政治和环境）的缺陷。只有不局限于能源安全问题的主流理解，它的物质和标量特性才变得明显。确保能源安全是许多行为体（不仅是政府）在国家尺度之上和之下所采取的策略。这些替代参与者和尺度说明了超越确保能源广泛供应的战略应对措施。其中包括通过减少能源利用或调整能源消费实践以匹配可用供应来提高能源安全的方法。此外，如果能源安全的概念与跨境石油和天然气流动脱钩，就可以表明，能源不安全是全世界众多人口面对的一个结构性条件，而不仅仅是发展中国家的结构性条件。尽管存在局限性，但能源安全仍然是一个有用的术语。我们已经展示了它的定义是如何随着时间的推移而扩展的，这些方式复杂而显著地改变了关注点，特别是向关注能源供应的可负担性和可接受性的转变，使人们更加注意"由谁"和如何使用能源，以及谁承担确保能源安全的社会和环境成本。能源安全日益拓展的含义表明，这一概念足够灵活，可以容纳脆弱性和正义等重要问题，并可适用于广泛的行为体和尺度。

四　供讨论的问题

- 民族国家为实现能源安全采取了哪些政治和话语战略？
- 社会上不同群体对能源安全的定义和解释是否存在局限性？
- 为什么近年来出现了概念化和提升能源安全的替代策略？它们的特点是什么？
- 能源不安全的特征是什么？它在何种尺度上发挥影响力？
- 需要哪些更广泛的社会和经济变革来促进 21 世纪公众的能源安全？

五　活动或潜在研究项目

- 考虑能源安全对你意味着什么？列出使能源安全成为安全商品的因素，例如考虑它的价格、可用性、易用性。什么会让你的能源不安全？

- 个人和社区可以通过哪些方式来发展对能源安全的理解？有哪些实际措施可以促进能源安全？对于特定社区，在这一过程中会出现哪些紧张局势和冲突？这将如何影响该社区未来的能源安全？

六　阅读推荐

■Bridge，G. 2015. Energy（in）security：world-making in an age of scarcity. The Geographical Journal 181：328-339.

这篇文章着重论述了能源与安全相结合的历史条件、能源安全与石油进口的紧密联系，以及石油在这一概念上留下的印记。将能源安全化作为一个积极的项目加以探讨，重点介绍社会科学家正在开展的构建数字化和可视化的能源安全指标工作。文章的结论，重要的是了解构建能源安全指标的利害关系，因为这些指标有能力塑造新的地缘政治关系，也有能力描述现有情况。

■Cherp，A. and J. Jewell. 2011. The three perspectives on energy security：intellectual history，disciplinary roots and the potential for integration. Current Opinion on Environmental Sustainability 3（4）：202-212.

这篇文章的作者认为，当代关于能源安全的观点是在几个不同的政策议程下发展起来的。在这些政策议程的背后，有三个截然不同的观点：基于政治科学的能源安全的"主权"观点；源自工程学的"稳健性"观点；利用经济学和复杂系统分析的"弹性"观点。作者继续提出，任何单一的视角都是不充分的，发展跨学科的视角需要三者结合。

■Ciută，F. 2010. Conceptual notes on energy security：total or banal security? Security Dialogue 41：123–144.

这篇文章是对能源安全理论的一个较早且有影响的概念性研究，利用学术和政策相关资料，确定了能源安全存在的三个逻辑：战争逻辑、生存逻辑和"全面"安全逻辑。作者认为，这三种范式具有不同的含义、话语和政策机制。

■Klare，M. 2002. The resource wars. London：Owl Books.

作者以能源和水为例，采用了地缘政治的方法来理解冲突和资源之间的关系。这本书强调了资源在全球地缘政治方面的重要性，探讨了美国在中东的长期利益，以及保护其石油供应的重要性。然而，作者谨慎地强调了冲突中可能存在的其他能源，以及此类冲突可能的扩散。

参考文献

Allen, J., W. Sheate and R. Diaz-Chavez. 2012. Community-based renewable energy in the Lake District National Park – local drivers, enablers, barriers and solutions. *Local Environment* 17: 261–280.

Austvik, O.G. 2016. The Energy Union and security-of-gas supply. *Energy Policy* 96: 372–382.

Bahgat, G. 2006. Europe's energy security: challenges and opportunities. *International Affairs* 82(5): 961–975.

Banister, D. 2008. The sustainable mobility paradigm. *Transport Policy* 15: 73 –80.

Boyle, G., B. Everett and J. Ramage. 2003. *Energy systems and sustainability: power for a sustainable future.* Oxford: Oxford University Press.

Bouzarovski, S. and N. Simcock. 2017. Spatializing energy justice. *Energy Policy* 107: 640–648.

Bradshaw, M. 2009. The geopolitics of global energy security. *Geography Compass* 3: 1920–1937.

Bradshaw, M. 2013. *Global energy dilemmas.* London: Polity.

Bridge, G. 2015. Energy (in)security: world-making in an age of scarcity. *The Geographical Journal* 181: 328–339.

Buzar, S. 2007. The 'hidden' geographies of energy poverty in post-socialism: between institutions and households. *Geoforum* 38: 224–240.

Cherp, A. and J. Jewell. 2011. The three perspectives on energy security: intellectual history, disciplinary roots and the potential for integration. *Current Opinion on Environmental Sustainability* 3(4): 202–212.

Cherp, A. and J. Jewell. 2014. The concept of energy security: beyond the four As. *Energy Policy* 75: 415–421.

Chester, L. 2010. Conceptualising energy security and making explicit its polysemic nature. *Energy Policy* 38: 887–995.

Ciută, F. 2010. Conceptual notes on energy security: total or banal security? *Security Dialogue* 41: 123–144.

DECC. 2016. Annual fuel poverty statistics report, 2016 England. London: HM Government. Available online at www.gov.uk/government/uploads/system/uploads/attachment_data/file/637430/Annual_Fuel_Poverty_Statistics_Report_2016_-_revised_26.04.2017.pdf

Del Rio, P. and M. Gual. 2006. An integrated assessment of the feed-in tariff system in Spain. *Energy Policy* 35: 994–1012.

Department for Communities and Local Government (DCLG). 2013. *Feed-in tariffs: get money for generating your own electricity.* Available online at www.gov.uk/feed-in-tariffs.

Foxon, T., R. Gross, A. Chase, J. Howes, A. Arnall and D. Anderson. 2005. UK innovation systems for new and renewable energy technologies: drivers, barriers and systems failures. *Energy Policy* 33: 2123–2137.

Frontier Economics 2015. Energy efficiency: an infrastructure priority. Available online at www.frontier-economics.com/documents/2015/09/energy-efficiency-infrastructure-priority.pdf

Gale and Snowden Architects. 2014. *Oak Meadow: iconic, award-winning, affordable, low-energy homes in Devon.* Available online at www.ecodesign.co.uk/projects/residential/oak-meadow/

Gnansounou, E. 2008. Assessing the energy vulnerability: case of industrialised countries. *Energy Policy* 36: 3734–3744.

Gupta, Eshita. 2008. Oil Vulnerability index of oil-importing countries. *Energy Policy* 36(3): 1195–1211.

Hughes, Larry. 2009. The four 'R's of energy security. *Energy Policy* 37: 2459–2461.

Johansson, Bengt. 2013. A broadened typology on energy and security. *Energy* 53(May): 199–205.

Klare, M. 2002. *The resource wars.* London: Owl Books.

Kruyt, B, D. van Vuuren, H. de Vries and H. Groenenberg. 2009. Indicators for energy security. In *The Routledge handbook of energy security.* B Sovacool, (ed.), London and New York: Routledge, pp. 291–312.

IEA. 2017. Energy security. Available online at www.iea.org/topics/energysecurity/

Innes, A., 2015. Hungary's illiberal democracy. *Current History* 114: 95.

Isaacs, R. and Molnar, A. 2017. Island in the neoliberal stream: energy security and soft re-nationalisation in Hungary. *Journal of Contemporary European Studies* 25: 107–126.

Mendoca, M. 2007. *Feed-in tariffs: accelerating the deployment of renewable energy.* London: Earthscan.

MetroSeville. 2014. MetroSeville website. Available online at www.metro-sevilla.es/en

Nosko, A. and Mišík, M., 2017. No united front: the political economy of energy in Central and Eastern Europe. In *Energy Union: Europe's new liberal mercantilism?.* S.S. Andersen, A. Goldthau, and N. Sitter (eds), International Political Economy Series, London: Palgrave Macmillan UK, pp. 201–222.

Pachauri, S. and D. Spreng. 2011. Measuring and monitoring energy poverty. *Energy Policy* 39: 7497–7504.

Transition Network (2014) Transition Network website. Available online at www.transitionnetwork.org/

Sáfián, F. 2014. Modelling the Hungarian energy system – the first step towards sustainable energy planning. *Energy* 69: 58–66.

Sarlós, G., 2015. Risk perception and political alienism: political discourse on the future of nuclear energy in Hungary. *Central European Journal of Communication* 8: 93–111.

Sovacool, B. 2013. Introduction: defining, measuring and exploring energy security. In *The Routledge handbook of energy security.* B. Sovacool (ed.), Routledge, London and New York pp. 1–42.

Tirado Herrero, S. and D. Ürge-Vorsatz. 2012. Trapped in the heat: a post-communist type of fuel poverty. *Energy Policy,* Special Section: Fuel Poverty Comes of Age: Commemorating 21 Years of Research and Policy 49: 60–68.

Umbach, 2004. Global energy supply and geopolitical challenges. In *Asia and Europe–cooperating for energy security: a CAEC task force report.* François Godement, François Nicolas, Taizo Yakushiji and Institut François des Relations Internationales (IFRI) (eds), Paris: IFRI, pp. 137–168.

Walker, G. and R. Day. 2012. Fuel poverty as injustice: integrating distribution, recognition and procedure in the struggle for affordable warmth. *Energy Policy* 46: 69–75.

Walker, G., and P. Devine-Wright. 2008. Community renewable energy: what should it mean?. *Energy Policy* 36: 497–500.

Walker, G., S. Hunter, P. Devine-Wright, B. Evans and H. Fay. 2007. Harnessing community energies: explaining and evaluating community-based localism in renewable energy policy in the UK. *Global Environmental Politics* 7: 64–82.

第三篇　转型、治理和未来

第三部分集中讨论了能源系统的变化过程。第二部分所概述的不安全、脆弱性和不正义意味着能源系统转型现在是一个广泛的社会目标，也是许多国家、城市、社区和公司的具体政策目标。转型和治理是理解能源系统转型进程所必需的社会－技术和社会－政治变革的开放框架；在未来能够使我们思考能源系统变革的条件以及与未来可能的能源发展方向。第三部分既是前瞻性的，也是历史性的。"过去的转型"（第九章）借鉴了全球、国家、城市和家庭尺度能源转型的历史经验；"未来的转型"（第十章）考虑了目前的各种能源转型途径，以及试图创造新未来能源发展的有目的的干预和"转型实验"。关于时间、速度和空间的问题，以及可能路径的多元化和有争议的特征，是第三部分两章的核心。这部分内容继续发展了第一部分和第二部分所提出的批判性社会科学观点。

转型描述了事物在一段时间内从一个状态到另一个状态的变化。它可以通过追溯来命名能源系统中过去发生的重要结构变化，也可以被前瞻性地应用于确定希望未来发生的变化轨迹。"转型"信号在特定方向发生变化，但就其本身而言，几乎无法说明最终的归宿。转型仅意味着最终状态与之前的状态不同。灵活性是转型作为一个概念的吸引力所在，但正是由于概念本身的灵活性，理解能源转型的第一步是确定变化的方向以及其适用于能源系统的哪些组成部分。在能源研究领域，转型通常是指不同燃料和转换技术在国家能源系统和全球范围内的作用发生重大转变。经典的例子包括 19 世纪欧洲许多地区从木材和水力到煤炭以及 20 世纪从煤炭到石油的历史性转变。然而，仅关注技术和燃料可能会"淡化这种能源变化所预示的深刻社会和政治的混乱"（Laird，2013：149）。另外，社会－技术视角打开了分析的想象空间，将 19 世纪和 20 世纪能源的关键技术和物质转变嵌入广泛的社会－经济和政治变革过程中（如工业化、城市化和消费社会的成长）。第三部分的章节采纳了这一观点，借鉴了现有的大量关注能源转型动态的社会－技术文献，包括结合了技术创新、产业集群和区域发展路径概念的"可持续性转型"研究（Hansen & Coenen，2015），还有关于社会-技术转型的"多层次视角"（MLP）等理论框架，汇集了演化经济学、科学技术研究和制度理论思想，以解释转型是如何发生的（Geels，2005，2014）。这项工作的一个重要见解是，能源转型需要的不仅仅是采用"正确"的技术或转换燃料，新技术和燃料出现（以及随后形成）的社会、经济和政治安排是转型过程的关键。

第三部分强调了目前能源转型概念所适用的各种各样且经常存在分歧的目标，包括脱碳和低碳经济、由化石燃料保障的未来、能源需求减少，以及提升能源的可获得性以促进发展。通过明确转型的方向、规模和界限，可以区分以下变化：有些新技术带来的变化从投资水平来看似乎很大，但对现有的社会结构和实践冲击很小；有些变化涉及的投资规模可能较小，但涉及（或能够）以重要的方式重新组织社会关系。根据是关闭或打开挑战既得利益的机会窗口，"保守型"（conservative）和"进步型"（progressive）转型之间的区别体现了这两种动态（Stirling，2014）。同样，"公正的能源转型"（just energy transition）的概念说明了一种可能性，即对能源系统进行脱碳干预时，可以采取一种促进社会正义的形式，而不是强化现有的不平等和社会权力分配结构（Newell & Mulvaney，2013）。

"治理"（governance）点出的是协调和指导的问题，对第三部分关于能源转型方向的重点采访是一个补充。核心问题是如何以及由谁来塑造未来能源发展。"治理"是一个明显比"管辖"念义更广的术语，考虑了众多的非国家行为者（私营公司、社会组织、非政府组织、超国家机构、社区、消费者）如何显著影响能源系统的变化过程。在第三部分的介绍中提到治理，是为了表明各章所涉的主题如何分别与能源系统发生互动，以揭示多种可能的转型途径以及未来能源发展的开放式特征。该术语包含"自下而上"的创新和实验过程，借此可以尝试新的技术实体或社会安排；以及跨越不同行政和空间尺度的行动和影响网络，将超国家组织和跨国公司与国家政府、城市、当地社区联系起来。这些"多层次"治理形式在能源和气候变化以及"人人享有可持续能源"等全球议程的背景下，变得尤为重要（Bulkeley & Betsill，2013）。治理的重点是，若干不同潜在目标情境下的能源转型指导机制使人们注意到争论和抵制的过程，以及现有参与者在能源系统中的强大作用。通过这种方式，第三部分将对本书前面介绍的正义和社会权力问题的探讨推向纵深。

"未来"（futures）将本书带回了引言中概述的能源系统转型的"重大挑战"。我们特意选择了"未来"一词的复数形式，以表达从现在开始有多种可能的发展路径，而不是只有单一的解决方案或目标。未来能源发展的多元性部分源于空间变化的事实。能源系统组织方式、服务对象和影响对象的地理差异，创造了可以想象和追求一系列不同未来能源发展的条件，并使其能够成为现实（Bridge，2018）。考虑这些未来的一个有用的社会科学概念是"社会—技术想象"（socio-technical imaginaries）（Jasanoff & Kim，2015）。这里的"想象"一词并非指幻想或虚构，而是指对世界的共同观念以及与这些观念相关的社会意义。能源系统是广泛的"社会-技术想象"的主题。这些以不同的方式将特定的技术组合（如核电、大规模可再生能源、区域供暖系统、离网社区太阳能）与未来的社会-经济和政治可能性联系起来，如现代化和发展、绿色增长、能源贫困缓解和自治（autonomy and self-governance）。对能源转型的呼吁经常围绕着独特的社会-技术想象展开，并使用紧迫性和可行性等概念将这些想象中的未来与现在联系起来。这些不同未来能源发展的特征，以及从现在开始的路径，是在一系列制度和政策空间中受到广泛关注的社会问题。

第三部分章节介绍

第九章"过去的转型"侧重于能源系统随时间推移始终保持的可变

性。第九章阐述了几个世纪以来供暖、照明、电力和交通等方面的重大变化，表明过去的能源转型很少是单一事件，而是多重、连锁变化的结果，其中许多变化发生在不同的尺度（全球、国家、城市、家庭）上。能源转型也经常涉及感官体验领域的创造性破坏（如热舒适度、照明规范、运动速度）。此外，与新能源系统相关的工作、休闲和污染空间促成了重要文化和政治身份的出现。第九章探讨了回顾性的"转型历史"如何成为了解当代能源转型（如追求低碳经济）前景和影响的重要信息来源。

第十章"未来的转型"提出了"要什么样的能源转型以及为谁转型"这一问题，这一章反映了历史性的能源转型如何将社会带到将脱碳、能源安全、普遍可得性和能源正义作为理想目标的这一步，强调了国家、城市、公司和社区现在如何将能源转型作为一项政治和经济议程来落实，并批判性地比较了公共和政治话语中的一些不同的转型愿景。第十章考虑了这些多元路径如何受到发展、创新和竞争的动态影响，以及它们如何试图仅凭自身提供一个完美的解决方案。第十章还介绍了多种规则和路径，强调了对未来挑战和选择进行批判性社会科学理解的价值，这也是本书的结论。

参考文献

Bridge, G. 2018. The map is not the territory: a supportive yet critical reading of energy research's spatial turn. *Energy Research and Social Science* 36: 11–20.

Bulkeley, H. and M.M. Betsill., 2013. Revisiting the urban politics of climate change. *Environmental Politics* 22(1): 136–154.

Geels, F. 2005. *Technological transitions and system innovations: a co-evolutionary and socio-technical analysis*. Cheltenham: Edward Elgar.

Geels, F. 2014. Regime resistance against low-carbon transitions: introducing politics and power into the multi-level perspective. *Theory, Culture and Society* 31(5): 21–40.

Hansen, T. and L. Coenen. 2015. The geography of sustainability transitions: review, synthesis and reflections on an emergent research field. *Environmental Innovation and Societal Transitions* 17: 92–109.

Jasanoff, S. and S.H. Kim (eds). 2015. *Dreamscapes of modernity: sociotechnical imaginaries and the fabrication of power.* Chicago and London: University of Chicago Press.

Laird, F.N. 2013. Against transitions? Uncovering conflicts in changing energy systems. *Science as Culture* 22(2): 149–156.

Newell, P. and D. Mulvaney. 2013. The political economy of the just transition. *The Geographical Journal* 179(2): 132–140

Stirling, A. 2014. Transforming power: social science and the politics of energy choices. *Energy Research & Social Science* 1: 83–95.

第九章　过去的转型

学习要点：

- 了解能源系统如何随着时间的推移而发生变化，并从过去的能源转型中找出关键的"教训"。
- 考虑全球、国家、城市和家庭尺度的能源转型及其对人类体验的影响。
- 强调几个世纪以来供暖、照明、电力和交通等方面的重大变化。
- 了解转型何以是一个地理过程、涉及社会空间关系的再造以及人们对空间和时间的体验，并举例说明。
- 对历史上的能源转型如何影响环境现状进行思考。

能源系统是一个方值体。它由看似耐用的基础设施、技术和资源组成，但随着时间的推移会发生巨大变化。在本章中，我们回顾过去，以强调能源系统演化的重要方式。我们展示了这些"能源转型"的普遍性，不仅包括燃料和能源利用技术的转型，还包括更广泛的基础设施、文化实践和社会组织的转型。过去的转型不是单一事件，而是涉及不同经济部门、不同尺度和不同时间的多重变化的社会-技术过程。这些变化揭示了早期的能源系统是如何被对能源获取和环境影响的担忧以及关于成本和效率的技术辩论所塑造的。回顾性的"转型历史"，包括改变能源结构的失败案例，可以揭示当代能源转型的限度和前景（如迈向低碳社会）。过去的转型有一个重要教训是，能源转型需要的不仅仅是采用"正确"的技术或转换燃料（见第十章）。过去的转型表明了社会、经济和政治安排的重要性，新技术和燃料在这些安排中出现并逐渐定型。

　　幸运的是，研究过去的转型不需要时间旅行。在现在的环境中经常可以找到证据，它们以能量转换、传输和分配的遗存技术形式存在，其中的物质要素要么仍在为人所使用，要么作为潜在的可回收材料被置于废弃物的仓库中（Wallsten，2015）。建筑设计和建筑材料同样违背了提供光、热和电的历史实践。除了留存的物质要素之外，广泛的文化实践、规范和愿望（如个人的移动性和热舒适性的追求）将历史上的能源转型的痕迹带到了现在。这些格局和实践共同证明了能源和社会的长期社会代谢，只要稍加努力和仔细观察，就可以发现先前能源转型的部分证据（图 9.1）。在本章中，我们利用丰富的历史记录来研究早期的能源转型是如何发生的。本章的前半部分探讨了燃料和能量转换技术的"供给侧"转型。在后半部分，我们将重点关注能源服务（供暖、照明、交通和电力）发生的"需求侧"转型，并反思其地理和政治影响。

社会代谢（social metabolism）

　　社会代谢是指物质和能量在自然与社会之间的流动。该术语强调从环境中获取物质和能量的（增长）规模，以及与其分布和积累相关的社会和地理模式。这个概念背后是（个人、城市、公司或国家的）"生态足迹"等流行思想、产业生态和循环经济等政策框架，以及解决世界范围内不平衡发展的关键方法，如生态不平等交换和生态债务（见第一章）。

一　全球尺度的能源转型历史：大燃料序列

　　我们在第一章中看到，过去几个世纪中，全球范围内的能源利用历

（a）法国北加莱20世纪的煤矿废料（图片来源：Jérémy-Günther-Heinz Jähnick）

（b）美国最后一艘装有燃煤锅炉的战列舰"德克萨斯"号（USS Texas）（图片来源：Rennett Stowe）

（c）Corliss蒸汽机（1400马力）在1876年费城百年纪念展上展出（图片来源：Benson John Lossing，Wikimedia Commons）

（d）福克兰群岛废弃的鲸油加工设施（图片来源：利亚姆·奎恩）

图9.1　过去的能源转型的证据

史有三大特征趋势：（1）能源供应的增长速度远快于人口；（2）由于单位 GDP 使用的能源减少，经济产出的能源强度随着时间的推移而下降；（3）能量源用于做功的速度（即功率）已经大大增加，从而使人类能够控制的功率大幅增加。在这三个趋势的背后是燃料来源和将能源用于做功的能量转换技术的重大转变。能源历史学家确定了一个大燃料序列（见图 9.2），因为社会最初从依赖生物质能源转向依赖化石能源，随后又转向依赖一系列高质量能量载体，如电力和碳氢化合物（石油和天然气）。随着机械取代畜力和人力，对将能量转化为有用功的机械的依赖日益增加（Smil，2010a）。随着时间的推移，风帆、水轮、蒸汽机、电动机、内燃机和燃气轮机的发展，使人类获得了更大的功率输出。重要的是，燃料和能量转换技术的这些转变并非以相同的方式在各地发生。随着时间的推移，这种不均衡演变造成了当代国家、区域和全球范围内能源利用的不平等。

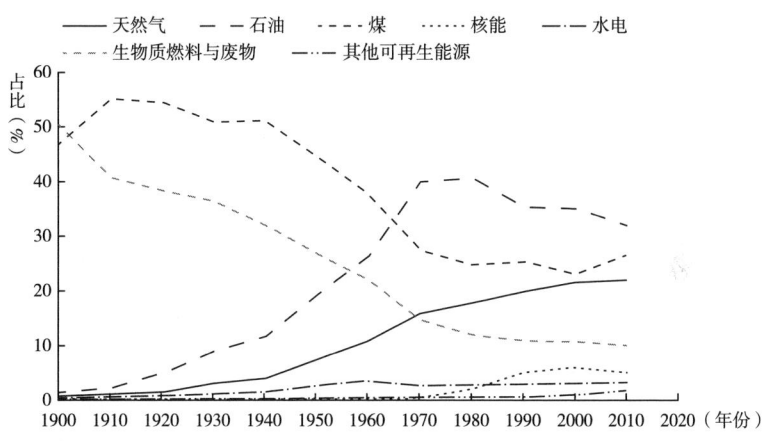

图 9.2　大燃料序列

大燃料序列（grand fuel sequence）

　　大燃料序列是由 Smil（2010a）提出的一个被广泛接受的术语，描述了社会的一次能源供应发生的一系列重要转变，首先是从依赖传统生物质燃料转向煤炭，然后是从煤炭转向石油和天然气，等等。这种广泛的模式适用于主要工业经济体（英国、美国、德国、法国、俄罗斯、中国、日本、印度等），但并非普遍的经验。许多缺乏煤炭的亚洲和中东经济体已迅速从生物质燃料直接转向碳氢化合物，而发展中国家的大量人口继续依赖着传统的生物质燃料。

内燃机（internal combustion engine）

　　内燃机是一种"通过发动机内燃料（石油或柴油）燃烧产生热

气"的机器，如使用汽油或柴油的汽车发动机、飞机的喷气发动机等（Smil，2010a：56）。相比之下，蒸汽动力是一种外燃机，"水在锅炉中加热，蒸汽进入活塞室（或涡轮机）"（Smil，2010a：56）。对于同样的功率输出，内燃机要轻得多，体现的是汽油或柴油因其液体特性和更高的能量密度而具备的供能能力。这实现了更高的速度，并改变了空间位移的成本，还使得车辆的尺寸变小了，如从火车到有轨电车再到汽车的变化。

从有机经济到矿产经济

19 世纪中叶之前，两个重大转变以具有全球意义的方式改变了社会与能源的关系：一是定居农业的发展；二是对化石燃料的开发（Wrigley，1990）。尽管速度和形式大不相同，但这两种转变都使能源更加丰富、可用电力增加，使社会能够增加粮食剩余，利用新的格局和材料，并开发新的知识和工具。虽然每一种转变最初都发生在特定的地理环境中，如南亚、东南亚和中美洲的植物驯化，以及欧洲的化石燃料使用，但与这些转变相关的可用能源的逐步变化变得更加普遍。

乍一看，将对植物和动物的驯化视为能源转型似乎很奇怪。然而，对于前工业化社会，农业提供的柴草与林业提供的木材无疑是产生"驱动工作的卡路里"的最重要手段（Kander et al.，2013：8）。农业在获取和转化太阳能流量方面的有效性是能源可得性的一个主要限制。定居农业在公元前 6000 年左右出现，其积累额外能量的能力（以食物和饲料的形式）标志着彻底脱离狩猎采集社会（Simmons，2008）。农业实践和土地管理技术（如梯田和灌溉）的发展加速了有用生物质的积累，大大改变了植被覆盖状况，并创造了全新的生态系统，如农田和高地牧场。结果是一个"受控的太阳能系统"将越来越多的太阳能转化为对社会有用的食物、饲料和燃料（Krausmann，2013）。16 世纪，欧洲的农业革命进一步推动了这一进程，通过实施土壤改良（用石灰、泥浆和肥料）、排水、开发混合牧场和耕地农场等土地利用实践来提高农业产量。畜牧业技术提升了可用功率，机械创新（如轧马机）和农具的改进以及为役畜设计的挽具（尤其是可用于多匹马或多头牛的挽具）也提升了可用功率。在这种"先进有机经济"中，食物、饲料和燃料形式的生物质提供了大约95%的总能量，其余的则是风能和水能（Wrigley，1990）。尽管最终都受到人类和动物肌肉力量的限制，但是可用能量和动力显著增加了。

社会转向矿物能源储备以补充太阳能，代表着与有机经济的决定性分离（见第一章）。这种转型发生的速度比定居农业的出现和巩固要快得多，在欧洲大部分地区用了几个世纪（在英国稍长一些），而在世界其他地区则只用了几十年。这种转型的核心是越来越多地使用煤炭来用于加热和发电。煤炭缓解了先进有机经济的两个重要制约：一是在以生物质为基础的社会，能源可用性与用于能源生产的土地面积之间的紧密联系；二是对肌肉力量的压倒性依赖（Wrigley，1990）。煤炭减少了有机经济固有的食品供应和能源生产之间的竞争。这一转型还通过集中生产和加强对劳动力的控制，使能源变得充足且相对便宜（Malm，2016）。摆脱了土地的限制，人们可以发展不依赖于农业生产力的新工业（如化工和钢铁）。从生物质到煤炭的转型很普遍，但并非所有地方都一样。在当地煤炭资源有限的地方，如荷兰和爱尔兰，人们最初转向泥炭，直到通过运河和铁路进行大宗运输成为可能才转向了煤炭。

然而，对煤炭的决定性应用是通过蒸汽机实现机械化。蒸汽机极大地增加了可用功率，改变了经济体的可能性。在这些经济体中，人和动物的体力，加上水力和风力，构成了之前的可用功率的极限。变化是巨大的。例如，在从生物质转向煤炭之后，欧洲的人均能源消费增加了5倍（Kander et al.，2013）。据估计，1880年法国的蒸汽动力产能相当于雇佣近1亿个工人，法国每个人大约有两个半的"能源奴隶"，煤炭和蒸汽是"真正的奴隶，是可以想象的最清醒、最温顺和不知疲倦的奴隶"（Wrigley，1990：76）。增强机械功率的影响是深远的。生产可以集中在单个建筑物中以推动规模经济，将"每个工人完成的工作量放大许多倍"，以便"可以大量生产商品，进而使便利被认为是必需品，而不是奢侈品"（Wrigley，1990：80）。对以煤炭燃烧为基础的蒸汽动力的利用，在多个工业部门中激增，成为经济史学家所说的具有广泛经济、地理和社会政治影响的通用技术。

通用技术（general purpose technology）

通用技术是对整个经济而非特定部门产生影响的技术，这种技术发展更广泛地改变了生产力以及人的空间和时间体验，典型的例子是电力和信息技术，蒸汽机和电动机也可被视为通用技术。

矿产经济的多样化和整合：石油、电力和天然气

从 19 世纪下半叶开始，化石燃料能源经济发生了一系列重要转型（见图 9.1）。这些供给侧转型的总体效果是使能源资源和能量载体多样化，极大地扩展了能源利用，巩固了碳密集型能源的作用。三个能源转型尤为重要：一是石油在 20 世纪作用的不断扩展；二是电力作为一种全新能量载体的出现及其随后的扩散；三是二战后天然气对全球能源结构贡献的增长。

石油在工业化之前有一些用途，但在 19 世纪 60 年代才开始成为现代能源。因为煤油取代了由蜥蜴、鱼和鲸鱼油制作的灯具燃料，廉价蜡烛也得以大规模生产。石油随后进入电力和运输部门，与煤炭和生物质燃料展开竞争（Bernton et al.，2010），并在 20 世纪中叶巩固了其当代主要运输燃料的地位。石油比煤炭更灵活，可以在许多应用场景中替代煤（例如，作为在工业或家用锅炉中产生蒸汽的燃料），它也可以实现煤炭无法实现的事情。石油的流动性使其在应用中具备更高的可操作性和精度。例如，作为一种航空燃料，它避免了对司炉工的大量需求，而

且精确的流动控制使内部燃烧模式（如柴油或汽油发动机）成为可能。与此同时，当提供相同能量时，高能量密度的石油大约仅需煤炭的一半重量（第一章）。由此，石油开辟了煤炭不太适合的新市场。例如，在运输方式方面，燃料和将热能转化为运动的机械的重量问题非常重要，就像汽油驱动的汽车、摩托车和飞机一样。然而，石油不像煤炭那样普遍存在，并且专用耗油机械的建立需要远程控制结构来确保供应来源。直到 19 世纪末，世界上大部分石油都来自美国、罗马尼亚、俄罗斯、苏门答腊和缅甸等少数几个地方。20 世纪上半叶，一系列重大石油的发现（在墨西哥、委内瑞拉、美国、波斯湾、加拿大和苏联）和基础设施设备（管道、运输油轮、储存设施）的改善，显著地使供应扩大和多样化。与此同时，低油价和精炼技术（如催化裂化）的改进，也扩大了新燃料和石油产品的市场（Bridge & Le Billon，2017）。

在对三种基本能量转换（燃料的燃烧、人力和畜力，以及从水和风中捕获间接太阳能流量）的数千年依赖之后，大规模发电带来了一种新的能源形式，在方便性和灵活性方面无可匹敌。

许多最早的发电站由水轮机驱动，并为照明供电。随后，一系列技术发展，特别是交流电流和电压互感器，实现了电力远距离传输，并促进了发电规模的扩大。例如，美国商业建设的第一座交流水电站是加利福尼亚州的雷德兰兹（Redlands）发电厂（1893 年），它使用高效的"佩尔顿轮"（Pelton Wheel）水轮机进行落水发电。电力和水之间的密切联系在 20 世纪上半叶继续保持，挪威（从 19 世纪 90 年代开始）、美国、加拿大和苏联都实施了大型水电计划。

电力改变了以靠近煤炭和水力资源为基础的工业区位布局的既定逻辑，工业级规模的电力能够在煤炭储量有限的地区得到利用，为工业化和区域发展提供了替代能源基础。水电在挪威、瑞典和意大利迅速推广，推动了工业的发展，水电在加拿大、俄罗斯和美国的部分地区也发挥了类似的作用。与其他能量载体相比，电力在地理上更具流动性，可远距离传输使得向偏远或分散的社区供电成为可能。例如，在 20 世纪上半叶，欧洲、北美和澳大利亚的农村电气化计划为农村带来了电灯、热能和电力。随着全球发电能力的扩大，发电中越来越多地使用蒸汽涡轮机，因为它提供更高的转速和最大功率容量。燃煤发电站最初位于靠近市场（即城市）的位置，以最大限度地减少传输损失，并作为独立的城市配电系统的一部分运行。然而，在二战后，大型燃煤发电站越来越多地建在靠近煤炭来源的地方，以最大限度地降低运输成本，并作为区域或国家输电网的一部分运行，包括"矿口"（mine-mouth）电厂（例如在美国的四个角落地区）和基于船运煤炭进口的港口电厂。随着时间的推移，石油、核燃料、天然气和其他重要的能源（如泥炭）为发电做出了贡献，尽管发电与发热之间的基本联系没有受到影响。

最近，在以降低电力生产碳排放强度为目标的气候政策的推动下，风力、水力和太阳能发电能力的增长已开始使发电不再依赖热能生产。

天然气在历史上一直被认为是石油生产中不需要的副产品，是需要在开采时通过排放或燃烧处理掉的东西。民用煤气（焦炭生产的副产品）的供应限制了对天然气的需求，而天然气的广泛商业化要求开发燃烧器技术，并建造长距离高压管道，以便将天然气输送到城市地区（Smil，2010a：37）。天然气在 20 世纪 30 年代首次成为美国能源结构中的重要组成部分。在其他地方，天然气的普及是 20 世纪下半叶的一个特征，与传输基础设施（管道、液化和再气化终端）的发展和能源政策的自由化有关，凸显了燃气发电厂较低的运营成本和资本成本。天然气发电的迅速普及，在很大程度上取代了石油（如在 20 世纪 70 年代的日本和 20 世纪 90 年代的新加坡），并日益取代了煤炭（如在 20 世纪 90 年代的英国和 21 世纪 10 年代的美国）。气候政策也发挥了作用，因为在发电过程中，天然气相比于煤炭和石油，显著减少了碳排放（第一章）。然而，在未来 20~30 年，专门以天然气为燃料的新工厂和设备的建设，将有效地"锁定"这种化石燃料。

过去转型的7个教训

从能源转型的历史回顾中可以得出七个一般性结论。第一，能源转型通常是一个缓慢的过程。能量转换技术和燃料的许多历史性转变需要50年（两代人）或更长时间才能实现，转变的速度因地而异。在不列颠群岛，从生物质燃料到煤炭的转型需要几个世纪的时间，而在爱尔兰尤其缓慢，直到19世纪末，泥炭一直是主要的家庭燃料。大多数爱尔兰农村家庭持续使用泥炭，直到20世纪50年代廉价石油和煤炭变得广泛可用（Kennedy，2013）。然而，同样的从木材到煤炭的转型，在美国只用了几十年（Fouquet & Pearson，2012）。正如我们在本章的第二部分所提到的，大燃料序列在不同的能源服务中也以不同的速度展开（有时甚至是乱序的）。简而言之，过去的能源转型很少是一个平稳有序的变化序列。正如有影响力的技术系统历史学家Thomas Hughes所说："发明、发展、创新、转移、增长、竞争和整合可以而且确实在发生……但不一定按这个顺序发生。"（Hughes，1993：57）

第二，并不是每个人都是转型的赢家。能源转型会重新分配成本和收益，因此其经济和政治影响不是中性的。与新兴燃料或转换技术相关的资产和基础设施可能会随着需求扩大而具有经济价值。与此同时，那些与旧燃料、旧技术相关的人可能表现不佳，并且会经历资产贬值和投资失败，因此对于与相关的公司和社区而言，能源转型过程中会出现更多的不确定性和不稳定因素。能源转型还会重新分配与生产和消费能源服务相关的环境与社会风险。英国向煤炭的转型降低了钢铁制造商和住户对高木材价格的脆弱性，并为负担得起的人提供了更多的电力。但是，随着煤炭在18世纪和19世纪初的日益普及，数以百万计的男人、女人和儿童在恶劣的地下环境工作。还有更广泛的分布影响："建筑物在二氧化硫排放的冲击下瓦解，贫民窟居民因缺乏阳光而患上维生素缺乏症，肺病死亡率飙升……"（Kander et al.，2013：132）在英格兰曼彻斯特，煤炭为纺织厂、发电站、铁路机车、蒸汽船、办公室和家庭的锅炉提供燃料，当地的报纸评论了向煤炭转型的核心是不平等，警告说："在这个日不落帝国里，人们的自豪感应该被这样一种现象冲淡，即在一些街区和贫民窟，太阳永远不会升起。"（Kander et al.，2013：143）从20世纪初的劳工运动（其中煤矿工人和钢铁、航运、铁路的"能源工人"发挥了关键作用），到二战后的清洁空气运动和更广泛的环境运动，像这样的分配效应往往成为社会运动中的焦点。简而言之，过去能源转型的方向、速度和影响是妥协的结果，是关于能源服务的"好处"和"坏处"应如何在空间和时间上分配的社会政治斗争的产物。

不稳定（destabilisation）

现有行业和企业（如煤炭开采公司、石油生产商和电力公司）可以将能源转型视为破坏稳定的政治和经济过程，主要是资金支持的减少和公共合法性的削弱。Turnheim 和 Geels（2012）将其描述为能源转型的"另一面"，不稳定提供了一个新的视角。例如，这强调了有效应对气候变化不仅需要培育低碳替代品，还需要有意干预旨在削弱社会对化石燃料行业的文化、政治和经济的承诺。现有公司最初将抵制这种破坏稳定的能源转型。

示例 1：能源转型的多层次视角

多层次视角（MLP）是一种社会科学研究框架，用于了解能源、食品和运输系统随时间大规模的社会-技术变化。这个框架最初于 2005 年前后在欧洲开发，这与荷兰学者 Frank Geels 的工作密切相关（Geels，2005）。MLP 将转型视作三个不同组织层次之间随着时间推移相互作用的结果，即利基（niche）水平的创新、既定的体制（regime）和外生的远景（landscape）之间的作用。使用 MLP 框架的近期研究试图在其对转型的解释中融入更丰富的政治经济和空间分析（Baker et al.，2014；Gailing & Moss，2016）。

第三，在位者反击。那些能源转型"失败"的企业，不太可能不战而退。例如，那些在铁路时代开始时大量投资于运河的企业，或在供暖、交通和发电转向液体燃料的过程中持有主要煤炭资产的企业。技术上的回应包括"最后一搏"效应，因为来自新能源的竞争加速了在位者的创新。典型的例子包括 19 世纪下半叶在海上蒸汽动力出现之后，发展起来的带有钢桅杆和多面帆的铁壳快速帆船（Geels，2005），以及在气候变化的背景下，加上天然气和可再生能源的快速普及，当代对"清洁煤"的推广（Markusson et al.，2017）。政治上的回应包括限制或抵制进一步系统性变革的防御性努力，通过游说，保护在位者的利益，而不是支持其新兴的竞争对手。在 19 世纪后期，铁路公司试图通过支持车速限制和反对改善路面的呼声，来扼杀来自公路运输的竞争（Fouquet，2008）。因此，一个重要的教训是，"转型既关乎现有行业的衰落，也关乎新行业的崛起"（Fouquet & Pearson，2012：5）。Hughes（1993：73）的反向凸角概念在这里很有帮助，因为它描述了一个系统的组成部分"已经落后于其他系统或与其他系统不同步"，因此对系统的演变产生了阻力。

反向凸角（reverse salient）

这是技术历史学家 Thomas Hughes 从军事战略中借用的术语，指向前线前进中的一个向后凸起，指阻碍技术系统发展的技术成分和社会障碍。

第四，能源效率的提高往往会扩大而不是减少能源消费。随着时间的推移，技术变革使社会能够从消耗的每一单位能源中获取更多有用的热、光或电。能源服务也变得越来越便宜，因为可以从等量的燃料中获得更多能源服务，或为固定量的能源服务使用更少的燃料，结果是整体能源消费激增。例如，Fouquet 和 Pearson（2006）在对英国的研究中发现，人工照明的成本在 1800~2000 年之间下降到原来的 1/3000。照明服务的消费因此增加了 4 万倍，这种现象被称为"回弹效应"或"杰文斯悖论"（见第六章）。

第五，能源转型往往是渐进式的而不是革命性的（Melosi，1982）。过去能源转型的特点不是快速或完全替代，而是多样化、缓慢替代和日益增长的空间复杂性。欧洲煤炭消费在 19 世纪急剧增长，从占总能源供应的不到 30% 增加到超过 80%，但与此同时，马匹数量也不断增长，饲料作物生产不断扩大，风能和水能投资不断增加（Kander et al.，2013）。从一种燃料来源转移到另一种燃料来源，还需要将不同地区整合到能源供应链和网络之中。例如，早期的生物质系统具有相对较短的供应链，尽管增长压力使供应链延伸到更远的距离。英国炼铁部门使用从木材中得到的木炭作为燃料来源，中世纪时，从波罗的海进口木材，以缓解当地的供应紧张局面。基于煤田的煤炭供应链相对较短，但 19 世纪向煤炭的更广泛转型通过运河、铁路和散装海运的发展，将燃料的覆盖范围扩大到煤田以外。19 世纪的电气化和城市燃气的增长将长途煤炭供应链与当地的能源生产和分配系统结合起来。然而，城市能源消费的快速增长意味着到 20 世纪中叶，这些以城市为基础的系统面临限制，它们需要被整合到国家或国际天然气和电力网络之中（Rutter & Kecrstead，2012）。

案例研究：核电——曾经的未来燃料？

历史提供了几个社会有意识地试图改变普遍的燃料组合以满足广泛社会目标的例子，其中一些尝试取得了惊人的成功，例如，20 世纪 60 年代欧洲许多城市转向天然气，以及从 20 世纪 30 年代开始的农村电气化计划。但其他在能源利用方面进行广泛转型的尝试都不太成功。这些"失败的转型"可以在努力实现脱碳目标和向低碳经济转型的背景下，提供有用的经验教训。核电的曲折发展历史就是一个很好的例子。核能曾被视为未来的能源，但许多国家现在正积极逐步淘汰核电或制定缩减计划，因为投资没有经济吸引力。

二战后初期，少数工业国寻求发展核电。核裂变技术的成功以及几乎无限廉价电力的前景，促使更多国家将核电视为满足日益增长的电力需求的一种方式（见图 9.3）。美国总统艾森豪威尔（Dwight D. Eisenhower）于 1953 年在联合国宣布的美国"原子能促进和平"计划促进了商业核反应堆的扩散，该计划旨在通过向其他国家转让核反应堆技术来控制原子能的破坏性潜力（Jasanoff & Kim，2009）。苏联在经济互助委员会（COMECON）内部也实施了类似技术共享计划。通过技术、资金和政治支持，这些举措扩大民用核电的使用范围。与此同时，一些国家将核反应堆技术作为科学技术现代化和国家发展战略的一部分。例如，韩国将核电与其快速实现技术经济转型的国家目标结合起来，法国自 20 世纪 50 年代以来的核能技术发展必须结合该国在二战后寻求新的国家认同的需求来理解（Hecht，1998）。

路径创造（path creation）

路径创造是一个来自创新研究的概念，描述了新技术路径出现的政治、经济和文化过程。在能源系统方面，它强调了为占主导地位的能源资源或技术开辟替代路径的可能性。路径创造通过创造替代品并支持其扩散成为能源转型的重要过程。路径创造的典型例子是当代支持可再生和低碳形式的电力和热力的政策。核电的历史推广以及整个 20 世纪从煤和生物质中开发合成液体燃料以取代对石油需求的努力也是如此（Johnson et al.，2016）。另请参见第三章中关于路径依赖的内容。

　　20 世纪 70 年代的石油危机通过将能源安全提升为政治议题，进一步巩固了人们对核能的兴趣（见第四章）。许多石油进口国启动了能源转型计划，减少对进口石油的依赖，以响应 OPEC 于 1973 年对原油实施禁运的决定（为了报复美国在赎罪日战争期间对以色列的支持）。加快发展核电是这些能源计划的一个共同主题。例如，在美国，总统尼克松（Richard M. Nixon）于 1973 年宣布到 1980 年实现能源独立的目标（Holl，1982）。"独立项目"包括核电快速扩张、煤制油技术、节能举措以及加快跨阿拉斯加输油管道的投资，计划在 10 年内总共新建 200 座核电站、150 座燃煤电站、250 座新煤矿和 20 座合成燃料厂（Bordoff，2017）。自那以后，"能源独立"的目标在美国政策圈内引起了共鸣，但计划中的核电发展目标并没有实现。许多项目在 20 世纪 70 年代和 20 世纪 80 年代停建，自 20 世纪 70 年代后期以来，直到 2013 年南卡罗来纳州的 Virgil C. Summer 核电站开工建设，美国一直没有建造新的核反应堆。三里岛（美国，1979 年）、切尔诺贝利（苏联，1986 年）和福岛（日本，2011 年）的事故改变了许多国家的舆论。与其他发电形式相比，核废料处理的长期问题、成本上升以及核电厂盈利能力有限等问题都阻碍了核电投资。

　　最近，不断增长的电力需求和核电作为低碳电力来源的潜力引发了对"核复兴"的期待。然而，这未能大规模实现。以美国为例，天然气价格低，核电无法吸引投资，这限制了新核电产能的发展。南卡罗来纳州萨默电站的建设始于 2013 年，但于 2017 年被放弃。其他国家也积极决定逐步淘汰核能发电。德国从 20 世纪 60 年代迅速建立核电站到 2022 年完成淘汰，其经验是政策驱动的逐步淘汰模式的代表。德国在日本福岛核电站部分熔毁后关闭了一半的核电站，而比利时、西班牙和瑞士也计划逐步淘汰核电站。在福岛核事故之后，韩国和日本对核电的反对声有所增加。中国最初对新

图 9.3　核裂变的承诺："一磅燃料照亮芝加哥"（1956 年）

（图片来源：美国国家原子博物馆基金会）

核电站实施了安全审查和暂停，但在 2012 年年底前取消了这一规定，并扩大了计划的核能和可再生能源在电力结构中的占比，以解决燃煤发电厂的空气污染问题，并减少对石油进口的依赖。法国的大部分电力来自核电，并拥有除美国以外最大的反应堆机群，它也在寻求降低核电在发电中的作用，以支持可再生能源。2015 年法国通过的一项法律旨在将核电从 75% 的发电量占地减少到 2025 年的 50%，法国核工业未来将专注于核设施退役和废物管理，而非新建核电站。

第六，能源消费者喜欢廉价的能源。总的来说，过去的能源转型是由消费者寻找能够带来经济优势的能源和电力来源所推动的。新的能量转换技术和燃料被采用，是因为那些为能源服务付费的人已经从转换中获得了直接利益。有时，采取了降低成本的形式，尽管转型通常还涉及其他利益，如更高质量的能源服务和更强的便利性（如更容易控制、需要更少的时间来收集和准备燃料、使用后便于清理）。在这样的历史背景下，低碳能源转型具有独特性。转向低碳能源的主要好处，即减轻气候变化的影响，将体现在整个社会层面，而不是单个能源用户层面。正如我们在第十章中指出的那样，这是一种"自愿"的转型形式，需要精心的设计和政策实施才能实现。

第七，对能源未来的关注一直引人入胜。文化历史学家强调能源转型的持久社会力量是一种乌托邦式的承诺。Basalla（1982：27）曾经指出，这种转型的承诺是以一种标准的形式出现的，因为在最初"任何新发现的能源都被认为是没有缺陷、无限丰富的，并且有可能使社会发生乌托邦式的变化"。煤炭最初就是这样，19 世纪早期欧洲的作家和艺术家对煤炭和蒸汽动力带来的社会变革空间感到既兴奋又反感。然而，随着煤炭的负面影响在 19 世纪后期变得越来越明显，想象空间的主题从煤炭变成了水电。与之前的煤炭一样，水电在 20 世纪初期受到推崇。它是一种储量丰富、成本低且能改善生活（污染少、省力）的"白煤"，能够替代与采矿相关的繁重劳动和解决与城市空气污染相关的健康问题。无论是 19 世纪中叶的煤炭、20 世纪初的水电、二战后的核裂变（见案例研究），还是今天的核聚变、氢技术和生物能源，能源转型一直是能够带来广泛的技术和社会变革的"下一件大事"。

二　经历转型：能源服务需求的关键转变

本节关注构成能源需求的 4 个最终的基本用途：照明、供暖、供电和交通（Fouquet，2008），来考虑能源转型的历史。我们展示了这些能源服务的经济和社会意义，以及提供这些服务的电器和燃料的组合在过去的几百年里是如何发生巨大变化的。我们利用国家层面的数据（Fouquet，2010）并辅以在城市和家庭尺度上的对照。由于这些组合与个人和家族历史的直接联系，后者对于了解变化的广度和速度特别有用。例如，今天一个普通的欧洲家庭每年使用的照明的量是 1800 年的 200 倍左右，远远超过食物或衣服的增长（Fouquet，2008）。与此同时，与本章开头所说的"矛盾体"相呼应的是，提供这种大规模能源服务的能源系统已经变得越来越少，所以在发达国家，"触摸到、感觉到、看到或闻到能源是例外而不是常规"（Hirsh & Jones，2014：109）。

照　明

照明是家庭生活、工业生产和商业不可或缺的一部分。从追捕野生动物到沿海灯塔和城市街道照明，照明一直是安全和保障的核心。高度可控的照明形式现在是信息经济循环系统的一部分，人们通过激光扫描和光纤技术，以光脉冲的形式编码和传输数据。在人类历史的大部分时间里，光的可用性一直由阳光、月光和火光所支配。然而，在过去的几个世纪里，对照明的需求和按需提供照明服务的能力都发生了革命性的变化。提供照明变得更便宜、更丰富、更可控，因此应用激增，从而对经济、文化和环境深刻的影响。Fouquet（2010）根据英国的历史经验，确定了 1800 年后照明的三个重要转变：从蜡烛和油灯到燃气灯、从燃气灯到煤油灯、从煤油灯到电灯的转变（见图 9.4）。它们的综合效果是极大地降低了照明成本，扩大了照明服务的使用范围，并促使照明应用从公共场所和商业企业扩展到私人住宅。转型还与照明服务质量的提高（更亮、更可靠和可控，并且烟灰或气味等不良影响更少）以及提供照明服务所涉及工作的社会和空间位移有关。照明，尤其是 20 世纪初电灯的迅速普及，也创造了新的时间观念，影响了经济生产周期和文化生活方式。

在 19 世纪中叶之前，蜡烛和油灯是人工照明的主要来源。最初，蜡烛由动物脂肪（牛油、蜂蜡）或植物油制成。油灯只在较富裕的家庭和商业场所使用，用于提供灯塔和城市街道等的公共照明服务。油灯燃烧的是鱼油、鲸油和植物油，如油菜籽、卷心菜籽或羽衣甘蓝籽制成的菜籽油。19 世纪下半叶石蜡蜡烛（由石油制成）的引入降低了照明成本，使得蜡烛仍然是许多人的主要照明来源，尽管油灯和燃气照明技术有所发展。19 世纪初，燃气灯的出现是为了给焦炭炼铁过程中释放的气体寻找市场。这不是从地下井中提取的天然气，而是由煤炭提炼制成的"城市燃气"。城市燃气比蜡烛便宜得多，但铺设配送管道和安装燃气燃烧器的前期成本很高，最初仅限于公共和商业照明。从 18 世纪起，城镇改善运动越来越要求公共场所提供照明。公共照明最初由油灯提供，1801 年煤气灯在巴黎展示，1816 年美国巴尔的摩（Baltimore）成为第一个拥有煤气路灯的城市。煤气照明是城市能源服务的第一个"网络化"供应案例，需要发展连接城市多个部分的固定基础设施、燃气的集中生产和分配设施，以及标准化的设备和合同。煤气越来越多地出现在家庭能源服务中，因为与蜡烛不同，煤气不需要手动重新储存。到 1849 年，燃气照明占英国所有照明的 3/4 以上，有 700 家燃气公司为公共街道、商业建筑和富裕家庭提供照明服务（Fouquet，2008）。

网络化的燃气越来越多地取代了分散与劳动密集型的蜡烛和油灯照明。到 19 世纪末，城市燃气公司扩展了其网络并增强了燃气在城市照明中的作用（Fouquet，2010）。1800 年，蜡烛提供了超过 90% 的照明，尽管蜡烛的使用总量有所增加，比 21 世纪初多提供了约 50% 的光照，

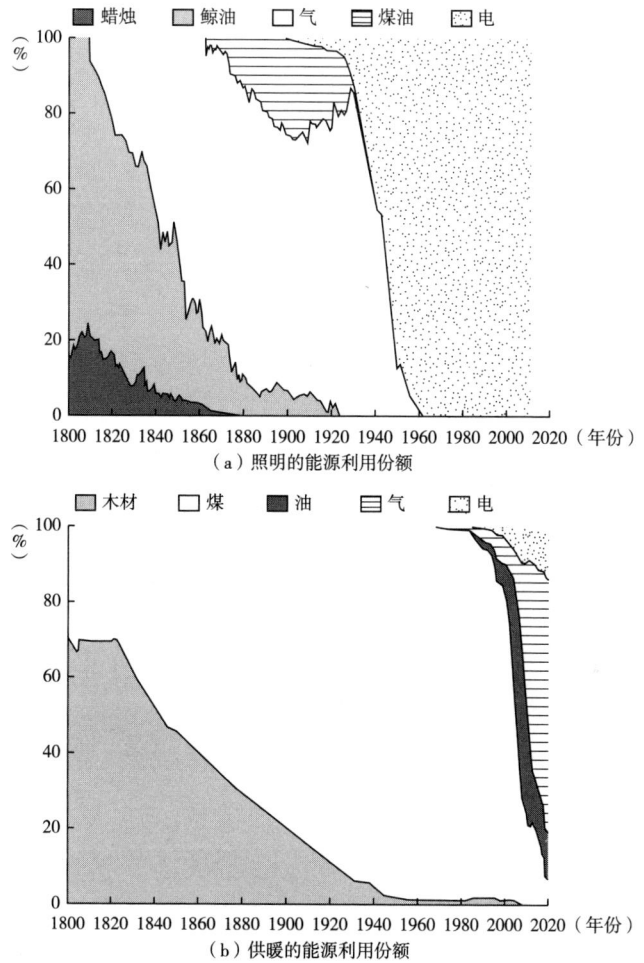

图 9.4　英国 1800～2020 年照明和供暖服务的转型（Fouquet，2010）

但是蜡烛在照明服务中的占比已经缩减到不足 1%。随着时间的推移，燃气灯的质量得到了改善，尤其是在 1885 年，来自电气照明的竞争推动了白炽灯的发展。白炽灯安装在燃烧器周围，加热时会发出明亮的白光。在燃气网络不发达的地方，以及在负担不起燃气的贫困人群中，蜡烛被煤油灯所取代，煤油灯与蜡烛相比具有成本竞争力，且提供了更好的照明。从蜡烛到城市燃气（源自煤），及从蜡烛到煤油（源自石油）的转变，都表明了照明领域从有机能源系统到矿物能源系统的转变，同时提供能源服务的成本和质量也有所改善。照明用电的转变是渐进的，直到 20 世纪 50 年代，煤气灯仍然是一些家庭（在英国）常用的照明方式。与城市燃气一样，电力也由公共和商业率先应用。它最初与弧光照明有关，即通过两个电极之间的火花提供照明，于 1878 年在巴黎世界博览会首次公开展示。弧光照明产生非常明亮的光线，非常适合户外照明，但难以控制且不适合在室内使用。随着白炽灯泡的发展，缩小尺寸使其在室内使用成为可能，白炽灯泡通过在存在气体的情况下加热电线来提供照明。尽管如此，电灯在家庭中的应用发展得相对较慢。例如，1919 年只有 6% 的英国家庭能用上电灯（Fouquet，2008）。国家电网的建成（1933 年）和电力设备的日益普及刺激了电气照明的发展，从 20 世纪 30 年代中期开始，电力成为主要的照明手段。今天，像英国这样的经济体，照明用电总量是 1800 年的 25000 倍（Fouquet，2008：216）。照明技术在当代的发展，如紧凑型荧光灯和固态设备（发光二极管，LED），为照明应用创造了新的机会，同时也巩固了人们对（工作、家庭和公共空间的）照明的期望。这些期望在 19 世纪和 20 世纪不断发展，现在与公共安全规范、商业可能性和对美好生活的渴望紧密相连。

供　暖

热是社会的主要能源需求之一，可提供热舒适性，用于做饭和加热水。热的工业和商业应用多种多样，从砖和玻璃制造到食品和特殊钢材加工，操纵和精确控制温度的能力一直是新工业流程发展的核心。从有机经济到矿物经济的"大转变"首先发生在供暖领域，而不是照明、交通和电力领域。在 16 世纪的英国，由于木质燃料成本上升和煤炭价格下降，煤炭越来越多地代替木材用于家庭取暖。然而，在加热过程中，使用煤炭存在影响被加热材料和产生煤烟两大痼疾。使用煤炭进行家庭供暖和烹饪需要对房屋设计进行重大改造（参见示例2），而将其应用于广泛的工业流程需要时间。在钢铁生产流程中，矿物替代品（焦炭）取代从木材中提取的木炭花费了200多年的时间（Fouquet，2008）。因此，供暖领域从木材到煤炭的转变很早就开始了，但需要很长时间才能实现（见图9.4）。

示例 2：发明燃煤房屋

　　煤炭的应用在其与工业革命产生联系之前已有一段历史。在1700年，英国燃烧的所有煤炭中约有一半用于房屋供暖。在1550年的时候，煤炭已经开始取代木材，但是在16世纪和17世纪，煤炭作为家庭取暖燃料的推广并不顺利。Allen（2012：20）展示了"从木材到煤炭的燃料转换是如何带来复杂的设计问题的……这些问题始于房子的设计"。中世纪的房屋通常在位于大房间或大厅中央的低矮开放式壁炉中燃烧木材，烟雾上升到房椽并通过屋顶上的洞排出。另外，煤炭需要一个带有凸起炉排的小型封闭炉膛才能进行有效燃烧，还需要一个又高又尖的烟囱来引风，并去除煤烟中的含硫烟雾。最终的结果是"围绕中央烟囱设计的房子，地面和一楼都有背靠背的壁炉。壁炉可以燃烧煤炭并给房屋供暖，同时不会充满烟雾"（Allen，2013：13）。尽管燃煤房屋是在16世纪发明的，但直到20世纪，家用取暖用煤的设计需求继续影响着英国房屋的物理结构、布局和外观。

　　在19世纪的大部分时间里，煤炭是烹饪的主要热源。燃气灶是从19世纪70年代开始发展的，燃气公司开始寻找照明市场的替代品，电力开始侵蚀燃气的主导地位。在人们对城市空气污染日益关注的背景下，天然气被推销为比煤炭更"清洁"的家用燃料。燃气公司以租赁方式向家

庭提供燃气灶，燃气灶的发展和大规模销售确保了 20 世纪初燃气灶的快速普及。1939 年，英国 3/4 的家庭拥有燃气灶，而同样比例的家庭 40 年前还在依赖煤炭的占 3/4（Fouquet，2008）。煤炭在空间供暖市场上的地位要比在烹饪市场上的地位强得多。尽管越来越多的家庭转而使用焦炭而不是原煤，焦炭价格更低而且在户内燃烧时的烟雾更少。清洁空气立法的引入（如 1956 年的《英国清洁空气法案》）巩固了这一转变，"在大约五百年之后，在家庭中终于不再使用原煤"（Fouquet，2008：85）。

自 20 世纪中叶以来，人们越来越多地通过集中供暖技术满足家庭空间供暖的需求，该技术涉及整个房屋内的分布式供暖设备（散热器、通风口），它们连接到单个热源并通过这个热源进行控制（如锅炉或燃烧器单元），温度保持在相对较窄的范围内。集中供暖可以由一系列不同的能源提供，其中天然气、石油和电力是最常见的。在二战后，北美和欧洲的家庭越来越多地转向使用天然气作为集中供暖的来源，这是"三百年来第一次主要的取暖燃料转换"（Fouquet，2008：87）。区域供暖有效地采用了相同的转换，将集中供暖扩大到单个住宅单元之外，以涵盖城市社区内的多个家庭。集中供暖技术极大地扩大了"调节空间的总体积……无论外面的天气如何，世界各地通过使用能源，将室内空气保持在稳定的'室温'"（Shove et al.，2014：116）。机械制冷和空调的发展使得人们对热舒适性的看法发生了改变，进而推动了住宅建筑设计的变化，还催生了室内社交行为的新模式。19 世纪初期，15°C 被认为是有利于身体健康的理想温度，寒冷时，家庭成员穿着厚厚的衣服并聚集在厨房的主要热源周围（Fouquet，2008）。今天，室内温度正常值在 20℃ 以上，而集中供暖使得房间的居住模式得以围绕多个热源而更加分散。例如，卧室成为独立放松空间，而不再仅仅是睡觉的空间。新的商业和机构建筑（如医院和学校）经常安装空调，即使是在温带气候下，"作为保障应用越来越广泛的热敏技术所需的一种手段"（Shove et al.，2014：118）。

供 电

前工业时代对动力的需求与农业经济密切相关。大部分由人和动物的肌肉力量提供，辅以风力和水力（见图 9.5）。在北欧，用马代替牛增加了约 50% 的可用动力，而马蹄铁的发展和马具设计的改进进一步增加了可用动力（Fouquet，2008）。风力和水磨机械化可用于处理收获的作物（如谷物磨坊），以及羊毛和其他材料的纺织品制造。煤炭在电力方面的应用成为 19 世纪的一个决定性特征，但发展缓慢。纽科门在 1712 年发明了"蒸汽发动机"，这是第一个利用燃烧煤炭产生的热量来机械抽水的发动机。到 18 世纪 60 年代，这些固定式发动机为英国煤矿提供了大约一半的机械动力，对水力以及人畜的肌肉力量进行了补充。詹姆斯·瓦特在 1768 年开发的冷凝蒸汽机推动了效率的阶跃变化。与纽科门的发动机不同，瓦特的设计避免了重复冷却和重新加热气缸，并且使用的燃料要少得多。抽干深矿井的水以及在本地开动蒸汽机（即使要从远处运来燃料），都是很划算的。随后的发明将蒸汽机的往复运动（即上下运动）转化为旋转运动，使得驱动车轮（卷绕齿轮、飞轮和凸轮）成为可能，而不仅仅是泵送。蒸汽逐渐取代水成为炼铁（用于波纹管和锤击）、煤炭和金属矿物开采（起重、破碎）以及纺织和造纸业的动力来源。蒸汽动力使大量固定资本得以积累，但这种积累在地理上是不均衡的，在这一时期的固定资本积累以大规模纺织和钢铁厂、深矿和城市基础设施的形式出现（Kander et al.，2013）。

尽管蒸汽动力在 19 世纪占据主导地位，但它从未取代风力和水力。1830 年后水轮机的发展从落水中提取了比水轮更大的能量，到 19 世纪中叶，最大的水轮机与蒸汽驱动的水轮机一样强大。然而，到了 19 世纪末，蒸汽动力通过从活塞发动机转向蒸汽涡轮发动机，获得了更高的效率和更大的功率输出。蒸汽涡轮发动机很快被用于发电，无论主要能源是煤、天然气、石油还是核燃料，涡轮发动机具有关键作用。它还广泛应用于海事部门，在 20 世纪初，与蒸汽动力发动机和新兴的船用柴油发动机展开竞争。在铁路运输中使用蒸汽和燃气涡轮发动机进行了类似的实验（尽管商业上不成功），特别是在瑞典等国内煤炭储量有限的国家。蒸汽涡轮发动机现在是世界上最强大的机器之一，最多能够产生超过 1 吉瓦的电力，是最早的蒸汽机的 100 万倍（Smil，2010a）。

从 19 世纪 80 年代开始，电力在照明之外发挥越来越重要的作用。电力在一系列能源服务中迅速发展了新市场，部分原因是存储电力存在困难，这意味着系统开发需要足够的能源需求来支撑。在技术发展的推动下，包括使用交流电运行的电机和使远距离传输电力成为可能的变压器，电力在运输和工业生产领域掀起了一波变革浪潮。这场"第二次工业革命"包括生产新材料（如铝）和工业技术（如电镀和镀锌），生产依赖于丰富的低成本电力；用电力代替蒸汽动力，提供更精细的控制和精确度；还依赖于通信技术，如电话、无线电和雷达。电力通过从煤炭和石油等物质能量载体中"释放"能量成分，并在需要时以高度可控的形式精确地提供能量，从而改变了能源利用的体验。对大型和笨重的能源储存设施（煤仓、油罐）或冗长且通常脏乱的燃料制备过程的需求也已经一去不复返了。"电气时代"的许多材料比第一次工业革命时的钢铁还要轻，为产品、工业和建筑设计创造了新的可能性。经济历史学家强调了在 20 世纪初期，用电动机代替蒸汽和水力推动了英国、美国和瑞典的工业生产力显著提高（Enflo et al.，2009；David，1990）。同样，20 世纪中叶的美国在全球制造业中占据主导地位，原因之一就是能够"普遍获得负担得起的能源，特别是廉价电力"（Smil，2010a：67）。

对于给定的功率输出，电动机能够减小机械的尺寸和重量。在工厂内部，这导致电力来源的多样化和再分配，摒弃了以前控制整个工厂的单一中央发动机。在农场、工作场所和家庭中，它推动了越来越多的设备和电器的机动化。对于最终消费者而言，电力意味着能源利用的"非物质化"（dematerialization）和越来越强的可控性，体现在轻触开关的极致便利。电力在家庭中的应用在 20 世纪中叶迅速普及。熨斗、炉灶、

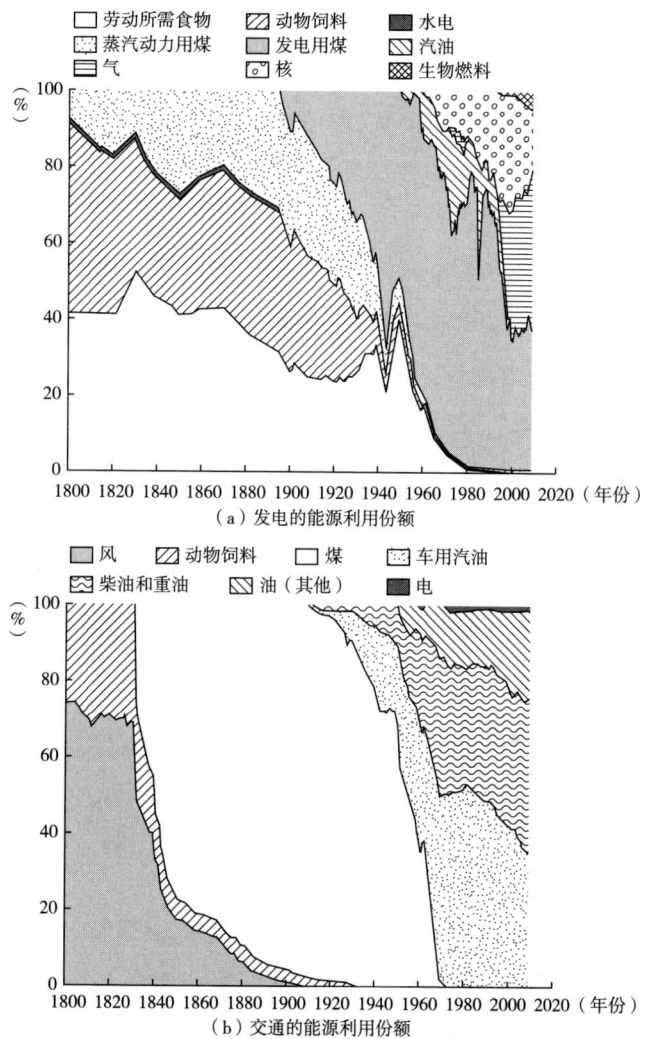

图 9.5 英国 1800~2020 年电力和运输服务的转型（Fouquet，2010）

吸尘器、洗衣机和冰箱改变了家庭生活的体验和期望（Kander et al.，2013）。由于一般许多家务被分配给女性，因此女性和男性对家中电力的影响有所不同。通过替代有性别差异的人力，家用电器提升了女性外出工作的可能性。家用电器"节省劳动力"的属性被广泛宣传，尽管通常是以巩固性别规范而不是改变性别规范的方式进行宣传。

交 通

在过去的两个世纪里，人和货物的流动方式发生了显著变化。陆地和海上运输成本下降，人均旅行距离增加，因此长途旅行（人和物）现在已成为世界大部分人的常态。全新的交通体验已经出现，如空中旅行和以比疾驰的马更快的速度移动的可能性。正如小说家和哲学家 Aldous Huxley 所观察到的，速度可能是唯一独特的现代体验。空间体验发生深刻变化的背后是一系列复杂的转型，包括运输机械化、专用基础设施（运河、铁路、公路）的开发和投资，以及逐渐转向更高质量的燃料（见图 9.5）。通过减少移动摩擦并提供更大的移动电源，这些转变提高了速度，并显著降低了空间移动的成本。

19 世纪初期，几波创新和投资已经大大改善了以畜力为动力的交通，包括运河网络的发展、道路改善的计划（如建设收费公路和桥梁）、客车和货车制造方面的创新，以及为提升动物力量或速度的育种（如夏尔马）。然而，在 19 世纪，交通运输发生了决定性的转变，即热在移动电源中的应用。首先是使用煤炭作为热源的蒸汽机，尽管木材和石油在 19 世纪也为蒸汽机提供燃料，特别是在煤炭稀缺的地方。直到 19 世纪 50 年代，木材一直是美国蒸汽船和火车的主要燃料，在美国西部各州的使用一直持续到更晚（Melosi，1982）。蒸汽动力在运动中的应用需要完美的高压蒸汽，它可以集中可用动力并将发动机缩小到易于管理的尺寸。在纽科门将蒸汽用于固定动力（1712 年）之后，又过了近一个世纪，第一辆蒸汽动力汽车才于 1801 年首次亮相，Richard Trevithick 的自动力发动机于 1804 年首次将蒸汽动力应用于铁路，而到了 1818 年，蒸汽在海运领域投入商业用途（Kander et al.，2013）。在水上，马拉的驳船和帆船在 19 世纪逐渐让位于蒸汽船，帆船一直坚持到 20 世纪，因为来自煤炭的竞争刺激了船舶设计的创新。在陆地上，畜力（马和牛）在长途旅行和大负载方面让位给了蒸汽动力。

向蒸汽动力（以及从木材到煤炭）的转型是一个渐进式的过程，但其影响是革命性的（Melosi，1982）。通过提高速度和降低运输成本，铁路从根本上改变了人在空间和时间方面的体验。为空间分布广泛的网络制定时间表的要求导致了标准化（国家）时区的引入，取代了当地时间。铁路作为交通基础设施尤其具有影响力，因为其覆盖的地理范围比运河和早期的公路网络要大得多。通过大幅降低大件低价值货物（如煤炭）的运输成本，铁路在远离当地煤炭资源、沿海或河流运输的地方巩固了向蒸汽动力的转型，由此"使用煤作为燃料可能会成为整个大陆的现象"（Kander et al.，2013：192）。铁路旅行推动了一种"时空压缩"（见第二章）的形式，使铁路网络上的城市在旅行时间和功能整合方面更加紧密，但同时也增加了这些城市与其他没有铁路连接的地方之间的相对距离。总体而言，交通能源转型创造了新的不平衡发展模式，而不是拉平空间差异。

20世纪初，越来越多的陆上和海上运输从蒸汽动力转向以石油为燃料的内燃机。功能性内燃机早在19世纪70年代就出现了，但它在公路运输中的应用仅限于非常富有的人（Fouquet，2010）。20世纪初期，大规模生产降低成本再加上汽车的大规模营销，导致了人们对"旧"道路基础设施的重新评估及重新定位（拓宽、拉直、重铺、加固）。与蒸汽动力相比，内燃机具有功率重量比方面的优势，速度更快，液体的油相对固体的煤更容易燃烧，这些优势使得内燃机在航运业迅速普及。早期的船用柴油机在20世纪的前10年在欧洲服役，到第一次世界大战结束时，英国海军从煤炭转向石油（世界其他海军迅速效仿）。20世纪中叶以来，柴油动力在航运业占主导地位。今天大型船用柴油发动机仍为全球贸易集装箱船和油轮提供动力。以重质燃油（其排放量未直接包含在《巴黎协定》中）为燃料，这些全球化的主力可以以每分钟100转的速度推动一个9米的螺旋桨，以每小时40公里的速度推动一艘1.8万箱的集装箱船（Smil，2010b）。尽管海上运输的平均速度变化相对较小，但向石油转型（正如从风帆向蒸汽动力转型）的主要影响是运输成本急剧下降，运输规模相应增加。从蒸汽动力到重型柴油发动机的类似转变也发生在铁轨上。在 20 世纪 20 年代，对柴油电力铁路机车的试验克服了动力传输的基本问题，到了 20 世纪 50 年代，柴油发动机的更强灵活性促使大多数国家替换了蒸汽机车，但煤炭充足且石油供应有限的国家除外（如南非、印度和中国）。总的来说，到 20 世纪 70 年代，煤炭已作为燃料退出运输部门，取而代之的是石油产品（航运、公路运输、铁路运输、航空运输）和电力（主要是高速铁路和郊区通勤线路）。

铁路第一次提供了新颖的速度体验，但航空旅行将其提升到了一个新的高度。在第二次世界大战之前的几年里，速度越来越快的螺旋桨驱动飞机出现。然而，航空旅行很昂贵，并且仅限于利基市场，因为"没有提供货运服务，也没有产生多少邮递合同，因此没有什么东西可以交叉补贴客运"（Fouquet，2008：183）。喷气发动机的发展改变了速度的可能性，第一台喷气发动机于 1952 年投入商业应用。随后，发动机效率的提高使其能够运载更大的货物，从而为长途和短途航线上的廉价航空旅行开辟了可能性，并为大型航空货运市场的出现提供了机会。航空旅行在 20 世纪下半叶经历了非常快速的增长，航空货运的增长更为迅速。为向喷气式客机提供动力而开发的燃气涡轮发动机随后扩散到了航空领域之外，就像之前的蒸汽机和电动机一样，现在可以被视为一种通用技术。燃气涡轮机有一些海上快速运输应用（包括军事和车辆渡轮用途），但其最主要的用途是提供稳定电力。由天然气或柴油燃料驱动的燃气涡轮机已经成为发电的主力。

随着照明的兴起，电力在 19 世纪末作为一种应用于大规模城市交通的重要手段，与蒸汽机一起占据主导地位。电气化铁路和有轨电车的扩建推动了 20 世纪初城市郊区房地产开发的浪潮。世界上第一条地下电气化铁路于 1890 年在伦敦开通，在 25 年内，类似的基础设施出现在北美洲（波士顿、纽约、费城）、欧洲（雅典、柏林、布达佩斯、格拉斯哥、汉堡、利物浦、巴黎）和南美洲（布宜诺斯艾利斯）。19 世纪末，电动汽车在北美和欧洲的主要城市作为出租车投入公共服务。1900年，美国 38% 的车辆由电力驱动，40% 由蒸汽驱动，22% 由汽油驱动。电动汽车规模在 20 世纪初期继续增长。到 1930 年，在美国和欧洲，电动汽车已经在很大程度上被内燃机汽车所取代。在一些地方，电力也退出了城市公共交通市场。1936 ~ 1950 年，超过 45 个美国主要城市的有轨电车线路被汽车公司和石油公司联盟收购并关闭，内燃机动力运输取而代之（Bridge & Le Billon，2017）。

三　结论

　　能源转型是能源系统内的重大结构性转变。在本章中，我们确定了家庭、城市、国家和全球尺度的许多历史性能源转型。对过去能源转型的研究主要集中在不同初级燃料和转换技术在能源结构中作用的演化，例如 19 世纪从木材和水力向煤炭的转型，或在 20 世纪从煤炭向石油的转型。从这些过去的转型以及它们与社会变革的广泛且通常影响深远的联系中，可以学到很多东西。能源转型推动了新型能源格局的发展，如深井煤矿、城市煤气厂、加油站和充满电器的家庭厨房，以及其他废弃能源（见第一章）。通过创造新的供暖、照明、运输和供电方式并改变这些能源服务的成本，能源转型左右了不同经济部门的兴衰，并促成了新的不均衡区域发展（见第二章）。能量载体、技术和基础设施的转变也在不同地方和社区之间建立了新的联系，因为它们在不断扩大的能源基础设施网络中联系在一起（见第三章）。

　　能量转型也以重要的方式改变了感官体验，包括室内空气温度、城市空气质量、音景、速度和加速度等日常体验。可用功率和流动性的巨大变化改变了空间和时间的社会意义。矛盾的是，与此同时，能源本身在消费空间中变得越来越不可见。过去转型的一些后果虽不太明显，但同样重要。其中影响最深远的是围绕不同能源系统（见第四章）培养的政治认同，尤其是与工作空间、消费和污染相关的政治认同。例如，需要开采煤炭并通过铁路和水路运输煤炭的大量人口、煤炭开采工作及其支持的社区，为集体政治组织和社会政治斗争创造了条件。这些条件将矿工和其他煤炭工人掌控的能源瓶颈转化为政治权力，表现为煤炭工人在劳工运动中的作用，或矿工罢工推翻国家政府的能力（Mitchell，2011）。同样的情况不适用于石油（石油开采和调动等量石油能源所需的人也少得多），因此煤炭在许多国家整体能源结构中的主导地位下降，侵蚀了集体政治行动的空间，而这种行动在塑造 20 世纪的福利国家方面具有重要意义。

我们在本章中确定的能源转型以重要的方式塑造了大众消费的体验。能源服务价格的长期下降使工资相对较低的人们能够获得一系列体验（充足的光线、房屋所有权、休闲时间、家庭度假）、积累商品（汽车、家庭耐用消费品）并维持生活条件（加热和冷却、食物供应），这些曾经只能以高昂的成本获得。与此同时，关于能源系统的负面影响（如恶劣的工作条件、城市空气质量恶化和放射性污染）的抗议，推动了争取正义和改革的强大政治运动。总而言之，过去的能源转型不仅仅是根据大燃料序列来替代燃料，以及能量转换技术的创新和扩散。正如我们将在第十章中概述的那样，低碳能源转型的意义可能不亚于 19 世纪末从木材向煤炭的转型，或城市和农村地区的电气化转型，其社会、技术和地理影响可能难以想象。

四　供讨论的问题

- 分析一个你熟悉的城市，其建成环境中有哪些证据表明能源利用方式发生了历史性转变？是否存在其他几乎没有证据的重大转变？
- 20 世纪家庭尺度的能源供应变化与其他空间尺度的能源利用变化

有何关联？

- 由于城市能源利用的变化，污染的地理分布（与能源消费有关）如何变化？
- 家庭尺度的历史性能源转型（如电力的出现）经验为未来能源转型的设计提供了哪些信息？

五　活动或潜在研究项目

- 研究在你所选的国家或城市中，一种能源服务（例如供暖、照明或电力）是如何提供的，又是如何随时间变化的。这些能源利用变化的政治含义是什么？
- 考虑三次历史性能源转型之间的共性和差异，这些历史能源转型可以告诉我们低碳转型的独特之处吗？

六　阅读推荐

■Fouquet，R. 2016. Historical energy transitions：speed，prices and system transformation. Energy Research & Social Science 22：7-12.

这篇文章提供了有关历史性能源转型的速度和驱动力的证据。向消费者提供能源服务的价格在创造刺激能源转型的激励机制方面起着至关重要的作用（因为消费者喜欢廉价），但价格冲击也可以刺激这一过程，并促进系统变革。此外，为消费者提供更大价值（更清洁、更容易）的新技术，即使最初的价格较高，也能推动转型。作者展示了能源转型如何被现有行业和衰落行业的反应所阻碍。文章的结论是，当前化石燃料能源系统需要成为一个跳板，从中可以产生替代方案，但能源转型并非不可避免。它依赖于行动者和路径创造的力量，往往需要在政治意愿当中创造对替代能源的需求，并处理好在位行业的权力。

■Kander, A., P. Malanima and P. Warde. 2013. Power to the people: energy in Europe over the last five centuries. Princeton, NJ, and Oxford: Princeton University Press.

三位经济和环境历史学家撰写的一份关于 5 个世纪以来欧洲能源消费与经济发展之间关系信息的宝贵材料。然而，这本书不仅仅是一个描述性的纲要，而是系统地研究了与"三次工业革命"（煤和蒸汽，电力和石油，信息技术）相关的能源转型的驱动因素和后果。

■Needham, A. 2014. Powerlines: Phoenix and the making of the modern southwest. Princeton, NJ: Princeton University Press.

这本书以电力为媒介，将美国阳光地带郊区发展的过程以及二战后科罗拉多高原转变为煤炭开采和发电的主要中心的过程结合在一起。采用区域（而非城市）方法来处理能源系统的转型过程，使作者能够展示能源供需的转型是如何通过不同地区的整合而发生的。例如，凤凰城等地的新能源体验（制冷、空调）和消费规范依赖于从 20 世纪 50 年代开始向燃煤发电的快速转型。它涉及在科罗拉多高原上开发大型矿山和发电厂，以及开发高压电线以将电力输送到遥远的城市中心。

■Sovacool, B. 2016. How long will it take? Conceptualizing the temporal dynamics of energy transitions. Energy Research & Social Science 13: 202-215.

这篇文章探讨了能源转型中相关时间的重要问题。传统观点认为转型是长期事务，可能需要 50~70 年的时间（对于新的燃料来源或原动机来说），甚至需要更长时间才能实现涉及所有经济部门和能源服务的转型。作者对此提出了 10 个反例，表明更快速的能源转型是可能的。反例都涉及最终用途能源设备的转变（例如照明、空调、炉灶、乙醇动力车辆）和能源供应的转变（例如丹麦引入热电联产、法国引入核电、加拿大安大略省逐步淘汰煤炭、荷兰转向天然气），并且平均需要大约 10 年左右的时间。文章最后总结了这 10 个反例对转型速度的政策影响。

参考文献

Allen, R. 2012. Backward into the future: the shift to coal and implications for the next energy transition. *Energy Policy* 50: 17–23.

Allen, R. 2013. The shift to coal. In *RCC Perspectives, No. 2, Energy Transitions in History: Global Cases of Continuity and Change.* R. Unger (ed.), Munich: Rachel Carson Center, pp. 11–16.

Baker, L., P. Newell and J. Phillips. 2014. The political economy of energy transitions: the case of South Africa. *New Political Economy* 19(6): 791–818.

Basalla, G. 1982. Some persistent energy myths. In *Energy and Transport: historical perspectives on policy issues.* G. Daniels, and M. Rose (eds), Beverly Hills: Sage, pp. 27–38.

Bernton, H., W. Kovarik and S. Sklar. 2010. *The forbidden fuel: a history of power alcohol.* Lincoln/London: University of Nebraska Press.

Bordoff, J. 2017. America's energy policy – from independence to interdependence. Available online at www.cirsd.org/en/horizons/horizons-autumn-2016—issue-no-8/americas-energy-policy-from-independence-to-interdependence

Bridge, G., and P. Le Billon. 2017. *Oil.* Cambridge: Polity Press (2nd edition).

David, P. 1990. The dynamo and the computer: an historical perspective on the modern productivity paradox. *The American Economic Review* 80(2): 355–361.

Enflo, K., A. Kander and L. Schön. 2009. Electrification and energy productivity. *Ecological Economics* 68 (11): 2808–2817.

Fouquet, R., 2008. *Heat power and light: revolutions in energy services.* Cheltenham and Northampton, MA: Edward Elgar Publications.

Fouquet, R. 2010. The slow search for solutions: Lessons from historical energy transitions by sector and service. *Energy Policy* 38(11): 6586–6596.

Fouquet, R. and P.J. Pearson. 2006. Seven centuries of energy services: The price and use of light in the United Kingdom (1300–2000). *The Energy Journal* 27(1): 139–177.

Fouquet, R. and P.J.G. Pearson. 2012. Past and prospective energy transitions: insights from history. *Energy Policy* 50: 1–7.

Gailing, L. and T. Moss, (eds) 2016. *Conceptualizing Germany's energy transition: institutions, materiality, power, space.* London: Springer.

Geels, F. 2005. *Technological transitions and system innovations: a co-evolutionary and socio-technical analysis.* Cheltenham: Edward Elgar.

Hecht, G., 1998. *The radiance of France: nuclear power and national identity after World War II.* Cambridge, MA: Massachusetts Institute of Technology.

Hirsh, R. and C. Jones. 2014. History's contributions to energy research and policy. *Energy Research & Social Science* 1: 106–111.

Holl, J. 1982. The Nixon sdministration and the 1973 energy crisis: a new departure in federal energy policy. In *Energy and transport: historical perspectives on policy issues.* G. Daniels, and M. Rose (eds), Beverly Hills: Sage Publications, pp. 149–156.

Hughes, T. 1993. The evolution of large technical systems. In *Social construction of technological systems: new directions in the sociology and history of technology.* W. Bijker, T. Hughes, and T. Pinch (eds), Cambridge, MA: MIT Press, pp. 51–82.

Jasanoff, S. and S.H. Kim. 2009. Containing the atom: sociotechnical imaginaries and nuclear power in the United States and South Korea. *Minerva* 47(2): 119.

Johnson, V., F. Sherry-Brennan and P. Pearson. 2016. Alternative liquid fuels in the UK in the inter-war period (1918–1938): insights from a failed energy transition. *Environmental Innovation and Societal Transitions* 20: 33–47.

Kander, A., P. Malanima and P. Warde. 2013. *Power to the people: energy in Europe over the last five centuries.* Princeton, NJ, and Oxford: Princeton University Press.

Kennedy, L. 2013. 'The people's fuel': turf in Ireland in the nineteenth and twentieth centuries. In *Energy transitions in history: global cases of continuity and change.* R. Unger, (ed.), Munich: Rachel Carson Center, pp. 25–30.

Krausmann, F. 2013. The social metabolism of European industrialisation: changes in the relation of energy and land use from the eighteenth to the twentieth century. In *Energy transitions in history: global cases of continuity and change.* Unger, R. (ed.), Munich: Rachel Carson Center, pp. 31–36.

Malm, A., 2016. *Fossil capital: The rise of steam power and the roots of global warming.* London: Verso Books.

Markusson, N., M.D. Gjefsen, J.C. Stephens and D. Tyfield. 2017. The political economy of technical fixes: a case from the climate domain. *Energy Research & Social Science* 23: 1–10.

Melosi, M. 1982. Energy transitions in the nineteenth century economy. In *Energy and transport: historical perspectives on policy issues.* G. Daniels, and M. Rose (eds), Beverly Hills: Sage, pp. 55–70.

Mitchell, T. 2011. *Carbon democracy: political power in the age of oil.* London and New York: Verso Books.

Rutter, P and J. Keirstead. 2012. A brief history and the possible future of urban energy systems. *Energy Policy* 50: 72–80.

Shove, E., G. Walker and S. Brown. 2014. Material culture, room temperature and the social organisation of thermal energy. *Journal of Material Culture* 19(2): 113–124.

Simmons, I. 2008. *Global environmental history: 10,000 BC to AD 2000.* Edinburgh University Press.

Smil, V. 2005. *Energy at the crossroads: global perspectives and uncertainties.* Edinburgh: Cambridge, MA: MIT Press.

Smil V. 2010a. *Energy transitions: history, requirements, prospects.* Santa Barbara, CA: Praeger.

Smil, V., 2010b. *Prime movers of globalization: the history and impact of diesel engines and gas turbines.* Cambridge, MA: MIT Press.

Turnheim, B. and F. Geels. 2012. Regime destabilisation as the flipside of energy transitions: lessons from the history of the British coal industry (1913–1997). *Energy Policy* 50: 35–49.

Wallsten, B. 2015. *The Urk World: hibernating infrastructures and the quest for urban mining.* Dissertation, Linköping University Electronic Press.

Wrigley, E.A. 1990. *Continuity, chance and change: the character of the industrial revolution in England.* Cambridge: Cambridge University Press.

第十章　未来的转型

学习要点：

● 了解能源转型作为政治和经济过程的性质，以及分析转型过程中
"谁赢谁输"的意义。

● 批判性地探索能源转型的不同愿景，以及这些愿景为何、如何随
社会和地理环境而变化。

● 探索转型过程是如何发生的，并评估分析转型过程及其优势和局
限性的不同方法。

● 批判性地研究创新和实验在能源转型中的作用，以及我们如何理
解能源转型的政治后果。

● 反思能源地理如何随时间演变，以及如何塑造未来能源的发展、
创新和竞争动态。

正如我们在本书中说明的那样，能源对其既维持又挑战的社会、经
济、政治的发展，社会-技术体制，以及日常实践的演变都至关重要。
如果说能源对于理解当代社会的历史和地理样貌至关重要，那么能源对
于想象和追求未来社会的方式同样至关重要。在每一章中，我们研究了
在不同群体都寻求不同的能源技术、政策和利益的情况下，以社会正义
的方式提供安全、负担得起和可持续的能源的四个重要社会事项（我们
称之为能源-社会棱镜，见引言）在不同情境下的表现。然而，我们也
看到，当创新失败和既有利益结构寻求维持现状时，改变能源系统是多
么具有挑战性。

社会-技术体制（socio-technical regime）

社会-技术体制是基础设施、正式规则和非正式公约所保持的社会和技术要素的稳定安排，可用于再造能源系统。

在第九章中，我们展示了转型的概念如何帮助我们理解"能源系统如何、为何以及何时发生变化"。我们探索了能源系统随时间演变的方式，这些变化既取决于个体企业家的行为，也取决于强大的政治和经济利益。我们提供和使用能源的方式的历史转型通常是渐进的，未经精心安排且发生在漫长的时间里。与此同时，有可能通过更有目的性的尝试来设计或重新配置能源系统，如发展核电或二战后许多工业城市转向无烟燃料。随着能源再次上升到政治议程的首位，政策制定者、企业和社区正在发起新一轮的干预措施，旨在塑造新的未来能源发展。然而，与过去的能源转型一样，这种努力远非一致或连贯的。不仅对未来能源系统的不同愿景之间千差万别，而且具体项目和计划的实现还受到社会和地理环境的影响。

在最后一章中，我们探讨新的愿景正在制定和干预措施，以实现未来能源发展并评估其影响。前半部分考虑了当前主导公共和政治话语的能源系统的不同愿景——低碳经济的愿景、确保获得足够的能源促进发展的愿景、推动化石燃料能源资源持续开发的愿景，以及倡导减少能源利用的替代方法的愿景。这些愿景正在催生重要的政治项目，从能源系统的大规模重构到新化石燃料储备的开发，从新技术的出现到替代性生活方式的发展。虽然这些能源转型形式中的每一种都是可见的，但它们的影响程度因部门而异。本章的后半部分转而考察能源转型是如何在实践中落地的。研究指出，管理专用性创新而不是政策变化或正确的经济激励措施对于实现能源转型至关重要。我们探讨了如何在城市层面进行创新和实验，以响应低碳未来能源发展的愿景。在本章的最后，我们反思了本书的主题，并考虑了它们对我们的未来能源发展的影响。

低碳经济 （low-carbon economy）

低碳经济用于表示能够通过追求低碳转型来创造就业和利润的经济活动形式，例如发展可再生能源制造业或支持转型所需的服务经济形式。

利基创新 （niche innovations）

利基是受保护的空间，可以在其中建立新的社会—技术配置；研究人员已将利基的发展及其促成的创新确定为转型的关键路径（与不稳定相比，见第九章）。

实验 （experimentation）

实验是一种"干中学"的过程，在实践中尝试、测试或试验新的技术实体或社会安排。

一　哪种能源转型？

能源的普遍性、多样性和必要性使其政治可塑性远非其他资源领域可比。战略性的政治和经济利益，以及在不同社会-经济背景下对能源安全、可负担性和可持续性挑战的优先考虑，决定了哪种能源转型最可取，以及如何实现多种相互竞争的愿景的共存。这种可塑性意味着未来能源发展可以被设想为低碳或化石燃料丰富的、智能高效或浪费的、无限或有限的。然而，在诉求和反诉求的喧嚣声中，正在出现不同的叙述，试图在各自特定方向上塑造能源系统的轨迹。特别重要的是，人们越来越认识到，在实现能源系统的低碳转型过程中减少能源系统对大气中温室气体含量贡献的重要性。与此相伴的是一场日益壮大的运动，旨在宣传能源对发展的重要性。然而，与此同时，尽管新资源的发展势头不断增强，化石燃料仍被认为是未来实现安全和负担得起的能源系统的必要条件。相比之下，其他说法则表明需要减少能源消耗，以应对日益稀缺的资源，并促进能源使用可持续性。这些叙述对于理解能源政治的现在和未来至关重要，因为"气候和能源政策叙述不仅描述了人类与燃煤电厂等物质制品的关系，而且还积极构建了这些关系"（Rafey & Sovacol，2011：1142）。如图 10.1 所示，这些叙述超出了能源领域，并与更广泛的社会问题相关联。在本节中，我们将依次考虑这些愿景，探索它们是如何、由谁以及为何表达出来的。我们可以看到这些愿景在能源部门以不同方式得到表述。关于低碳转型和能源对发展的重要性的叙述在电力部门中最为普遍，而关于化石燃料的持续使用的叙述在运输方面仍然占主导地位。

叙述（narratives）

　　叙述是将各种元素联系在一起的话语、愿景和基本原理，以讲述一个关于我们应该以何种方式理解世界的连贯故事。叙述是管理当前和未来社会的有力手段。

低碳转型

低碳转型的概念，或者通过开发技术、系统和政策以促进基于低碳能源的经济发展的理念，在 21 世纪上半叶越来越受欢迎。"低碳"一词是如此流行，以至于低碳转型概念的起源很难确定。一个重要的参考是英国内阁办公室绩效和创新部门 2002 年的报告，该报告建议"英国应该着手提供一系列未来的选择，以实现低碳未来"（PIU，2002：9）。2003 年英国能源白皮书《我们的未来能源发展：创造低碳经济》（DTI，2003）大量借鉴了这份报告和皇家环境污染委员会的早期研究成果，认为新的能源挑战为英国决定性地转变为低碳经济体提供了机会。在低碳经济中，更高的资源生产率、用更少的自然资源和更少的污染生产更多

图 10.1　城市中的太阳能：南非开普敦和斯泰伦博世的可再生未来

能源发展多重愿景（图片来源：Harriet Bulkeley）

的产品，将有助于提高生活水平和生活质量。

继 2008 年《气候变化法案》为英国设定了具有约束力的碳预算目标之后，2009 年能源白皮书继续强调支持英国成为"低碳国家"的必要性，在到 2050 年将温室气体排放量减少 60% 和到 2080 年减少 80% 的宏伟目标的指导下，英国的能源政策包含多种干预措施，从支持发展第二代核电站，到鼓励提高环境能源效率的绿色交易计划。在这里，低碳转型的概念以一种相对零散的方式发展起来，通过接受对"什么是低碳"的多种解释来化解争议（Lovell et al.，2009）。

低碳转型的概念在德国以截然不同的方式演变。德国长期致力于应对气候变化，经合组织也日益强调低碳经济理念。2010 年德国宣布了一项雄心勃勃的经济长期脱碳战略。然而，在 2011 年日本福岛核事故之后，"以总理和物理学家默克尔为首的德国政界人士突然关闭了德国 17 座核电站中的 8 座，并在几个月后决定到 2022 年完全淘汰核能"（Stegen & Seel，2013：1481）。"能源转型"（Energiewende）要求德国实现新的目标，并发挥可再生能源在向低碳经济转型过程中的作用（见示例 1）。低碳转型概念的出现对欧洲以外的地区产生了深远的影响。欧盟一直大力倡导在《联合国气候变化框架公约》（UNFCCC）支持下的低碳排放发展战略，以至于这一概念自 2009 年哥本哈根第十五届联合国气候大会以来，就已经包含在谈判文本中，并且是"哥本哈根协议"（2009 年）和"坎昆协议"（2011 年）的一部分，都承认低碳排放发展战略对于可持续发展是不可或缺的，并且需要激励措施来支持发展中国家制定此类战略。

除了国家政府的行动外，低碳转型的话语在国家和城市政府、私人部门组织和社区中也无处不在（Bulkeley & Newell，2015；Bulkeley et al.，2010）。例如，汇丰银行制定了一项内部应对气候变化战略，使他们在 2005 年成为第一家"碳中和银行"，此后他们所谓的"气候业务"得到发展，即专注于提供低碳经济所需的金融支持（见 http：//www.hsbc.com/our-approach/sustainability/finance）。

能源促进发展

提倡需要提升能源服务可获得性和可负担性的人也开始谈论低碳转型。"确保人人获得负担得起、可靠和可持续的现代能源"是联合国在 2015 年通过的可持续发展目标之一。提供能源以支持经济发展历来是各国政府设计和开发能源系统的重要驱动力。这一历史问题的焦点是确保有足够的能源（特别是电力）来支持关键经济部门的发展（如南非的采矿业）。对世界上无法获得能源服务的广大人民的担忧和更全面的经济发展理念带来了解决能源和发展问题的国际趋势。从国际发展角度来看，缺乏获得能源服务的机会被视为影响教育和公共卫生的关键因素，也是影响社区经济发展潜力的关键因素。"人人享有可持续能源和现代能源"理念的出现是由于人们认识到了与传统的能源供应形式相关的环境问题，这些形式往往依赖于化石燃料。与此同时，提供实际能源服务的获取能力和包括教育、卫生、福利和社区赋权等广泛的发展理念激发了人们对可再生能源潜力的兴趣。

示例 1：德国的能源转型（Energiewende）

在实施了 20 年雄心勃勃的应对气候变化和可再生能源政策后，2010 年，德国联邦政府提出了迄今为止最雄心勃勃的能源战略。目标是与 1990 年的水平相比，到 2020 年将二氧化碳排放量减少 40%，到 2030 年减少 55%，到 2050 年减少 95%。温室气体排放的迅速减少很早就实现了，部分原因是以 1990 年为基准年（基准排放数字被夸大了，因为它包括了民主德国许多效率低下的燃煤发电站，这些发电站很快就被取代了）。尽管如此，这些新目标仍是一项重大挑战。当时，德国政府辩称，为了实现这一宏伟目标，需要核电作为"过渡能源"。然而，在对 2011 年日本福岛核事故的强烈反应中，这一立场发生了逆转（见第九章）。2011 年，核能仅占德国电力供应的不到 1/4，但德国立即关闭了 8 座核电站，其余 9 座核电站将在 2015~2050 年逐步关闭的决定得到了多党派的支持。可再生能源将取代核能，为德国提供 60% 的能源。

政策制定者或能源行业并没有忘记挑战的艰巨性，批评者认为德国的能源转型太昂贵、太快和太雄心勃勃。关键的挑战包括重新配置能源分配系统、发展使用不同类型可再生能源的多种电力来源、能源储存、调整四大能源公用事业公司（RWE、E. ON、Vattenfall 和 EnBW）以及国家的角色（Moss et al.，2015：1549）。同时，虽然能源转型是一项国家政策，但其实在很大程度上取决于社区、市政当局和地区的行动。正如 Tim Moss（2014：2）指出的那样，"突出的例子包括能源合作社（围绕风电场、太阳能公园等）、所谓的生物能源村庄和地区（渴望100%依赖可再生能源）以及重新调整市政化能源公用事业和电力网络的举措"。早期的研究表明，这些举措有成有败，向可再生能源的计划转型远未得到保证。尽管引起能源转型的国家政策干预具有战略性质，但实际上它的实现取决于在政治竞争条件下多种社会-技术配置的重新调整。这个案例表明，即使存在强大的愿景和干预措施，向未来能源系统的转型也可能以更加分散和有争议的方式发展，并带来多种意想不到的结果。

案例研究：照亮十亿人的生活（LaBL计划）

供稿人：Ankit Kumar（荷兰埃因霍温理工大学）

LaBL计划旨在通过太阳能灯和太阳能微电网为全球10亿人提供电力照明。LaBL计划与其合作伙伴（通常是各地的非政府组织），确定需要其干预的村庄和负责村庄日常运营的乡村企业家。他们在企业家家中设置一个太阳能灯充电站，通常可以为50~60个太阳能灯充电。在印度，向村民出租太阳能灯的费用约为每天3~5卢比，约合0.04英镑或0.06美元。村民每天早上需要将灯存放起来充电，每天晚上取来使用。通过这种方式，LaBL计划不仅提供了照明服务，还为村庄创造了就业机会。此外，它还培训企业家和当地非政府组织员工操作和维护太阳能灯和充电站。LaBL计划认为，在选择乡村企业家时，可以通过优先考虑妇女和青年来促进性别赋权。

太阳能项目的资金来自行业、企业、名人和个人的赞助。赞助商承诺"点亮一个村庄"或多个村庄。LaBL计划还获得了印度政府新能源和可再生能源部（MNRE）的财政支持。每年，印度的国家新闻频道（NDTV）都会与领先的智库——能源与资源研究所（TERI）一起办电视节目，为 LaBL 计划争取支持和资金。这些电视节目持续 24 小时，几位电视和电影明星为"公益事业"跳舞和唱歌。名人经常为他们即将上映的电影做广告，公司会在电视节目中宣传他们的产品，电视节目还展示了被 LaBL 计划"点亮"的村庄和家庭。赞助商通常会访问这些村庄并与社区互动。作为对赞助的回报，村民们会开放他们的家园和生活，接受电视台和赞助商的访问。

LaBL 计划在 2580 个村庄开展业务，覆盖近 45 万户家庭，并为超过 200 万人带去了太阳能灯和微电网（TERI nd）。太阳能灯可以实现一些煤油灯很难或者不可能实现的事情。此前因吸入煤油灯的烟而面临健康危害的儿童的健康状况有所改善。此外，太阳能灯的质量更好，也让孩子们更容易学习。LaBL 计划创造了就业机会，太阳能灯还帮助当地商人和店主延长营业时间，因为他们不再需要担心燃料成本。然而，LaBL 计划声称的好处并没有惠及所有人。由于每个村庄只有 50~60 盏灯，因此在一个 100~200 户家庭的典型村庄中，并不是每个人都能直接使用太阳能灯。那些用得上的人大多来自企业家的社交网络，种姓和阶级等因素通常会发挥作用。太阳能灯一次只能照亮家中的一个空间，而煤油可以分布在多个灯中，同时用于照亮多个空间。因此，在大多数家庭中，太阳能灯不是取代煤油灯，而是与煤油灯共存。

低碳和可再生能源系统已成为许多发展项目的核心，这反映了能源与发展相结合的转变。这些项目部分由新形式的应对气候变化融资提供资金，但也得到传统捐助者和发展机构的支持。这些项目采取了多种形式，从提供传统木材燃料或使用替代燃料的炉灶，到改造低收入家庭住房，再到提供不同规模的可再生能源。照亮十亿人的生活（LaBL 计划）就是这样一个例子（见案例研究）。印度非政府组织能源与资源研究所（TERI）于 2008 年在克林顿全球倡议大会上承诺"通过用太阳能照明设备取代煤油和石蜡灯，为印度的一百万人带来光明"（Clinton Foundation，2008）。图 10.2 说明了该计划在实施的采用的一些方式。

（a）女企业家负责的太阳能灯充电站　　　　（b）一个村庄学校中的太阳能灯

（c）厨房中借助太阳能灯学习

图 10.2　印度 LaBL 计划

化石燃料的未来？

随着低碳能源发展愿景不断得到强化，化石燃料在对未来能源发展的想象和设计中仍然根深蒂固。首先，从煤炭到石油和天然气，全球政府和行业继续投资于传统化石燃料储备的开发。在这些地方，国家发展和经济增长的紧迫性被认为超过了对可持续性的任何担忧——或者至少在地理上将这些担忧转移到其他被认为有更多责任或能力这样做的国家。南非是根据对化石燃料资源的持续开发来构建未来能源发展的一个例子。在这里，"廉价、充足的能源被认为是推动经济持续增长、帮助南非从全球危机中复苏和增强工业竞争力的关键"，为投资建设世界上最大的干冷燃煤电站（装机容量为 4800 兆瓦时的 Medupi 项目位于该国东北部的林波波省）奠定了基础（Rafey & Sovacool，2011：1141）。该电站由世界银行的 37.5 亿美元贷款资助，是南非电力公司 Eskom 最大的单笔投资，旨在提供该国 10% 的电力，同时也会产生"更多的碳排放量——每年 3000 万吨二氧化碳……比排放量最低的 63 个国家的总和还要多"（Rafey & Sovacool，2011：1141）。

其次，被称为"非常规"的化石燃料已迅速成为新话语的核心部分，即化石燃料可以在低碳转型中发挥关键作用，对此或许存在争议。虽然从煤炭或页岩中提取天然气的技术（现在统称为"压裂"技压）是 20 世纪 40 年代在美国开发的，但最近的发展高潮是由新储量的发现、深水油气井所用技术的成熟，以及美国能源独立的政治要求推动的（Davis，2012：179）。能源独立的愿景一直是能源转型的强大驱动力，特别是在美国参与的地缘政治斗争与确保化石燃料资源供给相关联的时期。Charles Davis 的报告称，埃信华迈剑桥能源研究协会（IHS Cambridge Energy Research Associates）的一项研究（IHS Global Insight）表明，2000 年，非常规来源释放的页岩气占天然气供应的 1%；然而，这一数字到 2010 年已增加到 20%，预计到 2035 年将达到 50%。

向天然气能源系统的转型绝不仅限于美国，欧洲特别是在中欧和东欧国家对进口俄罗斯燃料的依赖是一个重要的政治问题。在"对美国页岩气热潮的回应中，英国出现了一个新兴的页岩气行业"，并得到了对页岩气资源范围和性质的科学评估的支持，以及来自一系列新行业参与者的投资和有利的政策环境（Cotton et al.，2014：427）。2013 年，保守党-自由党联合政府制定了一个政策框架，包括对工业的税收激励、更宽松的监管框架、为将进行页岩气开采的社区提供福利包，以及"为地方当局提供水力压裂作业的 100% 业务恢复（率）……估计每年为由中央政府资助的典型页岩气场提供 170 万美元"（Cotton et al.，2014：428）。研究发现，英国页岩气开发的倡导者（如能源和气候变化部的政策制定者，以及参与开采页岩气新兴业务的行业代表和顾问），通常明确认为页岩气是从现有能源系统向更理想的未来"过渡"的一部分。Cotton 等（2014：432）发现，这些参与者普遍采用"桥梁"和"路径"的语言，这意味着一个"明显和连贯的转型管理"的过程，即认识到英国经济继续依赖化石燃料，但与主要使用煤炭或石油相比，温室气体排放量减少了。

相比之下，那些反对开发页岩气的组织，比如环保组织，倾向于将这种愿景描述为一种"干扰"的途径，不会促进未来能源的低碳发展，而是会维持现有对化石燃料的依赖。英国出台了明确的干预措施，试图通过可再生能源和能源需求管理等途径，将以化石燃料为基础的转型愿景，转变为更加安全、可持续更直接的低碳经济转型。这表明各种未来能源发展愿景可以共存，一些倡导者发现了互补性，而另一些倡导者则认为不同途径之间存在竞争或直接冲突。在美国，研究人员也发现，"将天然气作为绿色化石燃料的散漫框架"连同其作为"国家资源独立和国内能源需求的解决方案，以及地方经济增长的发动机"的潜力，已成为一种手段，通过这种手段，水力压裂法已成为各种未来能源转型的一个重要组成部分（Finewood & Stroup，2012：73）。

减少的需求

虽然阐明低碳转型需求的叙述旨在通过改变能源生产的基础，来促进对现有能源系统的独特突破，但是基于化石燃料的叙述的将天然气作为面向低碳未来能源发展的"过渡燃料"，表明这些话语不会从根本上挑战社会福祉、经济增长和能源资源持续扩张之间的联系。相比之下，未来能源发展的愿景描绘了一个完全不同的景象，其中能源利用涉及不同资源，而且还伴随着能源需求的减少。长期以来，节约能源和资源的需求一直是现代社会话语的一部分，在国家危机或能源短缺时期尤为突出，如在战争时期或 20 世纪 70 年代的石油危机期间。因此，能源效率已经在能源系统的政策和公共话语中占据一席之地，更激进的保护想法仅在紧急情况下才得以广泛传播。尽管如此，作为阐明未来能源系统愿景的一种手段，"需要大幅减少能源需求"的说法一直存在。在 20 世纪 80 年代，落基山研究所的 Amory Lovins 提出，使用 1/4 的能源就可以实现相似水平的经济生产力和社会福祉。在最近的研究中，落基山研究所试图通过他们的"重塑能源"（Reinventing Fire）运动来发展这一论点。在这项运动中，他们提倡制定一系列干预措施，"必须在工业部门获得至少每年 12% 的实际回报，建筑部门 7%，电力部门 5.7%，新汽车必须在 3 年内退还任何更高的差价"（Rocky Moantain Institute，n. d.）。其中关键的论点是，这种前期投资虽然看似成本高昂，但有可能在短期和长期内节省大量资源和资金，同时还解决了对能源安全和可负担性的担忧，这些担忧一直主导着以化石燃料为基础的能源系统。

　　除了这些倡议之外，关于减少能源的言论也许在基层团体中得到了最明显的表达——社会活动家和社区寻求发展替代性生活方式，这些生活方式总体上对能源（尤其是化石燃料）消费的依赖程度较低。这种行动的一个代表是"转型运动"。转型运动于 2005 年起源于爱尔兰，并于 2006 年成为英国德文郡托特内斯所采纳的未来能源发展愿景，倡导经济的本地化，以减少对化石燃料的依赖，并减少整体的能源消费。正如"转型网络"（Transition Network，2018）所建议的那样，这是一个为了支持全球范围内 1000 多项转型倡议而建立的组织，想要转变目前占主导地位的对能源系统的看法。

　　他们提出，所有工业化国家似乎都假设高水平能源消费、高碳排放和巨大的环境影响可以无限期地持续下去。大多数发展中国家似乎也渴望这种生活方式。然而，对我们的能源供应、经济不平等、幸福感下降、生态危机和已经影响数百万人的气候混乱的任何理性审查都告诉我们，这种情况不会持续太久。他们认为，摆脱这种不可持续的生活方式的最佳地点就在我们自己的社区内，而最佳时机就是现在。

应对这些挑战被视为需要所谓的"后碳时代"能源系统，不再依赖化石燃料。利兹合租形式的低影响生活廉价社区（LILAC）试图通过在该市开发 0.7 公顷的场地来将这种方法付诸实践。其理念的核心是建造低影响和节能住宅，为此，"稻草和木材是首选，因为这提供了社区自我建设的要素，同时可以在当地采购，并创建增值的本地供应链"（Chatterton，2013：1660）。除了可再生能源现场发电外，该开发项目还采用了"集体设计方法……设计出某些碳密集型元素。整个场地的设计是一个共享的公共房屋和中间的无车住宅区。汽车限制和隔离是主要组成部分"（Chatterton，2013：1661）。另一些将"后碳时代"生活愿景付诸实践的例子是一些基层组织，如减碳行动小组（CRAG）。一个案例是在英国赫福德郡的福恩霍普村，该社区小组的成立是为了"相互支持减少碳足迹，分享低碳生活的技能和知识，并在更广泛的社区中提升认识和增加实际行动"。（https：//sites. google. com/site/350treesproject/home-page）

二　转变能源系统？

未来能源发展不同愿景的话语和视觉表现在构建现有能源系统的组织、重新配置和挑战应对方式方面发挥着重要作用。然而，改变当前社会产生和使用能源方式的基础，需要进一步的干预形式。这些愿景和叙事可以实现，而且往往是一成不变的。传统上，社会科学家专注于了解政策变化（如法规、经济激励和目标）如何影响能源等社会和环境问题的发展及其轨迹。正如本章前半部分所述，这种政策干预形式对于为不同的关于能源发展的叙述提供实质内容至关重要，但通常是以相当矛盾的方式。然而，能源系统的社会-技术性质及其嵌入性意味着变革不仅需要各种形式的社会干预，还需要其他形式的创新和中介，这些创新和中介能够重新配置能源系统的物质和技术组成部分，以适应新的社会规范、制度和日常实践。了解能源系统变化的社会-技术动态的需要，一直是人们对能源转型的研究兴趣日益增长的驱动力之一。在第九章中，我们看到了分析能源供应和使用的历史变化的方法，并介绍了能源系统转型的多层次视角。多层次视角通过研究利基创新如何与既定体制的压力保持一致来研究这种转变是如何发生的。在这个模型中，利基创新的发展被视为实现系统变革的一个特别重要的组成部分。因此，研究人员还试图了解发展新形式、创新、有目的的尝试是否以及如何能够促进能源系统的更广泛转型。

这种转型被认为是通过所谓的战略利基管理来促进的（Raven et al.，2016）。在社会-技术体系中，利基被视为体系的微观层面，利基可以免受既有体制中普遍的技术和利益的影响，从而能够发展可持续性技术，并能够形成支持性群体。利基保护空间可以使创新免于过早被既有体制拒绝选择，直到创新被证明足够强大，可以在不受保护的市场环境中参与竞争和繁荣（Smith et al.，2013：2）。

利基通过使创新稳定来发挥作用，无论是新能源发电技术还是社会创新（如能源系统融资或所有权的新形式）。稳定利基既需要创新的增长和发展，也需要维持创新的社会网络和各种形式的学习，以便在有关行为者之间形成共同的理解和叙述（Brown & Vergragt，2008）。创造这些条件通常被视为中央政府的责任，对此可以使用补贴或特定形式的监管，如为微型可再生能源的发展提供上网电价激励。然而，越来越多的组织和团体参与了此类利基创新的发展。研究人员记录了由社区团体支持和维持的草根创新的增长情况（Smith et al.，2016）。私人部门公司投资了各种示范项目，以展示技术或提供替代性能源生产和使用形式的模型。一个例子是欧洲公用事业公司 E. ON 在瑞典马尔默开发的一套 7 单元的公寓，旨在展示不同形式的能源发电技术以及"智能"监控和数据可视化技术，使住户可以跟踪他们的能源利用情况，并响应不同的价格信号。随着越来越多的城市承诺在未来实现"能源智能"的生活方式，此类示范项目现在正被纳入主流。图 10.3 展示了在英国谢菲尔德原来的一个钢铁加工厂内所建造的一个此类开发项目。

图 10.3　智慧生活的城市实验室正在成型？英国谢菲尔德小凯尔姆

（图片来源：**Harriet Bulkeley**）

草根创新（grassroots innovations）

　　草根创新是由当地或社区团体做出的一种特定形式的利基创新，通常处于主流政治和经济进程之外，但一般能够得到外部资金的支持。

多种形式的利基的出现和发展旨在促进新的干预措施，这些干预措施引发了关于转型的地理和政治问题。一方面，它表明将社会-技术体制仅视为国家层面的东西，可能会忽略共存的多种能源供应和使用系统的复杂性，也可能会忽视产生创新的不同领域。另一方面，未来能源发展存在替代愿景，而且存在多种参与者和机构从事利基的发展和能源系统变革的尝试，这表明在试图实现不同形式的能源发展目标时，不同体制和利基内部以及利基之间可能存在重大的竞争和冲突。在本节的剩余部分，我们通过城市利基和实验发展的方式来探讨其中的一些问题。

打造低碳城市的未来能源发展

研究表明，城市在转型地理中发挥着重要作用（Coenen et al.，2012；Truffer & Coenen，2012；Hodson & Marvin，2010）。Geels（2010）确定了城市在社会-技术转型中可能扮演的两个主要角色。首先，作为参与者，市政决策者可能会领导转型；其次，作为行动场所，城市提供创新空间，可以成为转型的"温床"。人们对城市生活实验室（urban living laboratories）的发展越来越感兴趣，这表明城市被认为能够在能源系统内形成利基的过程中同时发挥这两种作用（Evans & Karvonen，2014）。

然而，鉴于构成城市经济和社会的多重网络和循环，超出上述角色的干预和实验逐渐增多，构成了能源系统内形式广泛的实验中心。Hughes（1983）对电气化历史的分析使人们注意到这种社会-技术系统在不同情境、地理和历史条件下产生的方式，一些城市处于转型的中心而其他城市则被绕过（Bulkeley et al.，2015）。同样，我们可以想象，当代能源系统的重组过程在不同城市会出现不同表现。对 Monstadt（2009：1937）而言，这意味着我们不仅需要透国家能源体制，而且还需要透过城市基础设施体制来研究转型，"稳定的机构、技术和人造物，决定一个城市的'正常'社会-技术发展，从而塑造一般的城市进程和城市新陈代谢"，在这种结构中，能源轻型的不同未来正在展开，并彼此形成竞争。

Bulkeley 等（2015：22）通过分析以应对气候变化为重点的城市实验，发现（在全球 700 个城市开展的）多达 45% 的（共 627 次）实验寻求干预能源系统，包括减少能源需求的努力，还涉及城市基础设施部门新的能源生产和发电系统。

这些城市气候变化实验有多种形式。一些专注于能源技术新形式的开发，而另一些则关注社会创新的形式。例如，在柏林，市政机构试图绘制全市屋顶太阳能潜力地图，为私人部门对该技术的投资提供基础；而在费城，市政当局与陶氏化学公司合作开展"凉爽屋顶"（cool roof）计划，这将提高住宅区的能源效率（Bulkeley et al.，2015）。在城市中也有社区主导的实验例子。在伦敦布里克斯顿，参与"转型城镇"（Transition Town）运动的社区团体利用了伦敦市长建立的低碳区（Low Carbon Zone）提供的资金和机会，制订了提高家庭能源效率的新计划，并建立了能源合作社，通过合作社投资太阳能，在社区内提供可再生电力。

示例 2：智能电网智能城市

智能电网智能城市（Smart Grid Smart City）是澳大利亚第一个商业级的智能电网项目，于 2010~2014 年在新南威尔士州的纽卡斯尔-悉尼地区实施。智能电网具有管理与可用供应相关的实时电力需求的能力，被视为更有效地管理峰值能源需求的核心，也是将可再生能源发电整合到电力供应中的一种手段。考虑到城市地区的电力使用密度，高峰需求可能是城市面临的一项特殊挑战，而且随着城市面临更热的夏季和空调使用量的增加，高峰需求可能会变得更具挑战性。因此，管理和减少需求可以对电力的整体消耗和相关的温室气体排放产生重大影响。在澳大利亚，城市在可再生能源的生产方面也很重要，现在有超过 1/5 的澳大利亚家庭安装了太阳能光伏装置。

智能电网智能城市部署了 25000 个先进的智能电表，提供有关能源利用的实时信息。大量家庭参与了不同方式的实验，可以减少

用电高峰期的需求。此外，项目还安装了 60 个消费类电池、25 个燃料电池和 10 个小型风力涡轮机，并利用网络监控和故障检测技术改善电网。参与实验的客户被给予不同的电价，以反映电价季节性或实时变化，用户可以据此调整用电行为。

在这项耗资 1 亿澳元的项目结束时，澳大利亚政府得出结论："在全国电力市场上采用智能电网技术将在 20 年内带来 9.5 亿~285 亿美元的重大经济利益。"（Govevnment of Australia，2017）然而，将智能电网引入城市经济并非易事。该项目遇到了多项技术挑战，从较小的问题（如智能电表的信号是否可以穿透不同类型的墙壁），到谁可以从安装智能电表和灵活的资费中受益等更广泛的问题（Bulkeley et al.，2016）。智能电网不仅应用在城市中，同时也在积极塑造城市空间——创造新的能源格局、变化的家庭经济和新的日常生活形式。

为响应低碳的未来能源发展愿景而在城市中进行实验的范围和程度，体现了相关参与者和利益的多样性，以及他们所追求的不同目标和动力之间存在的矛盾和冲突的可能性。正如本章开头所表明的，低碳能源系统没有确切的定义，其解释范围从基于新形式化石燃料到由可再生能源提供动力，从维持现有消费模式到需要大幅减少能源利用。这种复杂性及其相关政治问题表明，在任何一种情况下，都可能存在多种形式的转型，而不是确定哪些特定领域可能比其他领域更能成功地改变现有体制。尤为重要的是，要认识到，转型的性质、范围和速度在不同部门和地理环境下会有所不同，这取决于能源系统发展的历史模式（见第九章），以及影响能源供应和使用的地缘政治、经济和社会的迫切需要。因此，能源转型的潜力不仅取决于资源的可用性（如太阳能潜力），还取决于发生这种转变的条件，以及它们的启用和竞争方式（如实现太阳能电池板与建筑物整合的立法改革、对太阳能的经济激励措施或光伏发电上网电价、使太阳能发电更有生产效率的日常用电模式、存储设施的可用性等、太阳能电池板对街景的影响，或现有能源供应商的抵制）。

Rydin 等（2013）认为用路径方法可以分析能源系统变化的争议性质。这种方法不是将转型视为从一个体制到另一个体制的变化，而是将转型视为"技术、政治和经济框架之间以及制度和社会实践之间持续互动的结果，在此期间，这些不同的维度发生变化或共同演变，产生不同的变化路径"（Rydin et al.，2013：637）。Leach 等（2010：48）认为，路径方法的出发点是以下假设：在实现可持续性方面，"不同的参与者和网络，以不同的方式构建系统动态、边界和目标，对于应该采取什么样的应对措施，以及什么样的措施可能有效，人们的看法截然不同"。通往未来能源发展的道路不是线性的，而且总是存在争议。有多条路径是开放的，而其他路径则更加隐蔽。理解和开辟这些路径对于绘制任何未来能源转型的图景都至关重要。

路径方法（pathways approach）

路径方法不是将能源转型视为不可避免的线性过程，而是鼓励我们将转型视为许多不同的接合点，每个接合点都提供了穿过现有能源系统格局的不同路径，这使我们能够想到未来能源发展的多种可能。

三　结论：实现未来能源发展？

能源长期以来被视为理所当然的社会运行的背景。能源通常主要被视为工程科学的问题，其重要的社会、经济和政治维度要么被忽视，要么被视为单一问题。然而，从空气污染到资源冲突，从获得能源促进发展到应对气候变化等一系列问题，能源已成为公共议程的一部分，社会科学家也开始认为能源与现代社会彻底交织在一起。特别是，人们越来越认识到 2015 年《巴黎协定》中设定的减少温室气体排放的宏伟目标与将全球温度升幅控制在 1.5℃ 以内目标之间的差距。可持续发展目标旨在增加提供清洁能源服务的机会，这意味着能源转型不再仅仅具有历史意义，而是全世界关注的迫切问题。

　　能源不是一个独立的部门，本书提供了关于能源系统的批判性社会科学视角，突出了资源、经济、基础设施和地缘政治之间复杂的相互作用（见第一至四章）。能源生产和消费模式不是由资源的"自然"丰度（例如用于压裂的天然气、用于采矿的煤炭或太阳辐射）和获取这些资源的技术能力决定的，而是由以下因素决定的。例如，能源利用方式和用途的文化规范的交织、跨国公司的投资决策、监管和政策目标、环境问题、社会动员、工业增长和衰退的模式等。与此同时，这些能源地理问题对社会结构和日常生活的再生产至关重要。能源供应和使用在现代国家形成、城市建设和居住方式、交通系统、烹饪实践和办公服装规范中根深蒂固。能源配置和再造了社会、经济和政治地理，同时这些地理环境又创造和维持了特定的能源系统。

　　因此，我们今天看到的能源供应和使用格局是这些过程在特定条件下，随着时间的推移以特定方式聚集在一起的结果。从最广泛的意义上讲，通过包括能源系统的物理、物质"硬连系"，以及捆绑在一起的制度、实践、规范、文化和行为者，能源基础设施可以"锁定"特定的能源地理。经济生产和消费的沉淀形式同样倾向于重现现有的（不平衡）经济发展模式，而能源的复杂地缘政治加强了全球舞台上的资本和权力循环，这些循环塑造了未来能源发展。

　　然而，正如本书各章所表明的，能源系统不是静止的，而是不断发展和变化的。在塑造未来能源发展的过程中，三种动力似乎特别重要。第一种是发展，社会和经济发展继续塑造着能源供应、获取和使用的不平衡格局。随着社会变得更加富裕，能源需求更加复杂，对能源的需求也被纳入国家结构、国际地缘政治关系以及经济和文化规范的演变之中。与此同时，经济发展的不平衡导致了能源贫困和脆弱性，在发达国家和发展中国家以不同方式和不同程度表现出来。为所有人提供负担得起的清洁能源是当前国际社会可持续发展议程的核心。然而，在保持富裕社区对能源的高水平利用并将其维持在环境限制范围之内的同时，能否以及如何满足这些能源需求仍然是一个重大挑战。

第二种是创新。正如对能源转型日益增长的兴趣所表明的那样，创新如何出现以及它能够"突破"现有社会-技术系统的程度，对于能源地理的演变至关重要。能源系统的历史不仅是由既有政治、经济、资源和基础设施格局的锁定和沉淀驱动的，而且还以技术突破和社会变革为特征。在能源领域，创新经常出现，以应对感知到的问题和挑战——无论是空气污染、能源安全、能源获取、能源负担能力，还是最近的气候变化问题。然而，从正在尝试替代能源供应、能源所有权、能源组织和能源使用形式的新兴利基，到广泛嵌入各国的能源系统的国际能源系统，这条道路远非一帆风顺。

虽然发展和创新对于塑造未来能源发展至关重要，但也许是第三种动力——争论，在决定未来能源地理的塑造方式方面最为重要。正如我们在本书中看到的，能源会引起大量的争端和冲突。从关于特定能源资源、系统或基础设施开发的具体纠纷，到时为社会和环境提供各种形式能源的成本和收益分配不均的关切，能源始终伴随着争论。争论可以是国际政治争端的形式，如有关新能源资源安全的争端，争论也可以在特定的国家背景下出现，因为不同的社会和经济利益围绕着不同的未来能源发展展开。随着社区寻求获得能源供应或将生产和拥有能源的新方式嵌入现有系统，在地方层面也出现了争论。无论是通过引人注目的抗议活动，还是通过更安静的抵制活动，争论对于能源转型方式的创新与发展至关重要。

实现能够解决可获取、安全、可持续和社会正义这四个重要目标的新的未来能源发展，不再是确定一种单一的有效技术，或者企图靠生产足够多的清洁能源来解决发展不平衡的问题，也不意味着能源过度消耗问题和环境正义问题将很快消失。相反，摆在面前的是多条路径，每条路径都是由发展、创新和争论的动力所塑造的，没有单一路径能提供完美的解决方案。对未来路径、挑战和选择的思辨性社会科学理解，提供了一个指南针，为我们塑造未来的能源系统提供了方向。

四　供讨论的问题

- 将能源转型作为"政治问题"在哪些方面具有意义？
- 能源转型的不同理念有何异同？
- 社会科学家如何试图解释和模拟转型过程？这种方法的优点和局限性是什么？
- 创新或实验在多大程度上是转型过程的核心，对我们理解转型的政治维度有什么影响？
- 能源转型之后谁赢谁输？

五　活动或潜在研究项目

- 给你熟悉的城市制定两个能源转型规划。你将如何制定和实施低碳转型规划，转型需要什么？你认为最有可能出现哪种情况以及为什么？将你的方法与当前的政策文件或城市规划进行比较。
- 研究政府的低碳转型规划。低碳转型的想法是为谁及如何制定的，会产生什么好处，何时、何地及如何实施？组成小组，将任务进行分工，分析多个规划，然后在课堂上讨论异同。

六　阅读推荐

■ Baker, Lucy, Peter Newell and Jon Phillips 2014. The political economy of energy transitions: the case of South Africa. New Political Economy 19 (6): 791-818.

这篇文章探讨了南非能源转型的政治争议，展示了研究能源转型政治的重要性，以及能源格局如何受到资源、基础设施、经济和地缘政治的影响。

■ Bulkeley, H., V. CastanBroto and G. Edwards. 2015. An urban politics of climate change: experimentation and the governing of socio-technical transitions, London and New York: Routledge.

这本书探讨了城市在低碳转型中所扮演的角色，提出低碳议程在城市层面已经出现，并表明"实验"已成为不同城市参与者响应这一议程的主要模式。书中包含来自发达国家和发展中国家城市的案例研究。

■ Rydin, Y., C. Turcu, S. Guy and P. Austin. 2013. Mapping the coevolution of urban energy systems: pathways of change. Environment and Planning A 45 (3): 634-649.

这篇文章通过对英国城市能源倡议的分析，研究了能源系统如何通过技术和社会变革共同发展，以及正在开发的能源供应和使用的多种新模式。

■ Smith, A., J. P. Voß and J. Grin. 2010. Innovation studies and sustainability transitions: the allure of the multi-level perspective and its challenges. Research Policy 39: 435-448.

这篇文章是对社会-技术转型概念的回顾，提供了一个很好的总结和参考。文章重点介绍了多层次视角分析方法，对其优势和局限给出了清晰的解释。

参考文献

Brown, H.S. and P.J. Vergragt. 2008. Bounded socio-technical experiments as agents of systemic change: the case of a zero-energy residential building. *Technological Forecasting and Social Change* 75(1): 107-130.

Bulkeley, H., V. Castan Broto and G. Edwards. 2015. *An urban politics of climate change: experimentation and the governing of socio-technical transitions*, London and Bew York: Routledge

Bulkeley, H. and Newell, P. 2015. *Governing climate change*, Abingdon and New York: Routledge. Second edition.

Bulkeley, H., V. Castan Broto, M. Hodson and S. Marvin (eds). 2010. *Cities and low carbon transitions.* London: Routledge.

Bulkeley, H.A., P. McGuirk and R. Dowling. 2016. Making a smart city for the smart grid? The urban material politics of actualising smart electricity networks. *Environment and Planning A* 48: 1709-1726.

Chatterton, P. 2013. Towards an agenda for post-carbon cities: lessons from LILAC, the UK's first ecological, affordable, cohousing community. *International Journal of Urban and Regional Research* 37(5): 1654-1674.

Clinton Foundation. 2008. Press release: First Clinton global initiative commitment of 2008 | Clinton Foundation. Retrieved 28 October 2013, from http://www.clintonfoundation.org/main/news-and-media/press-releases-and-statements/press-release-first-clinton-global-initiative-commitment-of-2008.html

Coenen, L., P. Benneworth and B. Truffer. 2012. Toward a spatial perspective on sustainability transitions. *Research Policy* 41(6): 968-979.

Cotton, M., I. Rattle and J. VanAlstine. 2014. Shale gas policy in the United Kingdom: an argumentative discourse analysis. *Energy Policy* 73: 427-438.

Davis, C. 2012. The politics of "fracking": regulating natural gas drilling practices in Colorado and Texas. *Review of Policy Research* 29(2): 177–191.

DTI. 2003. *Our energy future – creating a low carbon economy: Energy White Paper.* London The Department of Trade and Industry.

Evans, J.P. and A. Karvonen. 2014. 'Give me a laboratory and I will lower your carbon footprint!' – urban laboratories and the governance of low-carbon futures. *International Journal of Urban and Regional Research* 38 (2): 413–530

Finewood, M. and Stroup, L. 2012. Fracking and the neoliberalization of the hydro-social cycle in Pennsylvania's Marcellus Shale. *Journal of Contemporary Water Research & Education* 147: 72–79.

Geels, F. 2010. The role of cities in technological transitions. In *Cities and low carbon transitions.* H. Bulkeley, V. Castán Broto, M. Modson and S. Marvin (eds). London: Routledge, pp. 13–28.

Government of Australia. 2017. Smart grid, smart city. Available online at www.environment.gov.au/energy/programs/smartgridsmartcity

Hodson, M. and S. Marvin. 2010. Can cities shape socio-technical transitions and how would we know if they were? *Research Policy* 39(4): 477–485.

Hughes, T. 1983. *Networks of power electrification in western society, 1880–1930.* Baltimore, MD: John Hopkins University Press.

Leach, M., I. Scoones and A. Stirling. 2010. *Dynamic sustainabilities: technology, environment, social justice.* London: Earthscan.

Lovell, H., H. Bulkeley and S. Owens. 2009. Converging agendas? Energy and climate change policies in the UK. *Environment and Planning C* 27(1): 90–109.

Monstadt, J. 2009. Conceptualizing the political ecology of urban infrastructures: insights from technology and urban studies. *Environment and Planning A* 41(8): 1924–1942.

Moss, T., S. Becker and M. Naumann. 2015. Whose energy transition is it, anyway? Organisation and ownership of the Energiewende in villages, cities and regions. *Local Environment: The International Journal of Justice and Sustainability,* 20 (12): 1547–1563.

PIU 2002. *The energy review.* Performance and Innovation Unit, Cabinet Office, London: HM Government.

Rafey, W. and B. K. Sovacool. 2011. Competing discourses of energy development: the implications of the Medupi coal-fired power plant in South Africa. *Global Environmental Change* 21: 1141–1151.

Raven, Rob, Florian Kern, Bram Verhees and Adrian Smith. 2016. Niche construction and empowerment through socio-political work. A meta-analysis of six low-carbon technology cases. *Environmental Innovation and Societal Transitions* 18: 164–180.

Rocky Mountain Institute. (n.d.) Available online at http://www.rmi.org/reinventingfire

Rydin, Y., C. Turcu, S. Guy and P. Austin. 2013. Mapping the coevolution of urban energy systems: pathways of change. *Environment and Planning A* 45(3): 634–649.

Smith A., T. Hargreaves, S. Hielscher, M. Martiskainen and G. Seyfang. 2016. Making the most of community energies: three perspectives on grassroots innovation. *Environment and Planning A* 48(2): 407–432.

Smith, A., F. Kern, R. Raven and B. Verhees. 2013. Spaces for sustainable innovation: solar photovoltaic electricity in the UK. *Technological Forecasting and Social Change* 81: 115–130.

Stegen, K.S. and M. Seel, 2013. The winds of change: how wind firms assess Germany's energy transition. *Energy Policy* 61: 1481–1489.

TERI. (n.d.). Lighting a billion lives. Retrieved 08 September 2014, from http://labl.teriin.org/index.php?option=com_dir&task=all

Transition Network. 2018. Transition towns movement, great transitions stories. Available online at www.greattransitionstories.org/wiki/Transition_Towns_Movement

Truffer, B. and L. Coenen. 2012. Environmental innovation and sustainability transitions in regional studies. *Regional Studies* 46(1): 1–21.

UN. 2018. Low carbon development. Sustainable Development Knowledge Platform. Available online at https://sustainabledevelopment.un.org/index.php?menu=1448#

UNFCC. 2009. Copenhagen Accord. United Nations. Available online at http://unfccc.int/meetings/copenhagen_dec_2009/items/5262.php

UNFCC. 2011. Cancun Agreements. United Nations. Available online at http://unfccc.int/cancun/

译后记

能源问题在世界各国都备受瞩目，在中国也是如此。《能源与社会：思辨性透视》是由著名能源经济地理学家 Gavin Bridge 领衔、七位资深地理学者联合撰写的集大成之作，是英国皇家地理学会能源地理专业组（EnGRG）创始成员们集体智慧的结晶。

在翻译的过程中，我们深刻地意识到翻译工作所面对的不仅是语言表达之间的转换，更重要的是文化背景和思维方式的差异。由于历史原因，中国和英国的人文地理学有不同的学科定位，中国的人文地理学属于自然科学的一部分，研究方法综合集成自然科学和社会科学的特色；但是在英国，人文地理学已经公认属于社会科学的一部分，强调的是对人文社会现象的思辨。学科定位的差异导致思维方式不完全一致。因此《能源与社会》书中所阐述的能源问题让我们感觉既熟悉又陌生。熟悉是因为我们也在研究相似的能源问题，相对陌生的是英国学者的思辨性研究视角。

在中国，"信、达、雅"是翻译者公认的三条标准或原则，具体而言，"信"指意义不悖原文，译文准确；"达"指不拘泥于原文形式，译文通顺；"雅"则指翻译时选用的词语要得体，译文简明优雅。但对于我们非专业的翻译者来说，很多翻译的细节充满了挑战。也正因如此，我们能够更深刻地体会到跨语言、跨文化的差异为同一研究问题带来的多元认识的益处。因此，我们迫切地想把这本著作介绍给对能源与社会问题感兴趣的中国读者。

我们在翻译的过程中，有过很多纠结的过程，比如有一些英文单词很难在中文中找到完全对应的词汇。一是书名中的"critical"，国内很多学者习惯翻译成"批判性"，但是在本书的翻译过程中，我们请教了国内资深专家，"批判"一词对于部分读者而言，可能会被误以为是一种"质疑"，而"思辨"更符合中文语境的表达。二是章节题目中的"landscape"，如果直译为"景观"，则可能在中文里比较晦涩，普通读者会觉得别扭，所以我们只好采用了更为通俗的"格局"。此外，英文中存在大量插入语，但这种现象在中文语法中不常见，需要拆分成多个句子进行处理，也就是不能简单地进行一一对应式的翻译。至于译文简明优雅的要求，那就难度更大了。社会科学文献出版社的编辑老师们非常认真负责，也对我们的译文进行多次严格把关。但是限于功力和学养，翻译这样的大部头，难免存在还需要进一步仔细推敲的地方。

最后，正如我们最近在《地理学报》上发表的《能源地理研究的发展与展望》一文所提到的，在强调"双碳"目标、能源转型和能源安全的背景下，中国的能源地理研究存在诸多难得的新机遇，西方人文地理学者的思辨性研究具有重要的借鉴意义。中国能源地理学者理应抓住机遇，博采众长，充分发挥地理学的思想与方法论、多源地理大数据融合的数据优势和地理信息与可视化技术的应用优势，为学科立足于国际科学前沿和新时期国家战略需求提供地理学解决方案。

译者

2024 年 2 月 26 日

名词索引

anthropocentric

人类中心主义的

battery storage

电池储能

climate justice

气候正义

current

电流

deglobalization

逆全球化

degrowth

去增长

deliberation

审议

demand response

需求响应

deregulation

放松管制

destabilisation

不稳定

distributed energy system

分布式能源系统

district heating networks

区域供热网络

Dutch disease

荷兰病

embodied energy

隐含能源

energy access

能源获取

energy affordability

能源可负担性

energy carrier

能量载体

energy democracy

能源民主

energy efficiency

能源效率

energy from biomass

生物质能源

energy intensity

能源强度

energy justice

能源正义

energy ladder and stacking

能源阶梯与能源堆叠

energy leapfrogging

能源跃迁

energy securitisation

import dependency

进口依赖

internal combustion engine

内燃机

intermittency

间歇性

Jevons paradox

杰文斯悖论

lock-in

锁定

low-carbon economy

低碳经济

modern energy services

现代能源服务

natural monopoly

自然垄断

narratives

叙述

negawatts

负瓦特

niche innovations

利基创新

NIMBY

邻避

OECD/non-OECD

经合组织/非经合组织

off-grid communities

rational actors

理性行动者

redundancy and liquidity

冗余和流动性

renewable（flow）vs non-renewable（stock）energy resources

可再生（流量）能源与不可再生（存量）能源

reserves and resources

储备和资源

resource curse

资源诅咒

reserve-production ratio

储采比

reverse salient

反向凸角

secondary energy sources

二次能源

securitising energy

安全化的能源

slow violence

慢性暴力

smart meters

智能电表

socio-technical regime

社会-技术体制

sociotechnical imaginaries

社会技术想象

social metabolism

社会代谢

stranded assets

搁浅资产

time-space compression

时空压缩

ultimately recoverable resources（URR）

最终可采资源量

unburnable carbon

不可燃碳

unconventional oil and gas

非常规油气

volunteering

自愿

zero carbon

零碳

图书在版编目（CIP）数据

能源与社会：思辨性透视 ／（英）加文·布里吉
（Gavin Bridge）等著；杨宇，郭越译. -- 北京：社会
科学文献出版社，2024.5

书名原文：Energy and society：A critical
perspective

ISBN 978-7-5228-2644-8

Ⅰ.①能…　Ⅱ.①加…　②杨…　③郭…　Ⅲ.①能源经
济-经济社会学　Ⅳ.①F407.2

中国国家版本馆 CIP 数据核字（2023）第 203701 号

能源与社会：思辨性透视

著　　者／〔英〕加文·布里吉（Gavin Bridge）等
译　　者／杨　宇　郭　越

出 版 人／冀祥德
组稿编辑／陈凤玲
责任编辑／宋淑洁　武广汉
责任印制／王京美

出　　版／社会科学文献出版社·经济与管理分社（010）59367226
　　　　　地址：北京市北三环中路甲 29 号院华龙大厦　邮编：100029
　　　　　网址：www.ssap.com.cn
发　　行／社会科学文献出版社（010）59367028
印　　装／三河市东方印刷有限公司

规　　格／开　本：787mm × 1092mm　1/16
　　　　　印　张：23.75　字　数：323 千字
版　　次／2024 年 5 月第 1 版　2024 年 5 月第 1 次印刷
书　　号／ISBN 978-7-5228-2644-8
著作权合同
登 记 号／图字 01-2023-3109 号
定　　价／128.00 元

读者服务电话：4008918866